東アジア諸国の産業の国際競争力

——その変化と展望の統計分析——

柳田義章著

〔広島修道大学学術選書48〕

文眞堂

本書を益々御壮健な町田実先生と故行沢健三先生に捧げる

序

本書は，1994年に上梓した拙著『労働生産性の国際比較と商品貿易および海外直接投資—リカードウ貿易理論の実証研究—』（文眞堂），2002年の拙著『労働生産性の国際比較研究—リカードウ貿易理論と関連して—』（文眞堂）の続編[1)]である。

本書の執筆時点の2008－2009・10年は，世界経済の激動の時代であり，この激動の余波は今後数年継続しそうな気配である。周知のように，その激動の発端は，2008年9月アメリカのサブプライムローンに関連するリーマン・ブラザーズの破綻問題にあった。いわゆる「リーマン・ショック」と呼ばれているが，これを契機として金融危機が発生し，それが直ちにニューヨーク・ウォール街の株の大暴落へと波及して，連鎖的に世界金融危機を，さらには世界同時不況を招来した。アメリカをはじめとする諸国は，その解決のために直ちにG8[2)]，G20[3)]を開催して共同・協調のもとで打開策を図ろうとしている

1） 本書を含める3編を貫いているテーマは，リカードウ貿易理論・比較生産費理論の実証と現代国際経済・国際貿易諸問題への適用である。しかし，リカードウ貿易理論なり，比較生産費理論なりで，現代国際経済・国際貿易諸問題が，快刀乱麻のように説明できるものではなく，そこには多くの限界があることも自覚・承知しており，したがって，リカードウ貿易理論・比較生産費理論で説明できるところまで説明しようとするスタンスである。重要なのは，リカードウ貿易理論・比較生産費理論の労働視点：リカードウ労働価値論を堅持しようとするスタンスである。なお，D. Ricardoの表記は，リカードウ全集I『経済学および課税の原理』堀経夫訳，雄松堂，1972年 にしたがっている。

2） 2008年10月15日，主要8カ国（G8）の首脳がワシントンに集まり，「金融機関を強化し，金融システムの信頼を回復するという共通の責任を果たす」という緊急声明を行った。金融危機と世界同時不況への対応策を協議したものである。

3） 2009年4月2日，主要8カ国（G8）に中国，インドなど新興国を加えた主要20カ国・地域（G20）金融サミット（首脳会合）がロンドンで開催され，2010年末までに世界全体の経済成長率を2％に回復させる方針を盛り込んだ共同声明を採択し，閉幕した（読売新聞）。また，9月5日に20カ国・地域（G20）の財務相・中央銀行総裁会議が共同声明を採択し，閉幕した。声明によれば「世界経済について改善しているとしながらも成長と雇用の見通しは引き続き慎重と指摘。景気回復が確実になるまでは財政拡大や金融緩和を継続すべきだとした。」と報道されている（日本経済新聞）。

が，その効果は本書執筆時点では未だ不透明である。当分，世界金融危機の余波は，世界同時不況として続いていくであろうが，この状況は，「100年に一度の金融危機」[4)]という表現に表れているように，あたかも1929年の世界大恐慌の再来を彷彿とする歴史的事象として語られている。果たして，今後世界経済はどのように展開するか，不透明であり，未知である[5)]。

他方，本書は，産業間および産業内の水準[6)]での「東アジア諸国の産業の国際競争力の変化」[7)]の統計分析を課題としており，1990－2000年を対象としている。したがって，直接的には，2000年代末の激動の現在の世界経済を対象外においている[8)]。しかし，ターニングポイント（転回点）となるであ

4）　A.グリーンスパン（前連邦準備制度理事会（FRB）議長）が米下院の公聴会で発言したことによる。金融危機の発生状況については，エコノミスト『米国経済白書』臨時増刊5月4日号大統領経済諮問委員会（CEA）年次報告 大統領経済報告（監訳・荻原伸次郎）毎日新聞社が詳しい。

5）　こうした世界経済の激動の時代を背景に，日本国際経済学会第68回全国大会（2009年10月17日，18日）（中央大学）での共通論題：「世界金融・経済危機―岐路に立つグローバリズム―」が設定され，第1報告「グローバル生産システムの変容と金融・経済危機（報告者：石田修，討論者：関下稔)，第2報告「世界経済危機と資本主義の将来（報告者：小浜裕久，討論者：浅沼信爾)，第3報告「米中融合金融―パックス・サイノ・アメリカーナの幕開けか？―（報告者：本山美彦，討論者：尾上修悟）を巡って議論された。いずれの報告も，現実の世界経済が直面する問題を的確に鋭く分析したものであった。

また，世界金融危機に関するスタンダードな文献として，『2008年　II 世界経済の潮流―世界金融危機と今後の世界経済』内閣府政策統括官室（経済財政分析担当）平成21年1月がある。

6）　本書で「産業間分業」および「産業内分業」という場合，具体的には，「産業間分業」の場合には，日・米・韓・台の産業の水準における「国際総合労働生産性」を，「産業内分業」の場合には，品目の水準における「国際個別品目労働生産性」を念頭においている。

7）　東アジアの定義は，多様で難しい。政治的ニュアンスを含めて語られる場合，慎重に取り組まなければならない。それを自覚して，ここでは，経済的側面に徹して使われている。そこで，本書は，『東アジア諸国の産業の国際競争力―その変化と展望の統計分析―』という題目であるが，東アジア諸国とアメリカを関連させている。理由は，東アジア諸国がメインであるが，東アジア諸国を論じる場合，日中韓台とアメリカとの経済的関連性が緊密であり，アメリカを研究の対象外におくことは適切でないとする判断による。

また，「東アジア共同体」論にみられるように，その定義では，東アジア共同体のメンバーとして，ASEAN＋3，すなわち，ASEAN諸国および日中韓を対象としているが，本書では，東アジアにASEANは含めず，台湾を含めている。したがって，本書で東アジア諸国という場合，経済的側面に徹して，独自に定義して，アメリカ・台湾を含めた日中韓の5カ国を対象としている。さらになお，東アジア諸国・地域という表現もあることを承知しているが，本書では東アジア諸国と表記している。政治的意図はない。

8）　分析対象年度が1990－2000年に限定されたのは，主として，国際産業連関表の公表年度の制約による。本稿執筆時点である2008年・09年時点では，国際産業連関表は，2000年が最新の入手できるデータである。

ろう2000年代に至る1980年代末から1990年代末までの東アジア諸国の国際競争力の相対水準の推移と変化を把握したうえで，これを2000年代に，とりわけ世界金融危機が発生している2008－2009・10年時点に引き伸ばして，現時点の課題を展望することは，一定の意義を持つものと思われる。その際の分析の順序として，マクロ経済学の立場から[9]，まず日・米の労働生産性の国際比較数値を提示して[10]，リカードウ・モデルを検証[11]し，これを媒介項として，国際産業連関表に日・米・韓・台・中の相対的労働生産性数値を接続して，日本を主軸とする東アジア諸国の国際競争力の変化の把握を試みた。さらにその分析の際に，理論的視角として，リカードウ比較生産費の原理に基礎をおく柳田侃理論，小島清理論が有効な説明力を有することを統計的・実証的に分析し，検証しようと試みた。また他面「東アジア諸国の国際競争力の変化」を分析するということは同時に，東アジア諸国の産業の生産性成長率較差による不均等発展の諸様相を分析することでもある。

テーマについて分析された本書の章別構成と内容は，概略以下のとおりである。

第1章　日・米物的工業労働生産性の国際比較（1977－1997年）

第1章では，1977年から1997年までのおよそ20年間の日・米物的工業労

9）　6）でも述べた通り，本書では，産業間（国際総合労働生産性）および産業内分業（国際個別品目労働生産性）の水準で分析しており，したがって，企業内分析は対象外においている。また，経常収支の決定理論については，貯蓄・投資バランス・アプローチではなく，弾力性アプローチ理論に基づいている。すなわち，貿易・サービス収支の動きで，経常収支の動きを説明しようとする理論である。決定式は，貿易・サービス収支（B）＝X(y, Px, π)－M(Y, Pm, π)（内村広志・田中和子・岡本敏男『国際収支の読み方・考え方』中央経済新報社，p.31）である。ここで，Y：自国のGNP, y：海外のGNP, Px：輸出の相対価格，Pm：輸入の相対価格，π：為替レートとする。この貿易収支の決定式において，① 自国・海外のGNP，② 輸出入の相対価格（Px, Pm），③ 為替レートπの三つの決定要因の内，本書では，② 輸出入の相対価格（Px, Pm），に重点をおく立場である。そのさい，② 輸出入の相対価格（Px, Pm）は，自国・他国の相対的国際競争力の現実的反映である。それ故に，本書のように自国・他国の相対的国際競争力は，何によって決定されるかがメインテーマとなる。いうまでもなく，「各国・各産業部門の労働生産性の相対水準およびその変化によって決定される」（リカードウ比較生産費説）という命題を根底に据えている。

10）　日独労働生産性の国際比較数値は，拙著『労働生産性の国際比較研究―リカードウ貿易理論と関連して―』文眞堂，第2章を参照。

11）　第4章でも触れているが，本書でのリカードウ・モデルの実証とは，リカードウ『経済学および課税の原理』「第7章外国貿易について」の原文に忠実に検定を試みるものであって，余分な読み込みや解釈あるいは削除は一切していない。

働生産性の国際比較数値を提示して，これをデータにして，若干の統計分析を行った。その際，まず，物的労働生産性の国際比較の基本概念について述べている[12)]。そしてこの基本概念に基づき，日米物的労働生産性比較数値を得るための算定の具体的手順，すなわち，算定統計資料，日・米工業センサス・コード照合表，算定の一般方式，比較方式の細目を示し，その上で，① 日米国際個別労働生産性指数および ② 日米国際総合労働生産性指数の算定結果を提示して，若干の統計分析を行った。

第 2 章　日・韓物的工業労働生産性の国際比較（1977－1997 年）

第 2 章では，第 1 章での物的労働生産性の国際比較の基本概念に沿って，日韓物的工業労働生産性の算定，とりわけ，韓国の算定の具体的手順，すなわち，算定のための原資料，日・韓工業センサスのコード照合，算定の基本方式，比較方式の細目を説明し，算定の結果として，① 日韓国際個別労働生産性指数および ② 日韓国際総合労働生産性指数を提示して，若干の統計分析を行った。

第 3 章　日・台物的工業労働生産性の国際比較（1982－1997 年）

第 3 章では，第 1 章での物的労働生産性の国際比較の基本概念に沿って，算定を台湾に拡大して 1982－1997 年の日・台工業労働生産性の国際比較数値を算定した。その際，台湾物的工業労働生産性の算定の具体的手順，すなわち，原資料，日・台工業センサスのコード照合，算定の基本方式，比較方式の細目について述べ，続いて，① 日台国際個別労働生産性指数および ② 日台国際総合労働生産性指数の算定結果を提示して，若干の統計分析を行った。

以上の 3 章は，第 5 章以降の分析の基礎的データとなるものである。

12）　本書が追及したのは，「物的労働生産性の国際比較」であり，「純産出価値方式」ではない。ここで，「純産出価値方式」とは，「両国での各部門での一人当たり純産出高の価値（金額）を当該生産物の購買力平価レートで同一貨幣単位に換算して比較する方式」（行沢健三『労働生産性の国際比較―日米製造工業を中心として―』創文社，1976 年，p.13）である。われわれが「物的労働生産性の国際比較」に固執する理由については，行沢健三，同上書，序章「労働生産性の概念と国際比較」を参照。

第 4 章　リカードウ・モデルの実証分析―比較生産費の原理をめぐって―

第 4 章では，労働生産性の国際比較の視角から，「リカードウ・モデルの実証分析」をテーマに述べている。すなわち，「国際（輸出）競争力を決定する要因は，比較労働生産性である」とするリカードウ貿易理論，そしてその根底をなす比較生産費理論の現代的有効性を検証すると同時に，前各章と後各章とを結ぶ媒介項の位置づけを与えることにある。その際，1950 年の英米労働生産性の国際比較のデータに貿易統計数値を接続し，比較生産性と輸出実績との関係を分析した B. バラッサの業績を取り上げ，B. バラッサと問題意識を共有しつつ，これを日米間の 1982 年，1987 年，1992 年[13]，1997 年の 4 時点に分析対象国と年度を拡大して，バラッサ方式を適用し，バラッサの業績のさらなる展開を図っている。この検証は，バラッサと同様に，リカードウ・モデル，すなわち，比較生産費理論がマクロ的水準においてなお現代的有効性を有することを主張する根拠である。

第 4 章は，前各章と後各章を繋ぐ重要な媒介項である。

第 5 章　日・米国際産業連関表（1990－2000 年）による国際競争力の相対的変化―日米産業の相対的労働生産性に基づく統計分析―

本章は，1990－2000 年の「日米国際産業連関表」により両国の国際競争力の相対的変化を分析することにある。この目的のために，まず，日米総合労働生産性指数のデータに基づき，日米両国の産業の比較優位・比較劣位構造の分析を行ったうえで，日米両国の産業の相対的競争力を確定する。その上で，日米製造工業の相対的労働生産性成長率の変化に基づく価格効果の算定を試みる。その際，中村愼一郎教授の開示された方法を適用する[14]。さらに，この算定数値に基づいて因子分析を行うことにより日米両国の産業の国際競争力の相対的変化を把握しようとするものである。

---

13)　紙幅の都合上，分析データの詳細は省略し，検定の結果だけを提示している。

14)　中村愼一郎著『Excel で学ぶ産業連関分析』エコノミスト社（2003 年）第 5 章空間的拡張：国際産業連関表の p.152 以降。

第6章　日・韓産業の相対的国際競争力の推移―アジア国際産業連関表に相対的労働生産性数値を接続して（1990－2000年）―

本章は，第5章でのテーマを引き継いで，1990－2000年のアジア国際産業連関表“*Asian International Input-Output Tables*”（1990, 1995, and 2000）により，日韓両国の産業の国際競争力の相対的変化を分析することにある。

まず，第2章での日韓労働生産性の総合指数をデータとして，日韓両国の各年度の比較優位・劣位構造を検出した後に，全期間の比較優位・劣位構造を把握するために，因子分析（バリマックス）を適用する。次に，アジア国際産業連関表“*Asian International Input-Output Tables*”（1990, 1995, and 2000）の中から，日韓のデータを抽出して，日韓産業連関分析をおこなう。具体的には，中間投入係数，レオンチェフ逆行列係数を算定しつつ，韓国の影響力係数表，日韓地域別生産依存度表を求めた。続いて，日韓労働生産性の相対的変化が両国の産業の価格水準に如何なる影響を与えるかについて考察する。その際，前章での中村愼一郎教授の開示された方法を適用する。さらに，日韓生産性の変化の価格効果を説明変数（X），輸出実績を目的変数（Y）として，回帰分析による検定を試みて，その整合性を検証した。

第7章　日・台産業の相対的国際競争力の推移―アジア国際産業連関表に相対的労働生産性数値を接続して（1990－2000年）―

本章でも，第5章でのテーマを引き継いで，第3章での日台労働生産性の総合指数をデータとして，日台両国の各年度の比較優位・劣位構造を検出した後に，全期間の比較優位・劣位構造を把握するために，因子分析（バリマックス）を適用する。次に，アジア国際産業連関表“*Asian International Input-Output Tables*”（1990, 1995, and 2000）の中から，日台のデータを抽出して，日台産業連関分析をおこなう。その際，中間投入係数，レオンチェフ逆行列係数を算定しつつ，台湾の影響力係数表，日台地域別生産依存度表を求めた。

次に，日台労働生産性の相対的変化が，両国の産業の価格水準に如何なる影響を与えるかについて考察している。

第 8 章　日・中産業の相対的国際競争力の推移—アジア国際産業連関表に相対的労働産性成長率数値を接続して（1990－2000 年）－

本章でも前諸章のテーマを引き継いで，アジア国際産業連関表“*Asian International Input-Output Tables*”（1990, 1995, and 2000）により，両国の国際競争力の相対的変化を分析することにある。まず，相対的日中労働生産性成長率に基づいて，両国の ① 各年度の産業の水準の比較優位・劣位構造および ② 因子分析（バリマックス法）による全期間（1985－2000 年）の比較優位・劣位構造を検出した。続いて，日中産業連関分析をおこなった。算定は，中間投入係数，レオンチェフ逆行列係数，影響力係数，および日中地域別生産依存度について行われた。さらに，日中労働生産性の相対的変化が，両国の産業の価格水準に如何なる影響を与えるかについて考察している。

第 5 章～第 7 章は，第 1 章～第 3 章での労働生産性算定結果のデータに基づき，第 8 章は，新たに日中相対的労働生産性成長率を算定したデータに基づき，これらを国際産業連関表に接続して分析した結果，従来，日本の米・韓・台・中に対して国際競争力が強かった比較優位産業（自動車・電気機器・機械器具・鉄鋼等）の相対的価格競争力が，1990 年代に弱化していることが判明した。本書のメインテーマである。

第 9 章　産業の相対的競争力変化と海外直接投資

前章までの分析によれば，東アジア諸国の日本・韓国・台湾・中国，および米国は，1990 年から 2000 年に近づくにつれて，相互連関・相互依存関係を深めながらも，そのなかで日本の相対的競争力が低下してきていることが判明した。そこで，問題は，この原因がどこにあるかという点を本章では問うている。

この問題提起に対して，本章では，柳田侃教授と小島清教授の理論を商品貿易と海外直接投資との総合理論として要約し，両教授の理論が，現実の日米・日韓・日台の商品貿易と海外直接投資にどのように反映しているのか，そして，それは日本の東アジア諸国および米国に対する相対的競争力低下に対して，どのような説明力を有しているのかを検討している。この検討の結果，柳田侃教授および小島清教授の理論が，マクロ経済学的水準で，1980 年代の日米商品貿易と海外直接投資および日韓・日台商品貿易と海外直接投資に肯定的に妥当することを統計的に検証した。

そのうえで，柳田侃教授および小島清教授の理論の適用の結果，1980 年代における ① 日本の対米逆貿易志向型直接投資，② 1980 年代における対韓国および対台湾順貿易志向型直接投資が，投資受け入れ国（米国・韓国・台湾）への技術移転を促し，当該国の生産性を改善し，向上させ，一方では，日本の相対的競争力の低下，他方では，米国・韓国・台湾の相対的競争力を強化させたということが判明した。さらに，こうした日本の対外直接投資は，1990 年代での対米逆貿易型直接投資に関しては，その生産性向上の作用および機能を継続したが，同じく 1990 年代では，対韓国・対台湾順貿易志向型直接投資は消失し，したがって，その生産性向上の作用を喪失した。しかし，1980 年代の日本の対外直接投資は，投資受け入れ国である米国・韓国・台湾の生産性上昇と改善の基礎的条件の形成，および対日相対的国際競争力の強化に貢献したことも判明した。

本章では，第 5 章〜第 8 章の商品貿易のテーマを対外直接投資との関連で総合的・統一的に把握して，日本の米・韓・台の相対的競争力の変化を分析している。その際，柳田侃理論および小島理論を分析の手法としてその現代的有効性を検証している。

第 10 章　韓国・台湾の自立的経済構造の形成の進行と産業内分業

前章の結論を踏まえて，日本の海外直接投資に関する柳田侃理論および小島理論は，日韓および日台について，1980 年代に現実的妥当性を有していたが，1990 年代にはその現実的妥当性あるいは説明力を失ったと理解すべきなのであろうかと問題を提起する。

分析の結果，柳田侃教授の資本輸出論および小島教授の海外直接投資理論は，1990 年代に日韓・日台順貿易志向型直接投資による DFI 効果を消失したことの故に，現実的説明力を失ったのではなくて，韓国・台湾の「自立的経済構造」および「同質的経済構造」が進行したことにより新たな局面を迎えたものと理解される。

しかし，この日韓台の「同質的経済構造」の進行の究極の到達点は，比較生産費差の消滅であり，投資機会の消滅である。そこで，その展望として，「産業内貿易」の論調を念頭に置きつつ，「労働生産性の国際比較」のデータに基づいて，別の視角から，産業内貿易の展開の基盤と可能性について統計的分析を行っている。

第 10 章では，1990 年代に生じた韓国・台湾の「自立的経済構造」の形成の進行と日・韓・台の「同質的経済構造」について分析し，それが齎す展望について論じている。

終章―2000 年代後半に引き伸ばして―

本書では，金融経済の分野の対外直接投資と実体経済の分野の国際貿易とを統一的に捉え，その上で，各国への直接投資が生産性上昇の要因となり，これを契機に貿易が促進され，ひいては経済成長の原因となるという視角から対象を分析してきたが，2000 年代の後半には新しい事態が発生している。

その新しい事態とは，2008 年 9 月に発生した世界金融危機，世界同時不況である。そこで，こうした世界金融危機の波及結果による経済成長の与件，あるいは促進要因としての金融経済の分野での対外直接投資の縮小あるいは冷え込みの状況下で，⑴ アメリカの実体経済の低下あるいは不況が，相互経済関係あるいは相互経済連関関係の深化のなかでの日本を含む東アジア諸国，すなわち，韓国，台湾，中国の実体経済の分野の国際貿易の側面にどのような事態を発生させているのか，⑵ そこでの問題は何か，そしてそれを克服する方策としていかなることが考えられるかを考察している。その際，ここでは，本書前諸章で提示したデータの分析結果を踏まえて，「比較生産費理論」と「国際産業連関的視角」，とりわけ「地域別生産依存度」との視角から，問題に取り組んでいる。さらに，東アジア諸国が「対外直接投資と国際貿易」による均衡のとれた国際分業を形成するためには，① 各国の比較優位・比較劣位構造に即した，すなわち比較生産費構造に対応した「地域別生産依存度」の形成により，現在の不均衡状況を解消すること，②「対外直接投資の在り方」，すなわち従来の「一方的」順貿易志向型直接投資から，「相互的」順貿易志向型直接投資への転換が必要であることを指摘している。続いて，小「東アジア共同体」構想を述べ，そのなかの日本の地位と役割について言及し，最後に①「物質代謝論的視角」，②「リカードウ貿易理論」の単独的立論から複合的立論への必要性，③小「東アジア共同体」の「民主的共生社会・共生世界」構築へ向けての提言で締め括っている。

終章は，第1章から第10章までの分析を踏まえて，世界金融危機・世界同時不況期の2000年代の後半の現代の諸課題および展望を取り上げて論じている。

目　　次

図・表目次

第6章　日・韓産業の相対的国際競争力の推移
—アジア国際産業連関表に相対的労働生産性数値を接続して(1990－2000年)—

第7章　日・台産業の相対的国際競争力の推移
—アジア国際産業連関表に相対的労働生産性数値を接続して(1990－2000年)—

第10章　韓国・台湾の自立的経済構造の形成の進行と産業内分業

終章―2000 年代後半に引き伸ばして―

第 1 章
日・米物的工業労働生産性の国際比較 (1977－1997 年)

本章の目的

1977 年から 1997 年までの日・米物的工業労働生産性の国際比較数値については，すでに拙著『労働生産性の国際比較研究―リカードウ貿易理論と関連して―』（文眞堂）[1)] で提示した。本章では，SAS の最新 9.1version によりデータを再計算して，若干の修正・訂正を行った結果を提示して，後章の分析のための基礎的データとすることを目的とする。

第 1 節　労働生産性の国際比較の基本概念

行沢健三教授は次のように述べておられる。「それぞれの時点において，各国の各産業部門は生産諸力の発展の歴史的な諸条件に規定されて一定の生産性水準を達成している。これらを母集団として，ここでの測定作業が基本的な測定値としてめざしたものは，第 1 に各産業部門の国際個別生産性指数であり，第 2 にそれらをもとにした国際総合生産性指数である。」[2)] として，それぞれについて以下のように説明される。「各産業部門の生産品目 i （＝1，2，・…n）の生産数量を q^i とし，その生産に投下された労働量を l^i とすると，一人当たりの労働の物的生産性 p^i は，q^i/l^i として測定されうる。このとき，各品目についての 0 国を基準とする一国の生産性水準を表す方式として国際個別生産性

1）　拙著『労働生産性の国際比較研究―リカードウ貿易理論と関連して―』文眞堂，2002 年，第 1 章。

2）　行沢健三『労働生産性の国際比較―日米工業を中心として―』創文社，1976 年，p.23。

指数すなわち

$$p_{10}^{i}=\frac{q_1^i}{l_1^i}\ /\ \frac{q_0^i}{l_0^i}\ (=P_1^i\ /\ P_0^i)$$

が考えられ，本章の測定作業で追求したのは，基本的にはこのような関係への量的接近であった。次に個別生産性指数を後にのべる方式にしたがって総合して全体としての生産性水準の開きを示す国際総合生産性指数 P_{10}^i が得られる。」[3)]

この引用文の「後に述べる方式」とは，国際個別生産性指数 p_{10}^i を，雇用数 l をウェイトとして総合する方式であり，アメリカの雇用数 l_1 をウェイトとしたものを総合指数(A)とすると，

$$\text{総合指数(A)}=\frac{\sum_i (P_1^i\ /\ P_0^i)l_1^i}{\sum_i l_1^i} \quad \cdots\cdots\cdots(1)$$

として示される。

ところで，いま，$r=l/q$（労働の一種の能率）とすると，$l=rq$ であるから，これを(1)式に代入すると，

$$\text{総合指数(A)}=\frac{\sum_i (P_1^i\ /\ P_0^i)l_1^i}{\sum_i l_1^i}=\frac{\sum_i (r_0^i\ /\ r_1^i)r_1^i q_1^i}{\sum_i r_1^i q_1^i}=\frac{\sum_i r_0^i q_1^i}{\sum_i r_1^i q_1^i} \quad \cdots\cdots(2)$$

と変形して示される。そうすると，結局，総合指数(A)の意味する内容は，(2)の最右辺から読み取れるように，日本とアメリカが，それぞれの能率でアメリカと同じ生産物構成を生産した場合，日本はアメリカの何倍の労働を要するか，ということを示すものである。

次に，日本の雇用数 l_0 をウェイトとしたものを総合指数(B)とすると，

$$\text{総合指数(B)}=\frac{\sum_i l_0^i}{\sum_i (P_0^i\ /\ P_1^i)l_0^i} \quad \cdots\cdots\cdots(3)$$

として示される。

3）　同上書，p.23。以下では，0国を日本（＝基準国），1国をアメリカ（＝比較対象国）と想定して論が展開されている。

(3)式を(1)式と同じように変形すると，

$$総合指数(B) = \frac{\sum_i l_0^i}{\sum_i (P_0^i / P_1^i) l_0^i} = \frac{\sum_i r_0^i q_0^i}{\sum_i (r_1^i / r_0^i) r_0^i q_0^i} = \frac{\sum_i r_0^i q_0^i}{\sum_i r_1^i q_0^i} \quad \cdots\cdots\cdots (4)$$

したがって，総合指数(B)は，日本とアメリカが，それぞれの能率で日本と同じ生産物構成を生産した場合，日本はアメリカの何倍の労働を要するか，という意味内容を有している。

総合指数(A)も，総合指数(B)も，共に意味を持ち得るものであろうし，むしろ相互補完的であろうが，実際の算定では，両者の値はかなりの食い違いを示すのである。この食い違いの原因は，(2)，(4)式から明らかなように両国の生産物構成の相違にある。そこで，総合指数(A)と総合指数(B)との平均とも解される総合指数(C)を考える。

$$総合指数(C) = \frac{\sum_i r_0^i (q_0^i + q_1^i)}{\sum_i r_1^i (q_0^i + q_1^i)} \quad \cdots\cdots\cdots (5)$$

いうまでもなく，総合指数(C)は，各品目について両国の生産物量を合計した生産物構成を生産する場合に必要な各国の労働量の比率を意味するものである。

行沢健三教授の物的労働生産性の基本概念とは，以上の内容を有するものであり，本書の労働生産性の国際比較は，この基本概念に沿って具体的算定が行われる。

第2節　算定の具体的手順

第1項　算定資料について

1997年の日・米物的工業労働生産性の算定の原資料としては，両国の工業センサスが採用された。すなわち，日本については，平成9年版『工業統計表』通商産業大臣官房調査部編[4)]，アメリカについては，1997 “*Census of*

Manufactures", Industry Series, U. S. Department of Commerce[5] である。

第2項　日・米工業センサスコード照合表について

前項の原資料に基づき，1997年度について，日・米物的工業労働生産性算定の対象品目の選定が行われる。この目的のために，両国の工業センサスのコード照合がなされた。その場合，「量的にのみ比較の可能な同質でなるべく単一の生産品目について」[6] 照合することが肝要である。この「日・米工業センサスコード照合表［1997年度］」は，拙著『労働生産性の国際比較研究―リカードウ理論と関連して―』に提示されている[7]。

第3項　算定の一般方式

前項でのコード照合表に基づいて算定に着手するさいに，ただちに特別な困難に直面する。それは，雇用量を得るための「産業統計」と，生産数量を得るための「品目統計」との食い違いの問題である。今，ある品目の生産数量を q^i とし，その生産のために投入された労働量 l^i の数値を得たい。ところが，日米両国とも，『工業統計表』および "*Census of Manufactures*" においては，生産数量と投入労働量とが，［補表 1-1］に見られるとおり完全には対応していないのである。

［補表 1-1］　産業と品目の出荷額等仮設例

	u）産業A	v）産業B	w）品目の総出荷額	x）品目の生産数量
a）品目A	1,000ドル	100ドル	1,100ドル	150トン
b）品目B	300ドル	900ドル	1,200ドル	250トン
c）産業の総出荷額	1,300ドル	1,000ドル		
d）産業の労働者数	100人	150人		

（出所：行沢健三著『労働生産性の国際比較』創文社，1976年，p.43。）

4）　平成9年版『工業統計表』通商産業大臣官房調査部編 産業編・品目編。

5）　1997年版については，1997 *Economic Census* の Manufacturing ― Industry Series を採用し，http://www.census.gov/prod/www/abs/97ecmani.html からダウンロードした。

6）　行沢健三，前掲書，p.27。

7）　拙著『労働生産性の国際比較研究―リカードウ理論と関連して―』文眞堂，2002年，pp.4-5.［表 1-1］。

行沢健三教授は，この問題を次のように設定することによって解決を図られた。

「このような産業と品目の食い違いは，工業調査の際に事業所を主たる出荷品目に応じて各産業に分類するという方式に基づく。したがって，産業Aに属する事業所は，副産物として品目Bも生産するなどのことが生じるのである。そこで，品目Aについていえば，表に太文字で示した金額にして1,000ドルに当たる分の生産数量とちょうどその生産のために投入された労働量とを次の算式によって推計することによって，この食い違いの問題の解決が図られた。要するに，生産数量の産業間への配分および投入労働者の生産品目間の配分は出荷額に比例しているとの想定がなされたわけである。

q^i（品目Aの産業Aにおける生産数量）$=150$（トン）$\times \dfrac{1000(dol.)}{1100(dol.)}$ …… [1]

l^i（産業Aで品目Aの生産に投入さた労働量）$=100$（人）$\times \dfrac{1000(dol.)}{1300(dol.)}$ …… [2]

」[8)]

行沢教授はこれを「算定の一般方式」と名付けられた。なお，生産数量の産業間配分比率，仮設例では点線でかこった部分［1］をCoverage Ratio，投入労働者の生産品目間への配分比率，仮設例では点線でかこった部分［2］をSpecialization Ratioと名付けている。

第4項　比較方式の細目

1）アメリカの算定細目

前項での「算定の一般方式」に基づいて，1997年の日・米の労働生産性の算定が行われたが，他の年度についても，基本的には，1997年の算定に準拠して行われた。ここでは，1997年のアメリカの［精糖］について比較方式を示すことにする[9)]。

8）同上書，p.43。

9）日本については，拙著『労働生産性の国際比較と商品貿易および海外直接投資—リカードウ貿易理論の実証研究—』文眞堂，1994年，pp.20-22を参照。他の年度についても，そこでの算定の基本方式に準拠して算定が行われている。

［精糖］Refine Cane Sugar（Code Number 311312）のケース

［A. 生産数量の算定］

a）出荷額	b）期首在庫	c）期末在庫	d）生産額(a+c-b)	e）調整率(d/a)
3,209,186	254,854	229,379	3,183,711	0.992
f）出荷数量	g）生産数量			
3,460	3,432.5 (1,000 S ton)			

（単位：1,000ドル）

＜各項の出典および手順の詳細＞

a）出荷額の項；アメリカの1997 *Economic Census*, Manufacturing Industry Series, Cane Sugar refining, Table 3. Detailed Statistics by Industry；1997のTotal value of shipments（$1,000）から数値を得る。

b）期首在庫；同じくTable 3. Detailed Statistics by Industry；1997のTotal inventories, beginning of yearから数値を得る。

c）期末在庫；b）と同じくTable 3. Detailed Statistics by Industry；1997のTotal inventories, end of yearから数値を得る。

d）生産額；a＋c－b（在庫調整）により当該産業の生産額を得る。

e）調整率；d／aにより出荷額に対する生産額の割合を算出する。

f）出荷数量；Table 6a. Products Statistics；1997 and 1992の311312 Cane Sugar refiningのQuantityの項目の数量を合計する。

g）生産数量；f）の出荷数量にe）の調整率を乗じて数値を得る。

［B. 生産性の算定］

b）品目の生産数量(1000 s ton)	d）数量対応出荷金額	e）品目の全出荷額	f）物量把握率	g）産業のその品目出荷額
3,432.5	2,166,568	3,209,186	0.675	3,118,472
h）産業の全売上	i）品目把握率(g/h)	j）産業把握率(g/e)	o）代表率(f×i)	k）産業の品目生産量(b×j)(1,000 s ton)
3,209,186	0.97	0.97	0.65	3,330
l）単位換算(tonへ)	m）産業の労働者(人)	n）算定労働者(o×m)（人）	p）生産性(l/n)（ton/人）	
3,020,310	3,891	2,529	1,194	

（単位：1,000ドル）

＜各項の出典および手順の詳細＞

ｂ）　品目の生産数量；生産数量の算定ｇ）生産数量の項から転載する。

ｄ）　数量対応出荷金額；Table 6.Products Statistics；1997 and 1992の細目品目（311312 cane sugar refining）の生産数量に対応する出荷金額（Value）の項を集計して数値を得る。

ｅ）　品目の全出荷額；Table 6. Products Statistics；1997 and 1992から311312 Cane sugar refiningのproduct shipmentsの全出荷額の数値を得る。

ｆ）　物量把握率；ｄ）数量対応出荷金額をｅ）品目の全出荷金額で除することによって，物量把握率を算出する。

ｇ）　産業のその品目出荷額；Table 3. Detailed Statistics by Industry；1997のPrimary Products Value of shipmentsから数値を得る。

ｈ）　産業の全売上；同上Table 3. Detailed Statistics by Industry；1997のtotal value of shipmentsから数値を得る。

ｉ）　品目把握率；ｇ）産業のその品目出荷額を，ｈ）産業の全売上で除することによって，品目把握率を算出する。

ｊ）　産業把握率；ｇ）産業のその品目出荷額をｅ）品目の全出荷額で除することによって，産業把握率を算出する。

ｏ）　代表率；ｆ）物量把握率とｉ）品目把握率とを乗じてｏ）代表率を算出する。

ｋ）　産業の品目生産量；ｂ）の品目の生産数量にｊ）産業把握率を乗じて数値を得る。

ｌ）　単位換算；Short tonsをtonに換算する（換算率は，Short ton＝0.907 ton）。

ｍ）　産業の労働者；Table 3. Detailed Statistics by Industry；1997のall employeesから数値を得る。

ｎ）　算定投入労働者；ｍ）産業の労働者にｏ）代表率を乗じて，ｎ）算定投入労働者の数値を得る。

ｐ）　生産性；ｌ）単位換算された品目の生産数量を，ｎ）算定投入労働者で除することによって，ｐ）生産性の数値を得る。

第3節　国際個別生産性指数の算定結果とデータ分析

第1項　国際個別生産性の概念と算定結果

前節第2項の各年度の［日・米工業センサスコード照合表］（日・米労働生産性算定対象品目コード照合表）に基づいて，1977年については97品目，1982年については同じく97品目，1987年については88品目，1992年については73品目，1997年については66品目が比較対象品目として選定され，それぞれの品目について，日本およびアメリカの一人当たりの物的労働生産性 $p^i=(q^i/l^i)$ を算定し，さらに，日本を基準国（＝100）とするアメリカの生産性水準を表す国際個別生産性指数，すなわち，

$$p^i_{10}=\frac{q^i_1}{l^i_1}\Big/\frac{q^i_0}{l^i_0}(=p^i_1/p^i_0)$$

を求めた結果が，［表1-1］日米国際個別生産性指数 にまとめられている。

1992年および1997年については，［表1-1］日米国際個別生産性指数表 に見られるとおり，算定対象品目が，1977年，1982年，1987年と較べて少なくなっている。この理由は，主としてアメリカ側の事情にある。それは，1992年以降“*Census of Manufactures*”において生産数量が記載されていない品目が増えてきたことによる。生産数量が記載されない事情がいかなるものか不明であるが，この事情は，算定対象品目を制限することになり，労働生産性の国際比較の算定作業に支障をきたす重大な要因である。つまり，調査対象品目のカバレッジが縮小するとともに，とりわけ，時系列算定に影響を及ぼすことによって問題が生じるのである。しかし，この問題点を自覚したうえで，1997年の算定を続行した。

さて，［表1-1］日米国際個別生産性指数 に基づいて，日本から見た比較優位・比較劣位構造を品目の水準において検出することにしよう。

1977年の日本からみた比較優位品目は，テレビ受信機，普通板ガラス，なめし革製旅行かばん，ラジオ受信機，汎用ジーゼルエンジン，旋盤，セメント，蓄電池，歯切・歯車仕上げ機械，せん断機，絨毯，洗濯機，コンクリー

[表 1-1]　日・米国際個別生産性指数

	品目名	1977	1982	1987	1992	1997		品目名	1977	1982	1987	1992	1997
1	テレビ受信機	19	37	92	95	–	50	洋紙	116	110	99	80	78
2	普通板ガラス	22	38	52	–	146	51	石灰	117	78	88	115	72
3	なめし革製旅行かばん	29	57	100	169	192	52	ナフサ	118	93	86	59	16
4	ラジオ受信機	36	24	36	76	–	53	鍛鋼	118	58	67	65	152
5	汎用ジーゼルエンジン	37	17	126	28	–	54	板紙	120	128	130	110	106
6	旋盤	44	18	57	56	149	55	ボール盤	122	75	–	–	92
7	セメント	51	47	51	40	338	56	トラック・バス用タイヤ	123	113	173	130	181
8	蓄電池	53	19	29	–	138	57	鋳鉄管・そ銑鋳物	125	97	116	116	–
9	歯切・歯車仕上げ機械	55	25	36	32	225	58	毛紡糸	136	133	159	240	308
10	せん断機	55	65	49	35	171	59	産業用火薬	138	145	–	–	–
11	絨毯	59	105	127	115	105	60	潤滑油	143	123	158	140	111
12	洗濯機	64	55	78	94	103	61	ゼラチン・接着剤	144	125	256	276	190
13	コンクリート・ブロック	67	62	84	124	41	62	トラック・バス用チューブ	146	108	149	115	83
14	掃除機	68	56	77	85	231	63	アルミ地金	151	155	163	–	–
15	中ぐり盤	68	33	83	126	113	64	銅圧延・伸線・同合金	151	117	136	170	63
16	可鍛鋳鉄	71	59	87	78	–	65	婦人・少女用ドレス・スーツ	153	152	133	–	–
17	ボルト・ナット・リベット	72	–	–	–	58	66	合成繊維糸	156	95	142	115	–
18	鋼製スプリング	73	180	186	313	24	67	フライス盤	158	64	78	132	71
19	毛織物	75	85	177	224	230	68	小麦粉	158	220	190	197	221
20	銅・同合金鋳物	76	100	130	–	79	69	普通レンガ	160	–	–	–	–
21	綿織物	76	89	94	187	220	70	家庭用石鹸	161	87	94	188	324
22	乗用車用タイヤ	77	49	44	76	59	71	男子・少年用背広服ズボン	162	136	185	262	–
23	水産品缶詰	78	77	77	–	79	72	無機顔料	171	133	91	139	–
24	鋳鋼	79	129	62	–	–	73	合成ゴム	171	92	63	131	142
25	鉄鋼	79	63	110	90	84	74	ベンディング・マシン	174	117	169	200	–
26	建設金物	81	54	70	89	51	75	ブリキ缶	177	–	–	–	23
27	綿紡糸	82	59	150	215	286	76	汎用ガソリンエンジン	181	105	21	110	–
28	亜鉛地金	85	119	–	–	92	77	ビール	184	166	171	123	76
29	婦人・子供用革靴	87	105	75	88	93	78	自動車用ガソリン	184	132	239	192	210
30	男子用革靴	87	50	68	74	40	79	アンモニア	190	234	–	–	–
31	再生ゴム	89	120	–	–	–	80	扇風機・換気扇	192	80	183	166	20
32	男子・少年用オーバーコート類	90	66	109	99	296	81	石膏プラスタ	201	137	140	174	–
33	アルミ鋳物	92	95	–	225	63	82	電話機	204	106	56	181	–
34	機械プレス	94	41	132	107	58	83	圧縮ガス・液化ガス	209	113	–	–	–
35	ジェット燃料	97	99	91	74	76	84	精糖	211	233	151	302	339
36	硫酸	97	67	22	–	–	85	アルミ圧延・伸線・同合金	216	163	132	130	54
37	家庭用電気冷蔵庫	97	124	61	129	80	86	液体塩素	223	300	227	–	–
38	灯油	101	86	85	74	83	87	界面活性剤	226	174	223	226	66
39	軽油	103	88	62	77	87	88	水酸化ナトリウム	239	157	260	–	–
40	重油	105	117	103	104	102	89	澱粉	275	269	487	399	257
41	男子・少年用背広服上下	106	71	60	68	125	90	チーズ	290	216	213	236	278
42	自動車	108	77	91	90	98	91	ショートニング油	291	295	219	301	283
43	一般照明電球	109	85	110	136	58	92	マーガリン	326	327	190	336	454
44	燐酸質・配合肥料	110	83	103	96	100	93	大豆油	352	273	–	–	343
45	銅地金	112	11	130	–	30	94	製紙用木材パルプ	357	297	94	–	57
46	脂肪酸	113	100	123	403	959	95	練乳・粉乳	473	377	324	318	489
47	コンクリート管	113	79	94	121	34	96	果実酒	481	219	525	188	407
48	印刷インク	114	154	129	172	111	97	バター	641	686	660	575	647
49	綿実油	115	75	–	–	–							

（日本＝100）

ト・ブロック，掃除機，中ぐり盤，と続き，比較劣位品目は，バター，果実酒，練乳・粉乳，製紙用木材パルプ，大豆油，マーガリン，ショートニング油，チーズ，澱粉，水酸化ナトリウム，界面活性剤，液体塩素，アルミ圧延・伸線・同合金，精糖，圧縮ガス，電話機，石膏プラスタ，と続いている。

1982年の日本からみた比較優位品目は，汎用ジーゼルエンジン，旋盤，蓄電池，ラジオ受信機，歯切・歯車仕上げ機械，中ぐり盤，テレビ受信機，普通板ガラス，機械プレス，セメント，乗用車用タイヤ，男子用革靴，なめし革製ハンドバッグ，と続き，比較劣位品目は，バター，練乳・粉乳，マーガリン，液体塩素，製紙用木材パルプ，ショートニング油，大豆油，澱粉，アンモニア，精糖，小麦粉，と続いている。

1987年では，日本から見た比較優位品目は，汎用ガソリンエンジン，硫酸，ラジオ受信機，歯切・歯車仕上げ機械，乗用車用タイヤ，せん断機，セメント，普通板ガラス，電話機，旋盤，男子用背広服上下，家庭用電気冷蔵庫，軽油，と続き，日本から見た比較劣位品目は，バター，果実酒，澱粉，練乳・粉乳，婦人・少女用ブラウス，水酸化ナトリウム，ゼラチン・接着剤，自動車用ガソリン，液体塩素，界面活性剤，ショートニング油，チーズ，マーガリン，小麦粉，鋼製スプリング，と続いている。

1992年では，日本から見た比較優位品目は，汎用ジーゼルエンジン，歯切・歯車仕上げ機械，せん断機，セメント，旋盤，ナフサ，鍛鋼，男子・少年用背広服上下，男子用革靴，ジェット燃料，灯油，ラジオ受信機，乗用車用タイヤ，軽油，可鍛鋳鉄，洋紙，掃除機，と続き，日本から見た比較劣位品目は，バター，脂肪酸，澱粉，マーガリン，練乳・粉乳，鋼製スプリング，澱粉，ショートニング油，ゼラチン・接着剤，男子・少年用背広服ズボン，毛織物，チーズ，界面活性剤，アルミ鋳物，毛紡糸，綿紡糸，ベンディングマシーン，小麦粉，自動車用ガソリン，果実酒，家庭用石鹸，と続いている。

1997年では，日本から見た比較優位品目は，ナフサ，扇風機・換気扇，ブリキ缶，鋼製スプリング，銅地金，コンクリート・ブロック，男子用革靴，コンクリート管，建設金物，アルミ圧延・伸線・同合金，製紙用木材パルプ，ボルト・ナット・リベット，機械プレス，一般照明電球，乗用車用タイヤ，と続き，日本から見た比較劣位品目は，脂肪酸，バター，練乳・粉乳，マーガリン，果実酒，大豆油，精糖，セメント，家庭用石鹸，毛織物，綿紡糸，ショートニング油，チーズ，澱粉，掃除機，毛織物，歯切・歯車仕上げ機械，小麦粉，綿織物，と続いている。

こうした品目の水準における日本から見た各年度の比較優位・比較劣位構造は，一瞥して無秩序に並んでいて，その特徴を把握することが難しい。その特徴は，次節の国際総合生産性指数，即ち産業部門の水準に現れてくるであろうが，ここでは，品目の水準でどのような特徴を有しているか，をできるだけ分析を試みたい。

第2項　国際個別生産性指数の順位相関分析

まず，各年度の日米比較優位・比較劣位構造がどのような基本型を有しているのか，そのパターンに着目したい。まず，1977年から1982年を経て1987年，1992年，1997年にいたる国際個別生産性指数の順位がかなり変動して流動的である。各品目は複雑に変動して，時点を追う毎に，較差を縮小する品目もあれば，逆に較差が拡大する品目もあり，また比較優位性を強める品目もあれば，比較優位性を相対的に弱める品目もある。他方，比較劣位品目も，比較劣位性を強める品目もあれば，比較劣位性を相対的に弱める品目もある。そこには，なんら法則的な展開は存在しないように見受けられる。しかし，それでも次の2点が指摘されるであろう。

第1点は，年度を追う毎に，較差拡大・較差縮小というジグザグの展開をしているが，しかし，1982年までは，全体としては較差縮小の傾向にあり，1987年，1992年，1997年では全体として較差拡大の傾向を示している。つまり，1987年を転回点としているということである。第2点は，しかしながら，指数の変動は，日・米の比較優位・比較劣位構造の基本型を変更しない範囲内での変動であった。

この第2の点は，以下の検定に根拠がある。すなわち［表1-1］をデータにして，国際個別生産性指数の各年度の順位相関係数を検定する。結果は以下の通りである。

1977年と1982年，1982年と1987年，1987年と1992年，1992年と1997年の両国の国際個別生産性指数の順位相関をケンドール方式（τ）に基づいて計

［順位相関係数検定結果Ｉ］

ケンドール τ

	1977	1982	1987	1992	1997
1977	1.0000	0.6107**	0.4275**	0.4371**	0.1642*
1982	0.6107**	1.0000	0.5163**	0.5159**	0.1879*
1987	0.4275**	0.5163**	1.0000	0.5582**	0.1178
1992	0.4371**	0.5159**	0.5582**	1.0000	0.2844**
1997	0.1642*	0.1879*	0.1178	0.2844**	1.0000

（** 1％水準で有意，* は5％水準で有意）

スピアマン ρ

	1977	1982	1987	1992	1997
1977	1.0000	0.7876**	0.5799**	0.5936**	0.2176
1982	0.7876**	1.0000	0.6924**	0.6904**	0.2626*
1987	0.5799**	0.6924**	1.0000	0.7411**	0.1933
1992	0.5936**	0.6904**	0.7411**	1.0000	0.3771**
1997	0.2176	0.2626*	0.1933	0.3771**	1.0000

（** 1％水準で有意，* は5％水準で有意）

算した検定結果によれば，1977年・1982年では，0.6107，1982年・1987年では，0.5163**，1987年・1992年では，0.5582**，1992年・1997年では，0.2844** であった。

また，スピアマン方式（ρ）に基づいて計算すると，1977年・1982年では，0.7876**，1982年・1987年では，0.6924**，1987年・1992年では，0.7411**，1992年・1997年では，0.3771**であった。

ケンドール方式（τ）およびスピアマン方式（ρ）の順位相関係数は，いずれも1％水準で有意の相関が認められる範囲内の数値である。この検定の結果の意味は，1977年，1982年，1987年，1992年，1997年の5時点で，「日・米の比較優位・比較劣位構造の基本型を変更しない範囲内での変動であった」ということ，言い換えると，日米国際個別生産性指数の順位構造が基本的には同型・同質で推移していったということにある。同時に，このことは，日・米国際個別生産性指数，即ち品目の水準で，1977年から1997年まで独自の日米比較優位・比較劣位構造の形成を，言い換えると，独自の国際分業関係を形成していたことを示唆するものである[10]。

第3項　国際個別生産性指数の分散分析

前項では，［表 1-1］日米国際個別生産性指数 に基づいて，日米両国の比較優位・比較劣位構造の推移について検討したが，次に，同表に基づいて，日米国際個別生産性指数の数値そのものは，1977 年から 1997 年の 20 年にわたって，統計学的に認められる程度の変化があったのか，もしくはなかったのか，について検討する。

そこで，［表 1-1］日米国際個別生産性指数，をデータとして，SAS により，分散分析を試みる[11]。

この［検定結果］によれば，1977 年から 1997 年にわたる期間で，1977 年，1982 年，1987 年，1992 年，1997 年の年度間の労働生産性の国際比較数値では，F 値＝2.26（P 値 0.001）の結果を示しており，したがって，1％水準で有意である。また，同期間における品目の労働生産性の国際比較数値は，F 値＝4.50（P 値＝0.0001）の結果を示しており，したがって，1％水準で有意である。この出力結果から，日米国際個別生産性指数（＝労働生産性の国際比較数値）は，各年度間および各品目間に，統計学的に有意差があることが判明した。

したがって，次のことが言えるであろう。日米国際個別生産性指数の水準で，1977 年から 1997 年にわたる期間で，第1に，かなりの不均等発展が見られること，第2に，しかし，その不均等発展は，第1項で分析した日米比較優位・比較劣位構造の基本形を変更せしめる方向には作用しなかった，ということである。

---

10)　ただし，1977 年・1997 年では，ケンドール方式（τ）では，順位相関係数＝0.1642*，スピアマン方式（ρ）では，順位相関係数＝0.2176 で，後者は非有意であり，したがって，1977 年と 1997 年では比較優位・劣位構造は変化している。また，1992 年・1997 年では，順位相関係数は低下しており，従来のパターンの変容が示唆される。

11)　紙幅の都合上，出力結果を省略している。

第4項　国際個別生産性指数の因子分析—バリマックス法—

この項では，SAS（Statistical Analysis System）により，バリマックス法を用いて，因子分析を試みる。その意図は，前節第1項で［表1-1］日米国際個別生産性指数 に基づいて，各年度の日本から見た比較優位・比較劣位構造を品目の水準において検出したが，ここでは1977－1997年の全期間について，同じく日本から見た比較優位・比較劣位構造を品目の水準において検出することにある。［出力結果］は以下の通りである。その際，言うまでもなく，データは［表1-1］日米国際個別生産性指数である[12)]。

［表1-2］　国際個別生産性指数の因子分析－バリマックス法—：出力結果

FACTOR プロシジャ

回転後の因子パターン

		Factor1	Factor2
X1	1977	0.859847	0.252887
X2	1982	0.875138	0.283398
X3	1987	0.844262	0.207292
X4	1992	0.747599	0.399909
X5	1997	0.285675	0.951535

因子の分散

Factor1	Factor2
2.8585	1.2526

最終的な共通性の推定値：合計＝4.411835

X1	X2	X3	X4	X5
0.80329	0.84618	0.75575	0.71883	0.98703

バリマックス法による結果の主要な点を摘記すると，第1に，2つの因子の分散を示す「因子の分散（Variance explained by each factor)」で，第1因子（FACTOR1）が2.8585，第2因子（(FACTOR2）が1.2526であり，総分散5の内，4.1111，すなわち，82.22%を説明している。また，2因子の共通性は70%以上で，2因子モデルで十分説明することができる。第2に，回転後の因子パターン（Rotated Factor Pattern）によれば，回転後の因子負荷量

12）データは［表1-1］であるが，実際の算定に際しては，欠損値のある年度については削除してある。言いかえると，欠損値のない年度のみを選定してデータを作成した。

に示されているとおり，第1因子（FACTOR1）は期間の前半（X_1，X_2，X_3）の係数が大きいことから，期間の前半の因子得点が大であること示しており，第2因子（FACTOR2）は期間の後半（X_4，X_5）の係数が大きいことから，期間の後半の因子得点が大であることを示している。そこで，第1因子（FACTOR1）を期間の前半（X_1，X_2，X_3）の労働生産性較差拡大・縮小要因，第2因子（FACTOR2）を期間の後半（X_4，X_5）の労働生産性較差拡大・縮小要因，と解釈する[13)]。

このように解釈したのち，各オブザベーションの因子得点表を示すと以下のとおりである（p.16）。

次に第1因子（FACTOR1）を期間の前半の生産性の較差拡大・縮小を示すものとして，これをY軸にとり，第2因子（FACTOR2）を期間の後半の生産性較差拡大・縮小を示すものとして，これをX軸にとり，各品目の因子得点を平面にプロットしたのが，［図1-1-1］日米国際個別生産性指数因子分析の因子得点プロット―バリマックス法―である[14)]（p.17，p.18）。

［因子得点表1-A］および［出力結果<因子得点プロット―バリマックス法―）>］[15)]から，意味ある情報を引き出すと以下のようになる。

A．第1象限（FACTOR1；期間の前半で較差拡大（＋），FACTOR2；期間の後半で較差拡大（＋）

「47. ゼラチン・接着剤，52. 小麦粉，54. 男子・少年用背広服ズボン，57. ベンディングマシーン，60. 乗用車用ガソリン，62. 石膏プラスタ，64. 精糖，67. 澱粉，68. チーズ，69. ショートニング油，70. マーガリン，72. 練乳・粉乳，73. 果実酒」

13)　SASにより基準化（標準化）された数値に基づき解釈している。そこで，「第1因子（FACTOR1）を期間の前半（X_1，X_2，X_3）の労働生産性較差拡大・縮小要因」とみると，因子得点が大（＋）であることは，期間の前半（X_1，X_2，X_3）の各変数の値が大であること，すなわち期間の前半の較差拡大を示し，因子得点が小(－）であることは，期間の前半（X_1，X_2，X_3）の各変数の値が小であること，すなわち期間の前半の較差縮小を示している。また，「第2因子（FACTOR2）を期間の後半（X_4，X_5）の労働生産性較差拡大・縮小要因」とみると，因子得点が大（＋）であることは，期間の後半（X_4，X_5）の各変数の値が大であること，すなわち期間の後半の較差拡大を示し，因子得点が小(－）であることは，期間の後半（X_4，X_5）の各変数の値が小であること，すなわち期間の後半の較差縮小を示している。」と解釈している。

14)　作図の便宜上，データからバターと脂肪酸は取り外してある。

15)　［図1-1-1］の第2象限および第3象限が込み合っているで［図1-1-2］に拡大して表示している。

［因子得点表 1-A］

No.	品目名	Factor 1	Factor 2	No.	品目名	Factor 1	Factor 2
1	テレビ受信機	−0.929	−0.228	38	洋紙	−0.138	−0.726
2	普通板ガラス	−1.262	0.415	39	石灰	−0.220	−0.666
3	なめし革製旅行かばん	−0.908	0.855	40	ナフサ	−0.101	−1.369
4	ラジオ受信機	−1.153	−0.335	41	鍛鋼	−0.827	0.205
5	汎用ジーゼルエンジン	−0.741	−1.122	42	板紙	0.082	−0.490
6	旋盤	−1.374	0.370	43	トラック・バス用タイヤ	−0.005	0.264
7	セメント	−1.958	2.339	44	鋳鉄管・そ銑鋳物	−0.129	−0.300
8	蓄電池	−1.343	0.340	45	毛紡糸	−0.080	1.767
9	歯切・歯車仕上げ機械	−1.728	1.175	46	潤滑油	0.337	−0.490
10	せん断機	−1.276	0.503	47	ゼラチン・接着剤	0.865	0.318
11	絨毯	−0.270	−0.349	48	トラック・バス用チューブ	0.271	−0.787
12	洗濯機	−0.755	−0.213	49	銅圧延・伸線・同合金	0.497	−0.916
13	コンクリート・ブロック	−0.379	−0.869	50	合成繊維糸	0.102	−0.422
14	掃除機	−1.225	1.147	51	フライス盤	−0.117	−0.675
15	中ぐり盤	−0.772	−0.044	52	小麦粉	0.760	0.521
16	可鍛鋳鉄	−0.621	−0.545	53	家庭用石鹸	−0.685	2.051
17	鋼製スプリング	1.232	−1.222	54	男子・少年用背広服ズボン	0.379	1.193
18	毛織物	−0.238	1.039	55	無機顔料	0.097	−0.094
19	銅・同合金鋳物	−0.147	−0.671	56	合成ゴム	−0.255	0.058
20	綿織物	−0.645	1.067	57	ベンディング・マシン	0.322	0.486
21	乗用車用タイヤ	−0.772	−0.645	58	汎用ガソリンエンジン	−0.280	−0.255
22	水産品缶詰	−0.555	−0.550	59	ビール	0.845	−1.058
23	男子・少年用コート類	−1.144	1.739	60	自動車用ガソリン	0.685	0.377
24	アルミ鋳物	0.408	−0.762	61	扇風機・換気扇	0.836	−1.505
25	機械プレス	−0.266	−0.834	62	石膏プラスタ	0.422	0.161
26	ジェット燃料	−0.311	−0.688	63	電話機	−0.092	0.488
27	家庭用電気冷蔵庫	−0.190	−0.536	64	精糖	0.721	1.924
28	灯油	−0.409	−0.584	65	アルミ圧延・伸線・同合金	0.885	−1.242
29	軽油	−0.499	−0.489	66	界面活性剤	1.596	−1.225
30	重油	−0.152	−0.436	67	澱粉	3.192	0.223
31	男子・少年用背広服上下	−0.739	−0.066	68	チーズ	1.272	0.923
32	自動車	−0.408	−0.412	69	ショートニング油	1.839	0.928
33	一般照明電球	−0.014	−0.836	70	マーガリン	1.483	2.778
34	燐酸質・配合肥料	−0.310	−0.423	71	製紙用木材パルプ	1.769	−1.644
35	銅地金	−0.318	−1.152	72	練乳・粉乳	2.730	2.490
36	コンクリート管	−0.051	−1.076	73	果実酒	2.837	1.188
37	印刷インク	0.327	−0.378				

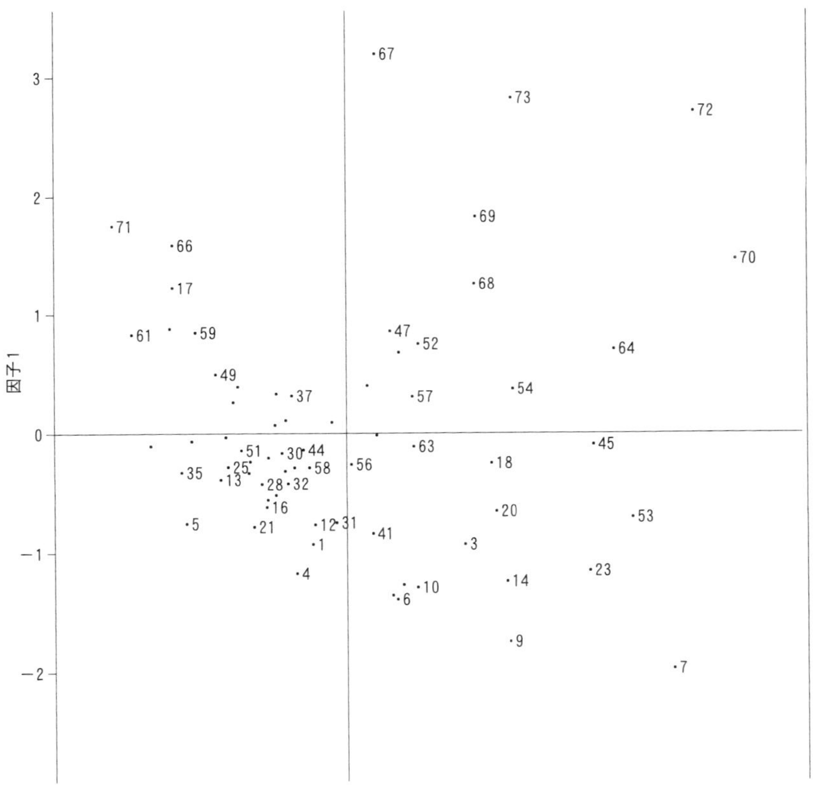

(Factor1：Y 軸⇒期間の前半　Factor2：X 軸⇒期間の後半)（作図は JMP による）

[図 1-1-1]　日・米国際個別生産性指数因子分析の因子得点プロット—バリマックス法—(A)

B．第 2 象限（FACTOR1；期間の前半で較差拡大（＋)，FACTOR2；期間の後半で較差縮小（－)

「17. 鋼製スプリング，24. アルミ鋳物，37. 印刷インキ，42. 板紙，46. 潤滑油，48. トラック・バス用チューブ，49. 銅圧延・延線，50. 合成繊維糸，55. 無機顔料，59. ビール，61. 扇風機，65. アルミ圧延・伸線，66. 界面活性剤，71. 製紙用木材パルプ」

C．第 3 象限（FACTOR1；期間の前半で較差縮小（－)，FACTOR2；期間の後半で較差縮小（－)]

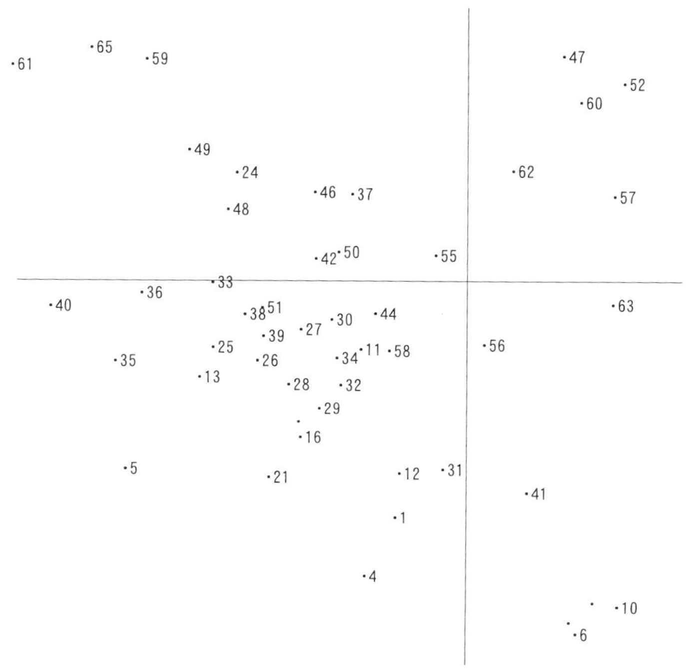

（Factor1 : Y 軸⇒期間の前半　Factor2 : X 軸⇒期間の後半）（作図は JMP による）

［図 1-1-2］　日・米国際個別生産性指数因子分析の因子得点プロット—バリマックス法—（B）

「1. テレビ受信機，4. ラジオ受信機，5. 汎用ジーゼルエンジン，11. 絨毯，12. 洗濯機，13. コンクリート・ブロック，15. 中ぐり盤，16. 可鍛鋳鉄，19. 銅・合金鋳物，21. 乗用車タイヤ，22. 水産品缶詰，25. 機械プレス，26. ジェット燃料，27. 家庭用電気冷蔵庫，28. 灯油，29. 軽油，30. 重油，31. 男子・少年用背広服上下，32. 自動車，33. 一般照明用電球，34. 燐酸質肥料，35. 銅地金，36. コンクリート管，38. 洋紙，39. 石灰，40. ナフサ，44. 鋳鉄管・そ銑鋳物，51. フライス盤，58. 汎用ガソリンエンジン」

D.　第4象限（FACTOR1；期間の前半で較差縮小（－），FACTOR2；期間の後半で較差拡大（＋）

「2. 普通板ガラス，3. なめし旅行かばん，6. 旋盤，7. セメント，8. 蓄電池，9. 歯切り・歯車仕上げ機械，10. せん断機，14. 掃除機，18. 毛織物，20. 綿織物，23. 男子・少年用コート，41. 鍛鋼，43. トラック・バス用タイヤ，53. 家庭用石鹸，56. 合成ゴム，63. 電話機」

第 1 象限は，期間の前半および後半で生産性較差が拡大した品目のプロットである。この象限に属する品目は，日本にとって比較劣位品目で，競争力のない品目である。食料品産業部門に属する品目が多い。

第 2 象限は，期間の前半で較差拡大し，期間の後半で較差縮小した品目のプロットである。この象限に属する品目は，期間の前半では日本の比較劣位に属するであろうが，後半の期間での較差縮小傾向を持続するならば，第 3 象限に位置を移し，比較優位へと転化する可能性を有している。

第 3 象限は，期間の前半および後半で生産性較差が縮小した品目のプロットである。この象限に属する品目は，日本の比較優位品目である。この象限でも，さまざまな品目が混在しており，その特徴を特定することは難しい。

第 4 象限は，期間の前半で較差縮小し，期間の後半で較差拡大した品目のプロットである。この象限に属する品目は，日本の比較優位に属するであろうが，後半の期間での較差拡大傾向を持続するならば，第 1 象限に位置を移し，比較劣位と転化する可能性がある。

第 4 節　国際総合生産性指数の算定結果とデータ分析

第 1 項　国際総合生産性指数の概念と算定結果

［表 1-3］国際総合生産性指数は，［表 1-1］の 1977 年，1982 年，1987 年，1992 年，1997 年の国際個別生産性指数を部門毎に総合するとともに全部門を行沢方式により総合したものである。行沢方式による総合の方法では，アメリカの雇用量（l_1）をウェイトとしたものを総合指数(A)とし，日本の雇用量（l_0）をウェイトとしたものを総合指数(B)としている。こうした計算の結果は，［表 1-3］に示されているが，見られるとおり，両者には相違が認められる。その理由は，すでに述べたとおり，両国の生産物構成の相違にある。そこで総合指数(A)と総合指数(B)の平均と解せられる総合指数(C)を求める。

［表1-3］　国際総合生産性指数

	1977年			1982年			1987年			1992年			1997年		
	(A)	(B)	(C)	(A)	(B)	(C)	(A)	(B)	(C)	(A)	(B)	(C)	(A)	(B)	(C)
全部門総合値	115	87	103	103	70	87	113	94	105	119	95	108	133	93	115
食料品	266	172	245	220	171	211	238	184	229	204	202	204	247	171	235
繊維・衣服	107	95	103	140	96	128	136	111	128	191	128	174	189	178	187
紙・パルプ	136	136	136	134	130	133	107	104	107	88	88	88	88	79	85
石油・化学	150	148	149	114	110	113	142	122	137	148	99	128	147	108	122
ゴム・皮革	88	89	89	76	65	73	72	69	70	98	91	96	91	75	84
窯業	90	59	78	66	58	63	79	64	75	98	63	85	114	47	94
鉄鋼	90	82	86	69	61	64	102	108	106	97	94	95	100	105	103
非鉄金属	148	128	143	140	110	131	138	133	137	165	99	164	323	200	283
金属製品	119	84	101	57	61	60	74	77	76	96	98	98	255	208	237
電気機器	74	31	45	65	36	46	71	57	64	126	99	110	87	77	82
自動車	108	108	108	80	80	80	91	91	91	90	90	90	98	98	98
機械類	63	57	59	48	26	31	31	63	63	82	58	65	112	18	39

（日本＝100）

（note：国際総合生産性指数(A)(B)(C)の計算式は本文参照）

［表1-3］国際総合生産性指数 の含意するところは，第5章第1節で詳論するとして，全体の特徴を示すと，全部門総合値(C)は，1977年103，1982年87，1987年105，1992年108，1997年115となっており，日本のアメリカに対する1977年からの較差縮小傾向は1982年をピークにして，1987年からは逆転して1997年にかけて較差拡大へと転回している。1990年代は，日本の停滞期であったことが反映している。これは，1990年代の日本のアメリカに対する相対的競争力低下を示す基礎的データである。

第2項　国際総合生産性指数の順位相関分析

次に，日米国際総合生産性指数の順位構造がどのような基本型を有しているのか，そのパターンを分析する。このために，［表1-3］国際総合生産性指数をデータとして，各年度の生産性指数の順位相関を検定する。検定結果は以下の通りである。

［順位相関係数検定結果Ⅱ］

１ケンドール τ

	1977	1982	1987	1992	1997
1977	1.0000	0.7273**	0.7786**	0.4242	0.4848*
1982	0.7273**	1.0000	0.7176**	0.3939	0.4545*
1987	0.7786**	0.7176**	1.0000	0.4733*	0.6565**
1992	0.4242	0.3939	0.4733*	1.0000	0.5152*
1997	0.4848*	0.4545*	0.6565**	0.5152*	1.0000

（** １％水準で有意，* は５％水準で有意）

２スピアマン ρ

	1977	1982	1987	1992	1997
1977	1.0000	0.8951**	0.9142**	0.6084*	0.6783*
1982	0.8951**	1.0000	0.8827**	0.5315	0.5245
1987	0.9142**	0.8827**	1.0000	0.6760*	0.7706**
1992	0.6084*	0.5315	0.6760*	1.0000	0.6783*
1997	0.6783*	0.5245	0.7706**	0.6783*	1.0000

（** １％水準で有意，* は５％水準で有意）

［順位相関検定結果Ⅱ］によれば，1977年と1982年，1982年と1987年，1987年と1992年，1992年と1997年の国際総合生産性指数の順位相関係数は，ケンドール方式（τ）では，1977年・1982年で0.7273**，1982年・1987年では，0.7176**，1987年・1992年では，0.4733*，1992年・1997年では，0.5152*であった。また，スピアマン方式（ρ）では，1977年・1982年では0.8951**，1982年・1987年では0.8827**，1987年・1992年では0.6760*，1992年・1997年では0.6783*であった。いずれも１％水準および５％水準で有意の相関が認められた。

この検定の結果の意味は，1977年，1982年，1987年，1992年，1997年の５時点で，日米国際総合生産性指数の順位構造が基本的には同型・同質で推移していったことにある。同時に，このことは，日・米国際総合生産性指数，即ち産業の水準で，1977年から1997年まで独自の日米比較優位・比較劣位構造の形成を，言い換えると，独自の国際分業関係を形成していたことを示唆するものである。

以上から，総合値は，1977年から1982年までは，全体としては較差縮小の傾向にあり，1987年，1992年，1997年では全体として較差拡大の傾向を示しており，いわば，1987年は従来の較差縮小の傾向から較差拡大傾向の転回点であるが，指数の順位の変動は，日米国際総合生産性指数の順位構造の基本型を変更しない範囲内での変動であったことが判明した。

以上の検定結果は，前節で示した日米国際個別生産性指数の順位相関分析の結果に矛盾なく，照応し，対応するものである。

第3項　国際総合生産性指数の分散分析

前項では，［表1-3］国際総合生産性指数 に基づいて，日米国際総合生産性指数の順位構造の推移について検討したが，次に，同表に基づいて，日米国際総合生産性指数の数値そのものは，1977年から1997年の20年にわたって，統計学的に認められる程度の変化があったのか，もしくはなかったのか，について検討する。

そこで，［表1-3］国際総合生産性指数，をデータとして，SASにより分散分析を試みる[16)]。この［検定］によれば，1977年から1997年にわたる期間で，1977年，1982年，1987年，1992年，1997年の年度間の労働生産性の国際比較数値では，F値＝3.28（P値0.0194）の結果を示しており，したがって，5％水準で有意である。また，同期間における産業の労働生産性の国際比較数値は，F値＝12.98（P値＝0.001）の結果を示しており，したがって，1％水準で有意である。この検定結果から，日米国際総合生産性指数によれば，その労働生産性の国際比較指数は，各年度間および各産業間に，統計学的に有意差があることが判明した。この検定結果は，前節で示した国際個別生産性指数の分散分析の結果に矛盾なく，照応し，対応するものである。

したがって，ここでも次のことが言えるであろう。日米国際総合生産性指数の水準で，1977年から1997年にわたる期間で，第1に，かなりの不均等発展が見られること，第2に，その不均等発展は，第2項で分析した日米国際総合生産性指数の順位構造を基本的に変更せしめる方向には作用しなかった，とい

16）［出力結果］は省略している。

うことである。

第5節　労働生産性成長率

第1項　各国労働生産性成長率

「日米労働生産性算定対象品目コード照合表」に基づいて，日本およびアメリカの労働生産性を算定し，次の公式により，労働生産性成長率を算定する。

$$\frac{\sum_i (p'^i/p^i)l'^i}{\sum_i l'^i}$$（p は基準年度，p' は比較年度の生産性，l' は比較年度の労働量）

1977年－1982年について，日本およびアメリカのデータ数は97品目，1982年－1987年について，日本およびアメリカのデータ数は88品目，1987年－1992年について，日本およびアメリカのデータ数は73品目，1992年－1997年の日本およびアメリカのデータ数は66品目である。算定の結果は，前掲拙著にまとめられている[17)]。

第2項　相対的労働生産性成長率（生産性成長率較差）

［表1-4］日米相対的生産性成長率（生産性成長率較差）は，［表1-3］国際総合生産性指数に基づいて算出した。

この表の読み取り方はこうである。ある期間について，日本の生産性も成長したであろう。アメリカの生産性も成長したであろう。では，どちらがどれだけ上回って成長したか，という考え方である。したがって，数値が100であれば，日本とアメリカの成長率は同じであり，100を上回れば，この場合日本の成長率がアメリカよりも高く，100を下回ると，アメリカの方が日本よりも成長率が高いということになるのである。

このように前置きしたうえで，［表1-4］日米相対的生産性成長率に目を転

17）　拙著『労働生産性の国際比較研究―リカードウ理論と関連して―』文眞堂，2002年，pp.40-41，［表1-10］日本生産性成長率，および［表1-11］アメリカ生産性成長率。ここでは，紙幅の都合上省略されている。

［表1-4］　日・米相対的生産性成長率

	1982/77	1987/82	1992/87	1997/92		1982/77	1987/82	1992/87	1997/92
全部門	119	83	96	95	鉄鋼	119	83	96	95
食料品	102	94	96	83	非鉄金属	102	94	96	83
繊維・衣服	81	101	76	99	金属製品	81	101	76	99
紙・パルプ	101	124	121	104	電気機器	101	124	121	104
石油・化学	131	83	100	95	自動車	131	83	100	95
ゴム・皮革	122	104	71	114	機械類	122	104	71	114
窯業	124	84	98	62					

（基準年度を100とした日本の数値）

（note：各国労働生産性成長率の計算式は本文参照，これに基づき日米相対的生産性成長率を計算）

じると，全部門の水準で，1977年－1982年で119，日本の方がアメリカを上回っている。各産業部門の水準では，1977年－1982年の繊維・衣服，金属製品を除いて，すべて日本の相対的生産性成長率はプラスである。

ところが，1982年－1987年では83，1987年－1992年では96，1992年－1997年では95，という数値を示しており，日本は，マイナスの成長率であったことを示している。産業部門の水準においても，初めの期間では，1977年－1982年の繊維・衣服，金属製品を除いては，すべてプラスの成長率であったものが，後の三つの期間では，1982年－1987年の食料品，化学・石油，窯業，鉄鋼，非鉄金属，自動車について，1987年－1992年の紙・パルプ，電気機器を除いたすべての部門について，1992年－1997年の紙・パルプ，ゴム・皮革，機械類，電気機器を除いた諸部門について，成長率ゼロかマイナスの値を示している。

こうして［表1-4］日米相対的生産性成長率によれば，1970年代および1980年代の中期まで，日本はアメリカを上回って生産性の成長率を達成していたが，1980年代の後半および1990年代にかけて日本はアメリカを下回った生産性の成長率を経験することになった。この事態は，なぜ，日本はこの時期にアメリカに追い越されたのか，また追い越され続けたのか，さらにまた逆にアメリカはなぜこの時期に生産性の回復に成功したのか，そして生産性の回復を持続し得たのか，あるいは言葉を換えると日米間に何故に不均等発展が生じたのか，という疑問あるいは問題を提起するであろう。この点に関しては，後章で改めて論ずることにしたい。

第 2 章
日・韓物的工業労働生産性の国際比較(1977－1997 年)

本章の目的

本章は，すでに拙著『労働生産性の国際比較研究―リカードウ貿易理論と関連して―』(文眞堂)[1)]で提示した「日・韓物的工業労働生産性の国際比較(1977－1997 年)」のデータを SAS の最新 9.1 Version により再計算し，若干の修正・訂正を行った結果を提示して，後章の分析のための基礎的データとすることを目的とする。

第 1 節　韓国物的工業労働生産性の算定の具体的手順

予め述べておきたいことは，本章はまた，行沢健三教授の開発された日米労働生産性の国際比較の算定方法を韓国に適用して，得られた諸結果を日本と比較して，日韓物的工業労働生産性の国際比較数値を得ようとすることにある。

そこで行沢教授は，この種の作業の信頼性・信憑性は「概念上ないし理論上求められる量的関係に使用可能な統計情報に基づいていかに近似的に対応した数値を得ようとしたかの作業方式の細目にかかっている」[2)]と指摘されたが，本節では，この指摘に沿って可能な限り作業細目を明らかにする。

1） 拙著『労働生産性の国際比較研究―リカードウ貿易理論と関連して―』文眞堂，2002 年，第 3 章。

2） 行沢健三「日米工業の物的生産性比較細目―その 1. 一般方式とその詳述―」KIER7214，京都大学経済研究所，1972 年 11 月，および行沢健三『労働生産性の国際比較―日米工業を中心として―』創文社，1975 年。

第1項　原資料について

この種の研究において，まず問われることは，どのような統計資料に基づいて算定が行われたか，ということである。算定の第1次資料として採用される統計資料が妥当・適切であるかどうかは，算定の結果の信頼性・信憑性を左右する重要な出発点である。

韓国の工業労働生産性の算定に際しては，“*Report on Mining and Manufacturing Survey*”（『鉱工業統計調査報告書』）[3]の1977年版，1982年版，1985年版，1987年版，1992年版，1997年版がそれぞれ採用された。その理由は，韓国の諸統計書のなかで，製造業について最も包括的な情報が得られ，また直接的には，本節での労働生産性の算定に必要とする生産量と投入労働量の基本数値が得られるからである。1992年についてこれを見ると，この統計報告書は，産業構造および生産活動に関する基礎的データを入手することを目的とし，韓国の統計法に基づき，1967年に韓国産業銀行によって初めて取り組まれたが，1969年から今日までは韓国国家統計局に引き継がれて調査が行われている[4]。これは，毎年5人以上の全ての事業所について調査・報告され，またそれは，［全国篇］（whole country），［地域篇］（regional）から構成されている。本章で必要とする韓国労働生産性算定の基本数値の情報は，投入労働量に関しては，［全国篇］（whole country），生産数量に関しては，［地域篇］（regional）から入手される。

また，『鉱工業統計調査報告書―1982年版―』のPrefaceのなかで，「本報告書は，たとえば産出水準，生産性，投入・産出の関連性，といったような産業構造の研究をするさいの基礎的データを提供するものである。」[5]と述べているように，生産性研究のための第1次統計資料として，本報告書を採用することは妥当であると判断される。

したがって，本稿では，この第1次統計資料に基づき韓国労働生産性の算定

3）“*Report on Mining and Manufacturing Survey*”（鉱工業統計調査報告書）National Statistical Office, Republic of Korea（統計庁），［Whole Country］（全国編），［Regional］（地域編）

4）“*Report on Mining and Manufacturing Survey*”（鉱工業統計調査報告書），National Statistical Office, Republic of Korea（統計庁），［Whole Country］（全国編）1992, Introduction, p.23。

5）Ibid., 1982, Preface.

を試みるものである。

なお，比較対象国となる日本については，『工業統計表』（産業編・品目編）通商産業大臣官房調査部編[6]の1977年，1982年，1985年，1987年，1992年，1997年の各年版を採用している。

第2項　日・韓コード照合

第1項での算定のための第1次資料を確定した次の課題は，韓国・日本の比較対象品目をどのように選定するかということにある。その場合，「量的にのみ比較の可能な同質でなるべく単一な生産品目について」[7]得ることが重要である。この原則にしたがって，韓国の産業統計分類と日本のそれとを照合しなければばならない。その場合，もし，韓国の産業統計分類と日本のそれとが，同じ方法に基づいて分類されているならば，作業は比較的容易に進行するであろう。ところが，両国の産業統計分類の方法が異なっているのである。

まず，1992年の『鉱工業統計調査報告書』［地域篇］（regional）による品目名；小麦粉を例にとると，8桁コード番号15312101でFlour of wheatが与えられている。そしてこの水準で小麦粉の出荷数量と出荷金額が記載されている。次にこのコードを3桁遡ると，15312 milling of cerealsが示され，さらに1531 grain mill product, 153 grain all product, 15 food product and beveragesと遡り，最後にD : Manufacturingとなる。

逆にいうと，全ての品目は，D : Manufacturingから始まり，コードが細分化されて8桁分類で終わるという次第である。

なお，小麦粉の投入労働量は，『鉱工業統計調査報告書』［全国篇］（whole country）のコード番号15312 milling of cerealsの水準で入手できる。

他方，日本の産業統計分類（標準産業分類）は，日本独自に，大分類，中分類，小分類，細分類という方法で分類され，十進法に基づいて，各段階にコードが与えられている。

日本の投入労働量は『工業統計表』（産業編）4桁の産業コードで見出され，品目の生産数量は『工業統計表』（品目編）の6桁品目コードで見出される。

6）『工業統計表』（産業編・品目編）通商大臣官房調査統計部編。
7）行沢健三『労働生産性の国際比較—日米工業を中心として—』創文社，1975年，p.27。

したがって，韓・日労働生産性比較対象品目を選定するというこの項の具体的作業は，韓国の8桁コードと日本の6桁コードの品目統計とを照合することである。これは難問である。なぜならば，韓国と日本の膨大な生産品目を照合するさいに両国の「生産品目対応表」が存在しないからである。そこで日・韓労働生産性の国際比較を断念しないという方向で取り組むならば，両国の膨大な生産品目を逐一照合する作業を行わなければならない。いうまでもなく，その場合，「量的にのみ比較の可能な同質でなるべく単一な生産品目」[8)]について得ることが原則である。作業は，まず，1977年の韓国 *"Report on Mining and Manufacturing Survey"* と日本『工業統計表』の生産品目のコード照合が行われ，続いて1982年，1985年，1987年，1992年，1997年の各年度について行われた。作業の過程でいくつかの問題点が発生した。例えば，コード照合が果たされても，「量的にのみ比較可能な」[9)]という条件を満たさない品目，単位換算が不能な品目，当初から生産数量が与えられていない品目，また，specialization ratio[10)]が極小で算定誤差の入り込む可能性が大きい品目などがそれである。こうした品目は，当然，実際の算定に際しては算定対象品目から除外している。コード照合作業に際して，いまひとつ重要な点は，1984年にK.S.I.C.（Korean Standard Industrial Classification）の改定が行われ，この改定にともなって，1977年・1982年と1985年・1987年，さらに1987年・1992年＝1997年とのコード表示が異なることである。

この照合作業結果は，「日・韓コード照合表（1992・1997年）」として，前掲拙著で提示されている[11)]。すなわち，韓国・日本労働生産性算定対象品目は，1992・1997年で79品目が選定された。

この作業を振り返って，「同質でなるべく単一の生産品目」の照合・選定という原則は，いわば努力目標というべきで，必ずしも正確にかつ十分にコード照合が果たされたとは言いがたい。言うまでもなく，コード照合は労働生産性の国際比較の出発点であり，また結果を左右する重要な要素だけに絶え間なく

8）　同上書。

9）　同上書。

10）　第1章第2節第3項　算定の一般方式を参照。

11）　前掲，拙著，pp.90-91。

改良・改善の必要があるであろう。

第3項　算定の基本方式

前項でのコード照合によって選定された比較対象品目のそれぞれについて，行沢教授の方法を適用して，労働生産性の算定を試みるものであるが，その際，労働生産性の国際比較の基本概念については，本書第1章第1節労働生産性の国際比較の基本概念を参照されたい[12)]。

さて，その上で，物的工業労働生産性の算定は，基本的には，各品目について，生産数量を投入労働量で割るのであり，したがって，各品目について，各国統計表からそれぞれ生産数量および投入労働量の具体的数値を得ればよい。ところが，日・米の場合と同様に，韓国の場合においても，必要とする数値は直接的には得られないのである。それは産業統計と品目統計との食い違いに由来する。同様な問題は，すでに日・米労働生産性算定に際しても，行沢教授の直面されたことであった。問題の所在および解決方法は，拙著第1章第2節第3項を参照されたい[13)]。韓国の場合，この問題に加えて，coverage ratio[14)]およびspecialization ratioともに得られない事情がある。そこで，この問題の解決は，「独・日物的労働生産性の国際比較」で述べられた解決の方法[15)]を採用した。

第4項　比較方式の細目

前項での基本方式に基づいて，韓国の1992年の“*Report on Mining and Manufacturing Survey*”『鉱工業統計調査報告書』による小麦粉の生産数量お

12）　行沢健三『労働生産性の国際比較―日米工業を中心として―』創文社（昭和51年）の「序章　労働生産性の概念と国際比較」，もしくは，拙著『労働生産性の国際比較と商品貿易および海外直接投資―リカードウ貿易理論の実証研究―』文眞堂，の「第1章　日・米物工業労働生産性の国際比較―行沢健三教授の研究に接続して―」にも同じ記述がある。

13）　拙著『労働生産性の国際比較研究―リカードウ貿易理論と関連して―』文眞堂，2002年。

14）　同上書，p.6。

15）　同上書，第2章　日独物的工業労働生産性の国際比較（1977年－1997年）第1節　日独物的労働生産性の国際比較の算定作業細目　第3項　算定の基本方式，pp.51-53。

同様な記述が拙著『労働生産性の国際比較と商品貿易および海外直接投資―リカードウ貿易理論の実証研究―』文眞堂，の第2章　旧西独・米・日工業労働生産性の国際比較　にもある。

よび投入労働量の具体的出典を明らかにする。

1）　生産数量の数値の出典

"*Report on Mining and Manufacturing Survey*"（regional），Ⅱ．By Commodities, Ⅱ-1. Number of Establishments, Quantity and Value of Shipments of Products by Provinceのコード番号15312101 Flour of WheatのShipment；Quantityが出荷数量およびShipment；Valueが数量対応出荷金額（＝生産額）の数値となる。

2）　投入労働量の数値の出典

"*Report on Mining and Manufacturing Survey*"（whole country），Ⅰ．*Industrial Summary*, Ⅰ-4. Summary Figures by Size of Workers and Sub-group of Industryのコード番号15312 Milling of cerealsのNo. of workersの項目から従業者数（投入労働者数）を得る。

これを基本表としてまとめると以下のようになる。

細目基本表・小麦粉　1992年

a）品目コード	b）品目の生産量	単位	c）産業の従業者	d）C.R.	e）品目の出荷額
15312101	1,493,907	MT	2,295人	100％	359,270

f）産業の出荷額	g）S.P.	h）算定生産量	i）算定従業者数	p）労働生産性
501,794	71.6％	1,493,907	1,643	909 MT／人

a）　小麦粉の品目コード

b）　"*Report on Mining and Manufacturing Survey*"（*regional*），Ⅱ．*By Commodities*, Ⅱ-1. Number of Establishments, Quantity and Value of Shipments of Products by Provinceのコード番号15312101 Flour of WheatのShipment；Quantityの数値。p.439. 単位MTは metric ton.

c）　"*Report on Mining and Manufacturing Survey*"（*whole country*），Ⅰ．*Industrial Summary*, Ⅰ-4. Summary Figures by Size of Workers and Sub-group of Industryのコード番号15312 Milling of cerealsのNo. of workersの項目から産業の従業者数を採る。pp.132-133. 単位は人数。

d）　C. R.；Coverage Ratio韓国の統計報告書には，Coverage Ratioが与えられていないので，これを100％と仮定する。この仮定の論拠および問題点については，拙著『労働生産性の国際比較と商品貿易および海外直接投資—リカードウ貿易理論の実証研究—』（文眞堂）第2章　旧西独・米・日工業労働生産性の国際比較の第3項　算定の手順を参照されたい。

e） "*Report on Mining and Manufacturing Survey* (*regional*)", II. *By Commodities*, II-1. Number of Establishments, Quantity and Value of Shipments of Products by Province のコード番号 15312101 Flour of Wheat の Shipment ; Value の数値。p.439。

f） "*Report on Mining and Manufacturing Survey*" (*whole country*), I. *Industrial Summary*, I-4. Summary Figures by Size of Workers and Sub-group of Industry のコード番号 15312 Milling of cereal の Value of Shipment and Other Receipts の Total から数値を得る。

g） S.P. ; Specialization Ratio. e）÷ f）

h） b）× d）

i） c）× g）

p） h）÷ i）

算定比較対象品目として選定された79品目の大部分は，以上の「算定の基本方式」の「小麦粉のケース」に準拠して算定が行われた。しかし，この「小麦粉のケース」は最も単純な算定の例示であり，実際の算定にさいしては，それぞれの品目について，それぞれの問題が付着している。その詳細について述べるには，余りにも微細・煩雑すぎるので割愛する。ただし，鉄鋼，自動車については，生産数量を得るためにウェイト等の適用が必要であり，拙著『労働生産性の国際比較と商品貿易および海外直接投資—リカードウ貿易理論の実証研究—』（文眞堂）の第5章　日・米・旧西独鉄鋼業の労働生産性の国際比較（pp.177-198）および第6章　日・米・旧西独自動車産業の労働生産性の国際比較（pp.199-232）に準拠して算定が行われた[16)]。

16）なお，1977年，1982年，1985年，1987年，1997年についても，基本的には同様の手順で算定された。

第 2 節　日・韓国際個別生産性指数の算定結果とデータ分析

第 1 節での「韓国物的工業労働生産性の算定の具体的手順」に示された算定方法にしたがって，各年の韓国の労働生産性を算定し，すでに算定されている日本の算定数値と比較した結果は以下のとおりである。

第 1 項　日・韓国際個別生産性指数の概念と算定結果

［日・韓コード照合表（1992・1997)］に基づいて，1977 年では 47 品目，1982 年では 49 品目，1985 年では 46 品目，1987 年では 48 品目，1992 年では 65 品目，1997 年では 71 品目が算定された。

その際，それぞれの品目について，韓国および日本の一人当たり物的生産性 $p^i = q^i/l^i$ を算定し，韓国を基準国（＝100）とする日本の生産性水準を表す国際個別生産性指数，すなわち，

$$p^i_{10} = \frac{q^i_1}{l^i_1} \Big/ \frac{q^i_0}{l^i_0} (= p^i_1 / p^i_0)$$

を求めた結果が，［表 2-1］日・韓国際個別生産性指数にまとめられている。

表中，空欄の箇所が散見されるが，不採用になった理由は，(1) いずれか一方の国で数量表示がなかったために比較不能であったこと，(2) 算定に際して投入労働量が極端に少量であったため算定の信憑性に問題があるとみなされて除外したこと，(3) 両国の生産性較差が極端に大であり，比較するに不適当と思われる品目を除外したということにある。このうち，(2) と (3) は，要するに，算定誤差の要因になりそうな品目を除外したということである。

したがって，各年度について，コード照合が果たされても，全ての品目について比較結果が得られたわけではなく，また，比較対象年度にコード変更が幾度か行われ，その都度状況の変化に伴って，算定対象品目数の増減が生じてきた。傾向としては，1990 年代に入って算定対象品目が増加している。

[表 2-1]　日・韓国際個別生産性指数

産業部門および品目	労働生産性指数						産業部門および品目	労働生産性指数					
	1977	1982	1985	1987	1992	1997		1977	1982	1985	1987	1992	1997
食料品部門							窯業部門						
水産品缶詰	410	343	695	697	186	459	セメント	256	201	276	197	184	269
小麦粉	157	180	190	155	98	308	石灰	641	503	510	351	209	186
澱粉	569	573	314	379	200	132	石膏プラスタ	－	－	－	－	45	72
バター	－	414	115	93	224	171	鉄鋼部門						
チーズ	－	227	456	376	395	187	鉄鋼	369	262	167	227	101	112
練乳・粉乳	239	545	246	244	32	39	非鉄金属部門						
ショートニング油	327	135	227	134	121	169	鉛地金	－	－	－	－	181	50
マーガリン	233	124	182	202	110	135	亜鉛地金	328	204	238	174	110	49
人造氷	－	－	－	－	121	142	アルミ地金	260	239	333	134	－	－
ビール	－	－	－	－	157	144	金地金	－	－	－	－	－	359
繊維・衣服部門							さお銅	－	－	－	－	173	593
綿紡糸	388	459	－	133	176	82	アルミニュウム合金	－	－	－	－	215	11
毛紡糸	800	459	－	－	125	112	アルミニュウム線	－	－	－	－	119	81
毛織物	419	318	436	359	13	16	亜鉛合金	－	－	－	－	110	155
男子・少年用背広服上着	55	96	137	124	160	64	アルミ圧延・押し出し品	425	373	593	459	285	215
男子・少年用オーバーコート	170	251	141	95	86	110	銅・銅合金・鋳物	929	360	304	106	202	298
男子・少年用背広服ズボン	119	193	132	110	16	27	アルミ鋳物	545	222	505	131	－	3
絨毯	－	－	－	－	710	68	金属製品部門						
ワイシャツ	－	－	－	－	434	101	リベット	600	440	258	152	87	160
T-シャツ	－	－	－	－	－	228	ねじ	208	183	－	97	－	－
ストッキング	－	－	－	－	－	64	鋼製スプリング	164	232	51	105	－	－
作業用ニット手袋	－	－	－	－	－	87	鉄製金網	－	－	－	－	99	71
紙・パルプ部門							釘	－	－	－	－	113	134
洋紙	228	224	237	254	100	136	電気機器部門						
板紙	393	307	326	301	224	197	テレビ受信機	546	325	154	217	120	70
化学・石油部門							ラジオ受信機	546	325	154	217	54	48
プラスチック	418	242	136	147	199	79	レコーダー	183	134	149	108	－	－
合成繊維糸	55	109	113	90	77	22	洗濯機	－	－	－	－	24	178
印刷インク	719	344	305	291	73	-	扇風機・換気扇	－	－	－	－	665	35
ゼラチン・接着剤	393	390	292	170	106	370	電話機	－	－	－	－	－	－
家庭用石鹸	122	103	70	71	176	87	ジューサー	536	267	392	552	416	163
界面活性剤	122	103	70	71	108	144	一般照明電球	－	－	－	－	215	10
合成ゴム	-	-	-	-	52	40	電気釜	－	－	－	－	189	99
染料	617	386	620	378	376	108	トースター	－	－	－	－	333	153
石油化学系基礎製品	776	335	194	329	217	212	電気毛布	－	－	－	－	339	－
カルシュウム・カーバイト	207	166	324	222	-	-	アイロン	－	－	－	－	310	1,507
自動車ガソリン	53	112	107	84	86	119	電気温水器	－	－	－	－	88	27
灯油	130	171	153	184	190	357	電気かみそり	－	－	－	－	206	56
ナフサ	63	117	122	149	152	285	ヘアドライヤー	－	－	－	－	197	194
ゴム・皮革部門							食器乾燥機	－	－	－	－	522	231
乗用車用タイヤ	789	724	481	433	173	150	ディスクプレイヤー	－	－	－	－	28	37
乗用車用チューブ	525	368	107	343	639	29	自動車部門						
男子用革靴	204	226	323	343	208	214	自動車	605	536	421	177	146	152
なめし皮製旅行かばん	225	49	58	31	6	28							
なめし皮製ハンドバッグ	145	185	153	109	44	44							

（韓国＝100）

第2項　日・韓国際個別生産性指数に基づく日韓比較優位・劣位構造の分析と指数順位相関分析

さて，［表2-1］日・韓国際個別生産性指数 の数値の読み取り方であるが，上述のように，韓国を基準（＝100）とする日本の労働生産性水準を表す国際個別生産性指数であるので，① もしある品目の数値が100であれば，その品目については，日本と韓国の労働生産性水準は同水準であることを意味しており，② 100を下回れば，韓国の労働生産性水準は日本を上回っており，③ 100を上回れば，韓国の労働生産性水準は日本を下回っていることを意味している。

1977年について国際個別生産性指数をみると，較差53から較差929，すなわち韓国を基準とする日本の労働生産性水準は，倍率にして，0.5倍から9.29倍の間に散らばっていた。そして，上述の ② のケースは，47品目中わずか4品目であった。

1982年では，較差49から較差724，倍率にして，0.49倍から7.24倍に散らばっており，その範囲は，1977年よりも縮小しているが，上述の ② のケースは49品目中わずか2品目である。

1985年では，較差51から較差695，倍率にして，0.51倍から6.95倍に散らばっており，その範囲は比較前年度よりも縮小しているが，縮小率はわずかであり，② のケースは46品目中4品目程度である。

1987年では，較差31から較差697，倍率にして0.31倍から6.97倍に散らばっており，その範囲は1985年時点と変わらないが，② のケースに変化の兆しが認められる。すなわち，48品目中 ② のケースは，8品目と1985年に較べて倍増しているのである。

1992年に至ると，較差6から較差710，倍率にして0.06倍から7.10倍に散らばって，その範囲は前数時点とあまり変わらないが，注目に値することは，② のケースが65品目中18品目に激増していることである。この年度は，前年度よりも比較対象品目が増加したという事情もあるが，それにしても ② のケースが18品目，表現を変えると，全品目中およそ28%を占めるということは，日韓労働生産性較差の水準に大幅な変動が起こっていたということを示唆するものであろう。

この状況は，行沢健三教授の算定された日・米労働生産性の相対水準の1972年のデータを思い起こす。このデータによれば，日・米労働生産性相対水準は，較差35から較差710，倍率にして0.35倍から7.1倍の間に散らばっており，日本がアメリカの水準を上回っている品目は，69品目中16品目であり，言い換えると，全品目中23％を占めていた。そして，この時期，日本のアメリカに対する輸出競争力は，未曾有の段階に達しており，日・米貿易摩擦の顕在化，アメリカの貿易収支の大幅な赤字，そしてニクソンの新経済政策が登場する基礎的要因を準備したのであった。まさに，似たような関係が，日韓関係のなかで醸成されていった模様である。

この傾向は，1997年段階においても継続する。データによれば，1997年では，品目アイロン較差1507を異常値とみなすと，較差3から較差593，倍率にして0.03倍から5.93倍の間に散らばっており，その範囲も1992年よりもかなり縮小している。しかも71品目中②のケースが29品目となっており，全品目中実におよそ41％を占めている。この時点で韓国の労働生産性水準は，日本に迫る勢いであった。

このデータから推測するに，韓国の日本に対する輸出競争力は，嘗てなく強化されていったものと思われる。ところが，まさにこの直後にアジア経済・通貨危機が発生するのである。しかし，韓国はこの経済危機に直面して，1998年に労働生産性の相対水準を低下させるが，1999年にはV字型に回復し，再び日本に迫る勢いを取り戻すのである[17]。

同じく，［表2-1］日・韓国際個別生産性指数に基づいて，各年度について，韓国と日本の生産性較差が小である品目から，較差が大なる品目の順に目を追うと，各年度の韓国と日本の比較優位・比較劣位構造が検出される。

たとえば，1997年について，韓国からみた日本に対する比較優位品目は，生産性較差が小である品目から列挙すると，アルミ鋳物，一般照明電球，アルミニュウム合金，毛織物，合成繊維糸，電気温水器，男子・少年用背広服ズボン，なめし革製旅行かばん，乗用車用チューブ，扇風機・換気扇，ディスクプレイヤー，…等と続くであろう。同じく韓国からみた日本に対する比較劣位部

17）　西手満昭『日韓主要産業の推移とFTA―日・韓物的工業労働生産性の国際比較のデータに基づく統計分析』渓水社。

門は，較差が大なる品目の最後位に位置する品目アイロンから列挙すると，さお銅，水産品缶詰，ゼラチン・接着剤，金地金，灯油，小麦粉，銅・銅合金・鋳物，ナフサ，セメント，食器乾燥機，T-シャツ，アルミ圧延・押し出し品，男子用革靴，…等と続くであろう。

同様の手法で1992年，1987年，1985年，1982年，1977年と遡り，作表すると，品目の水準において，それぞれの年度における日・韓比較優位・劣位構造が検出される。このことは，具体的に，それぞれの年度の日韓両国のどのような品目がそれぞれ輸出競争力をもっていたのかを把握できるとともに，日韓両国の国際分業関係を把握することを可能とする。

そこで，各年度の比較優位・比較劣位構造を瞥見すると，品目の無秩序な羅列のように見受けられる。しかし，そこには，両国の国際分業関係に関する一定の法則性が存在しているようである。

ちなみに，SASにより，各年度の国際個別生産性指数の順位相関を検定して，この検定結果を総括すると，［表2-2］のように示される。この表によれば，国際個別生産性指数，すなわち品目の水準でみるとき，日・韓比較優位・比較劣位構造＝日韓国際分業関係は，起点の1977年と終点の1997年については，順位相関は非有意である。つまり，異質の比較優位・比較劣位構造を形成している。

［表2-2］　国際個別生産性指数の順位相関の出力結果（総括表）

Spearman						
年度	1977・82	1982・85	1985・87	1987・92	1992・97	1977・97
データ数	43	43	43	43	63	43
相関係数	0.8011**	0.6217**	0.7649**	0.4761**	0.5514**	0.0930
p値	0.001	0.0001	0.0001	0.0013	0.0001	0.5532
Kendall						
年度	1977・82	1982・85	1985・87	1987・92	1992・97	1977・97
データ数	43	43	43	43	43	43
相関係数	0.5944**	0.4433**	0.5759**	0.3046**	0.3829**	0.0610
p値	0.0001	0.0001	0.0001	0.0041	0.0003	0.5648

（**印は1％水準で有意，*印は5％水準で有意）

しかし，この形成過程は，これを時間的に分割して考察すると，2－5年の間隔で隣接する比較年度では，有意の順位相関が認められるように，同質の構造を維持し推移しつつも，次第に変化の要因を内包して展開・推移していったものと思われる。この変化は期間の後半に相関係数の値が低くなっていることに示唆されるように，後半の時期ほど激しく，そしてそれは韓国の産業構造の高度化の進展と軌を一にしているものと思われる。

第3項　日・韓国際個別生産性指数の分散分析

前項では，［表2-1］日・韓国際個別生産性指数に基づいて，日・韓両国の比較優位・比較劣位構造の推移について検討したが，次に，同表に基づいて，日・韓国際個別生産性指数の数値そのものは，1977年から1997年の20年にわたって，統計学的に認められる程度の変化があったのか，もしくはなかったのか，について検討する。

そこで，［表2-1］日・韓国際個別生産性指数をデータとして，SAS（Statistical Analysis System）により，分散分析を試みる[18)]。この［検定結果］によれば，1977年から1997年にわたる期間で，1977年，1982年，1985年，1987年，1992年，1997年の年度間（YEARS）の労働生産性の国際比較数値では，F値＝17.85（P値0.001）の結果を示しており，したがって，1％水準で有意である。また，同期間における品目（PRODUCTS）の労働生産性の国際比較数値は，F値＝4.87（P値＝0.0001）の結果を示しており，したがって，1％水準で有意である。この検定結果から，日韓国際個別生産性指数によれば，その労働生産性の国際比較指数は，各年度間および各品目間に，統計学的に有意差があることが判明した。

したがって，次のことが言えるであろう。日韓国際個別生産性指数の水準で，1977年から1997年にわたる期間で，第1に，かなりの不均等発展が見られること，第2に，その不均等発展は，前項で分析した日韓比較優位・比較劣位構造を，2－5年を間隔とする短期的期間には変化せしめる方向には作用しなかったが，長期的期間には変化せしめる方向に作用したことを示唆するものである[19)]。

---

18)　出力結果は省略している。

19)　前項の順位相関分析における「2－5年の間隔で隣接する比較年度では,有意の順位相関が認められるように，同質の構造を維持し推移しつつも，次第に変化の要因を内包して展開・推移していったものと思われる。」という記述に対応するものである。

第4項　日・韓国際個別生産性指数の因子分析―バリマックス法―

この項では，［表2-2］日・韓国際個別生産性指数に基づいて，SAS（Statistical Analysis System）により，バリマックス法を用いて因子分析を試みる。［出力結果］は以下の通りである。

［表2-3］　日・韓国際個別生産性指数の因子分析―バリマックス法―：出力結果

回転方法：Varimax			
回転後の因子パターン			
		Factor1	Factor2
X1	1977	0.880625	0.086811
X2	1982	0.889526	0.094014
X3	1985	0.613297	0.572643
X4	1987	0.512681	0.718179
X5	1992	0.221897	0.604618
X6	1997	−0.14932	0.788896

因子の分散	
Factor1	Factor2
2.2773	1.848

最終的な共通性の推定値：合計＝4.185132					
X1	X2	X3	X4	X5	X6
0.78304	0.80009	0.70405	0.77862	0.4148	0.64465

上の［出力結果］から，細部に亘る統計学的解釈はさておき，ここでは必要とする最小限度の情報を取り出すことにしたい。

まず，因子の分散から，第1因子（FACTOR1）の因子の分散が2.2773，第2因子（FACTOR2）の因子の分散が1.848であることが示されている。そうすると，これは1以上であるので，2因子分析は問題ない。また，最終的な共通性の推定値から，共通因子が第5因子を除いては，ほぼ，60－70％であることも示されている。

バリマックス回転法による結果は，まず回転後の因子パターン（Rotated Factor Pattern）に示されている。

回転後の因子パターンによれば，見られるとおり，第1因子（FACTOR1）は期間の前半（X_1，X_2，X_3）に大きな因子負荷量を有しており，第2因子（FACTOR2）は期間の後半（X_4，X_5，X_6）に大きな因子負荷量を示している。

そこで，第1因子（FACTOR1）を期間の前半（X_1, X_2, X_3）の労働生産性較差拡大・縮小要因，第2因子（FACTOR2）を期間の後半（X_4, X_5, X_6）の労働生産性較差拡大・縮小要因，と解釈する[20]。

このように解釈したのち，各オブザベーションの［因子得点表］を示すとは以下のとおりである。

［因子得点表Ⅱ-A］（バリマックス法）

OBS	FNAME	FACTOR1	FACTOR2	OBS	FNAME	FACTOR1	FACTOR2
1	水産品缶詰	0.161	3.389	23	石油化学系基礎製品	0.743	0.294
2	小麦粉	-1.318	0.692	24	自動車ガソリン	-1.354	-0.486
3	澱粉	1.441	-0.009	25	灯油	-1.587	1.271
4	バター	0.124	-0.399	26	ナフサ	-1.735	0.760
5	チーズ	-0.358	1.693	27	乗用車用タイヤ	2.528	0.030
6	練乳・粉乳	0.835	-1.127	28	乗用車用チューブ	0.611	0.595
7	ショートニング油	-0.710	-0.068	29	男子用革靴	-0.593	1.056
8	マーガリン	-0.845	-0.094	30	なめし皮製旅行かばん	-1.012	-1.462
9	綿紡糸	0.698	-0.700	31	なめし皮製ハンドバッグ	-0.659	-1.040
10	毛織物	0.864	-0.644	32	セメント	-0.851	0.851
11	男子・少年用背広服上着	-1.213	-0.414	33	石灰	1.428	0.533
12	男子・少年用オーバーコート	-0.624	-0.710	34	鉄鋼	-0.086	-0.465
13	男子・少年用背広服ズボン	-0.655	-1.227	35	亜鉛地金	-0.129	-0.711
14	洋紙	-0.456	-0.025	36	アルミ圧延・押し出し品	0.653	1.599
15	板紙	0.055	0.675	37	銅・銅合金・鋳物	0.883	0.176
16	プラスチック	-0.074	-0.613	38	アルミ鋳物	0.780	-1.006
17	合成繊維糸	-1.080	-1.008	39	リベット	0.852	-0.685
18	印刷インク	1.178	-0.762	40	テレビ受信機	0.551	-0.886
19	ゼラチン・接着剤	-0.249	0.805	41	ラジオ受信機	0.633	-1.194
20	家庭用石鹸	-1.233	-0.525	42	ジューサー	0.486	1.680
21	界面活性剤	-1.367	-0.416	43	自動車	1.358	-0.386
22	染料	1.324	0.964				

20）解釈の根拠は，第1章 注13）と同じである。

次に，第1因子を期間の前半の生産性較差拡大・縮小を示すものとして，これをY軸にとり，第2因子を期間の後半の生産性較差拡大・縮小を示すものとして，これをX軸にとり，各品目の因子得点を平面にプロットしたのが，［図2-1］日韓国際個別生産性指数因子分析の因子得点プロット―バリマックス法―である。

［因子得点表Ⅱ-A］（バリマックス法）および［出力結果＜因子得点プロット＞］から，意味ある情報を引き出すと以下のようになる。

A．第1象限（FACTOR1；期間の前半で較差拡大，FACTOR2；期間の後半で較差拡大）

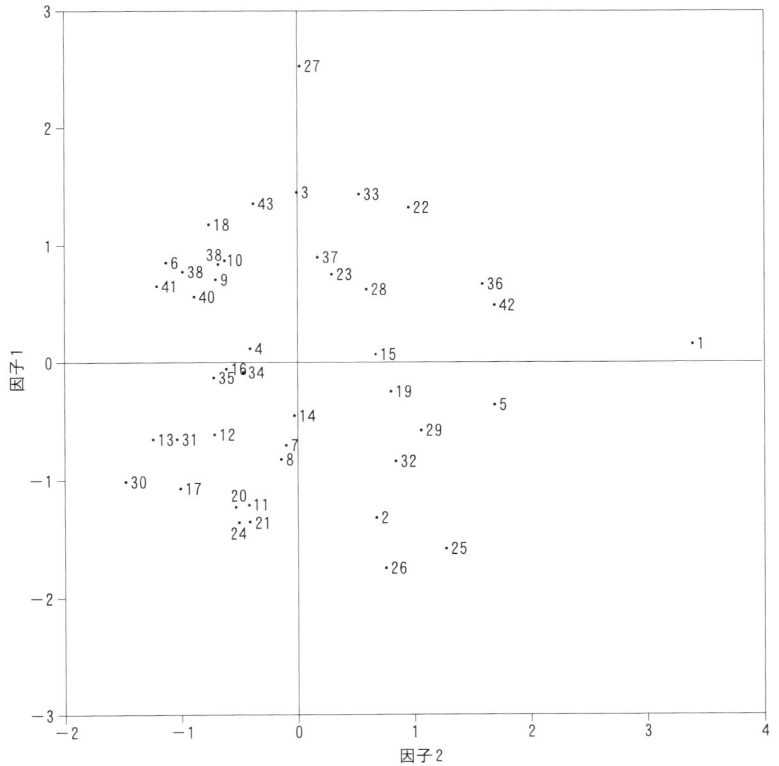

（Factor1：Y軸⇒期間の前半　Factor2：X軸⇒期間の後半）（作図はJMPによる）

［図2-1］　日・韓国際個別生産性指数因子分析の因子得点プロット―バリマックス法―

「1. 水産品缶詰，15. 板紙，22. 染料，23. 石油化学系基礎製品，27. 乗用車用タイヤ，28. 乗用車用チューブ，33. 石灰，36. アルミ圧延・伸線，37. 銅・銅合金・鋳物，42. ジューサー」

B．第 2 象限（FACTOR1；期間の前半で較差拡大，FACTOR2；期間の後半で較差縮小）

「3. 澱粉，4. バター，6. 練乳・粉乳，9. 綿紡糸，10. 毛織物，18. 印刷インク，38. アルミ鋳物，39. リベット，40. テレビ受信機，41. ラジオ受信機，43. 自動車」

C．第 3 象限（FACTOR1；期間の前半で較差縮小，FACTOR2；期間の後半で較差縮小）

「7. ショートニング油，8. マーガリン，11. 男子・少年用背広服上，12. 男子・少年用オーバーコート，13. 男子・少年用背広ズボン，14. 洋紙，16. プラスチック，17. 合成繊維糸，20. 家庭用石鹸，21. 界面活性剤，24. 自動車用ガソリン，30. なめし革製旅行かばん，31. なめし革製ハンドバッグ，34. 鉄鋼，35. 亜鉛地金」

D．第 4 象限（FACTOR1；期間の前半で較差縮小，FACTOR2；期間の後半で較差拡大

「2. 小麦粉，5. チーズ，19. ゼラチン・接着剤，25. 灯油，26. ナフサ，29. 男子用革靴，32. セメント」

第 1 象限は，期間の前半および後半で生産性較差が拡大した品目のプロットである。この象限に属する品目は，韓国にとって比較劣位品目で，競争力のない品目である。

第 2 象限は，期間の前半で較差拡大し，期間の後半で較差縮小した品目のプロットである。この象限に属する品目は，韓国の比較劣位に属するであろうが，後半の期間での較差縮小傾向を持続するならば，第 3 象限に位置を移し，比較優位に転じる可能性を含むであろう。この象限には，さまざまな産業に属する品目が混在しており特定することは難しい。

第 3 象限は，期間の前半および後半で生産性較差が縮小した品目のプロットである。この象限に属する品目は，韓国の比較優位品目である。この象限で

も，さまざまな産業に属する品目が混在しており特定することは難しい。

第４象限は，期間の前半で較差縮小し，期間の後半で較差拡大した品目のプロットである。この象限に属する品目は，後半の期間での較差拡大傾向を持続するならば，第１象限に位置を移し，韓国の比較劣位品目へと転ずる可能性がある。

各象限には，どのような産業に属する品目が特徴的に配置されているかを特定することは難しく，それは産業の水準で現れてくるであろうと予測される。

第３節　日・韓国際総合生産性指数の算定結果とデータ分析

第１項　日・韓国際総合生産性指数の概念と算定結果および日韓比較優位・劣位構造

［表 2-4］日・韓国際総合生産性指数 は，［表 2-1］日・韓国際個別生産性指数 を以下の行沢健三教授の開発された公式にしたがって各産業部門および全産業部門について総合したものである。

$$\text{総合指数(A)} = \frac{\sum_i (p_1^i / p_0^i) l_1^i}{\sum_i l_1^i}$$

総合指数(A)は，前項での国際個別生産性指数 $p^i(=q^i/l^i)$ を日本の雇用数をウェイト l_1 として総合したものである。

$$\text{総合指数(B)} = \frac{\sum_i l_0^i}{\sum_i (p_0^i / p_1^i) l_0^i}$$

同じく総合指数(B)は，国際個別生産性指数 $p^i(=q^i/l^i)$ を韓国の雇用量 l_0 をウェイトとして総合したものである。

$$\text{総合指数(C)} = \frac{\sum_i r_0^i (q_0^i + q_1^i)}{\sum_i r_1^i (q_0^i + q_1^i)}$$

総合指数(C)は，総合指数(A)と総合指数(B)の生産物構成を等しくして総合したものである。総合指数(A)と総合指数(B)との平均と解せられる。

［表2-4］　日・韓国際総合生産性指数

産業部門	1977			1982			1985			1987			1992			1997		
	(A)	(B)	(C)	(A)	(B)	(C)	(A)	(B)	(C)	(A)	(B)	(C)	(A)	(B)	(C)	(A)	(B)	(C)
調査全部門総合値	435	251	422	358	237	347	293	200	280	196	155	189	197	91	163	131	97	126
食料品 (a)	296	234	289	227	238	253	287	228	280	272	209	264	154	68	121	190	93	151
繊維・衣服 (b)	335	198	305	305	250	292	200	190	198	139	136	138	196	49	103	95	55	72
紙・パルプ (c)	554	275	543	251	230	250	268	240	267	270	262	269	141	109	136	155	140	153
石油・化学 (d)	247	160	249	217	180	217	171	151	162	148	148	148	129	110	124	100	42	67
ゴム・皮革 (e)	422	225	350	411	125	275	361	110	228	350	69	156	164	27	60	141	99	123
窯業 (f)	347	261	332	278	190	258	348	290	337	239	207	230	190	158	181	221	226	223
鉄鋼 (g)	371	313	369	262	263	262	167	161	167	231	196	227	101	103	101	112	105	110
非鉄金属 (h)	494	447	493	339	353	342	441	430	438	288	301	290	249	151	241	149	82	134
金属製品 (i)	419	468	420	349	210	336	194	200	195	134	143	135	99	105	100	84	99	87
電気機器 (j)	299	250	295	185	200	187	147	178	156	164	162	163	128	77	229	113	75	91
自動車 (k)	605	588	605	536	526	537	421	410	421	177	179	177	229	229	163	152	152	125

（韓国＝100）

（note：国際総合生産性指数(A)(B)(C)の計算式は，本文第2章第3節および第1章第1節「労働生産性の国際比較の基本概念」を参照）

この［表2-4］日・韓国際総合生産性指数 の数値の読み取り方は，前項国際個別生産性指数と同じく韓国を基準（＝100）とした日本の各産業部門および全産業部門の労働生産性水準をあらわしているので，したがって，(1)数値が100であれば，韓国と日本の労働生産性水準は同水準であり，(2)数値が100を下回ると，韓国の労働生産性水準が日本を上回り，(3)数値が100を上回ると韓国の労働生産性水準が日本を下回ることという次第である[21)]。

そうすると，これを全産業部門の総合値でみると，日本の韓国に対する労働生産性相対水準は，1977年では422，倍率にして4.22倍，1982年では347，倍率にして3.47倍，1985年では280，倍率にして2.80倍，1987年では189，倍率にして1.89倍，1992年では163，倍率にして1.63倍，1997年では126，

21)　逆にいうと，日本が韓国の水準を上回るということである。

倍率にして1.26倍という数値を示している。

この数値から，両国の生産性較差は比較年度を追う毎に縮小している。とりわけ，1980年代の後半から1990年代にかけて較差の縮小が著しい。1997年に至っては，較差126と韓国は急追跡して日本の水準に迫っている。これを両国工業部門の国際競争力の基礎的データとしてみると，韓国の日本への追い上げは嘗てない水準に到達していたことを示唆するものである。

そこで起点としての1977年について具体的に韓国からみた比較優位・比較劣位構造を検出することにする。その際，国民的生産性（力）水準を，製造業の労働生産性水準とみなすと，調査全部門，すなわち総合値が422であるから，この数値を下回る産業部門を，韓国からみた日本に対する比較優位部門であるとみなし，この数値を上回る産業部門を，韓国からみた日本に対する比較劣位部門であるとみなし得る。そうすると，比較優位部門は具体的に化学・石油（249），電気機器（295），食料品（289），繊維・衣服（305），ゴム・皮革（350），鉄鋼（369）の各産業部門となり，比較劣位部門は具体的に自動車（605），紙・パルプ（543），非鉄金属（493），金属製品（420）の各産業部門ということになろう。このデータから，韓国の日本に対する比較優位部門として，繊維・衣服，食料品という軽工業部門，および電気機器部門が検出され，これは当時の日韓貿易関係の現実を反映して容易に理解できるし，また，すでに1977年の時点で化学・石油，鉄鋼という重化学部門がこの範疇に入っていたことは，韓国の産業構造の高度化がかなり進展していたことを示唆するものであろう。

この起点としての1977年の韓国の日本に対する比較優位・比較劣位構造は，1997年までにどのように進展・展開したのであろうか。

第2項　日・韓国際総合生産性指数の順位相関分析

前項での問題提起に接近するために前節でも採用した各比較年度の国際総合生産性指数の順位構造がどのように変化していったか，もしくは変化しなかったかという視角から取り組んでみることにする。

そこでSASにより，各年度間の産業部門の国際総合生産性指数の順位相関を検定し，この検定結果を［表2-5］において総括する。すると，国際総合生産性指数，すなわち産業部門の水準では，日・韓比較優位・比較劣位構造は，

1977年・1982年および1985年・1987年において，5％水準で有意である以外は非有意である。ただし，厳密にいうと，1985年・1987年については，Kendall方式では非有意である。

［表2-5］　日・韓産業部門順位相関：出力結果（総括表）

Spearman						
年度	1977・82	1982・85	1985・87	1987・92	1992・97	1977・1997
データ数	11	11	11	11	11	11
相関係数	0.645*	0.573	0.627*	0.573	0.391	0.382
p値	0.0412	0.0655	0.0388	0.0655	0.2345	0.2466
Kendall						
年度	1977・82	1982・85	1985・87	1987・92	1992・97	1977・1997
データ数	11	11	11	11	11	11
相関係数	0.527*	0.418	0.418	0.418	0.236	0.273
p値	0.0240	0.0734	0.0734	0.0734	0.3115	0.2429

（*印は5％水準で有意）

この結果を国際個別生産性指数＝品目の水準での結果と照合すると，必ずしも対応しない。すなわち，国際個別生産性指数では，比較対象年度に有意の相関が検出されるのに，国際総合生産性指数では，相関は非有意という結果が示されている。おそらくこれは土台である国際個別生産性指数での潜在的変化が，上部構造である国際総合生産性指数＝産業の水準に敏感に反映したことによるものであろう。

その上で，国際総合生産性指数＝産業の水準の検定結果の意味するところを考察すると，起点としての1977年の産業部門における比較優位・比較劣位構造が，1970年代の後半および1980年の前半にかけては同質のタイプで推移していったが，1980年代中期から1990年代にかけて，起点とは異質のタイプで展開していったことを示唆するものである。このことに関連して，国際個別生産性指数での考察で次のように述べた。「この形成過程は，これを時間的に分割して考察すると，2－5年の間隔で隣接する比較年度では，有意の順位相関が認められるように，同質の構造を維持し推移しつつも，次第に変化の要因を内包して展開・推移していったものと思われる。この変化は期間の後半に相関係数の値が低くなっていることに示唆されるように，後半の時期ほど激しく，そしてそれは韓国の産業構造の高度化の進展と軌を一にしているものと思われる。」[22] と。このような国際個別生産性指数において展開していた事情が産業部門の水準に一層敏感に反映していったものと思われる。そこで改めて，1997年時点で到達している韓国の日本に対する比較優位・劣位構造を検出すると，国民的生産性水準は，総合値126であるから，韓国の日本に対する比較優位産業部門は，化学・石油（67），繊維・衣服（72），金属製品（87），電気機器（91），鉄鋼（110），ゴム・皮革（123），の各産業部門となり，韓国の日本に対する比較劣位部門は，窯業（223），紙・パルプ（153），食料品（151），非鉄金属（134），の各産業部門となるであろう。見られるとおり，韓国の産業構造の高度化は最高水準に到達していることが示唆される。

以上は，［表2-4］日・韓国際総合生産性指数 に基づき，各比較対象年度について，比較優位・比較劣位構造の視点から，そのタイプの推移を順位相関の有無の手法を適用して分析したものである。

第3項　日・韓国際総合生産性指数の分散分析

次に，同じく［表2-4］日・韓国際総合生産性指数 を分散分析の手法を適用して，各比較対象年度の各産業部門の総合生産性の変化がどのような意味を持っているのか，SASにより検定する[23]。

この分散分析の検定結果は，① 総合生産性指数の数値における要因1＝各産業部門，具体的には，食料品，繊維・衣服，紙・パルプ，化学・石油，ゴム・皮革，窯業，鉄鋼，非鉄金属，金属製品，電気機器，自動車，について，F値：5.28，P値：0.0001で，1％水準で差がないという仮説は棄却され，有意であることを示している。次に，総合生産性指数の数値における要因2＝各比較対象年度，具体的には，1977年，1982年，1985年，1987年，1992年，1997年についてもF値：4.87，P値：0.0001で同じく1％水準で差がないという仮説は棄却され，有意であることを示している。この要因1および要因2を総合すると，1977年から1997年の各産業部門間の生産性指数は年度および産業部

22）第2節 日・韓国際個別生産性指数の算定結果とデータ分析，第2項 日・韓国際個別生産性指数に基づく日韓比較優位・劣位構造の分析と指数順位相関分析。
23）出力結果は省略している。

門について，統計学的に認められるほどの有意差，すなわち変動を以って推移してきたことを示唆するものである。

したがって，次のことが言えるであろう。日米国際総合生産性指数の水準での分散分析によれば，1977年から1997年にわたる期間で，第1に，かなりの不均等発展が見られること，第2に，その不均等発展は，前項で分析した韓・日比較優位・比較劣位構造を，2－5年を間隔とする短期的期間にも，長期的期間においても変化せしめる方向に作用した，ということである。

第4節　労働生産性成長率

第1項　日・韓相対的生産性成長率

［表2-6］は，日・韓相対的生産性成長率を算定したものである。

［表2-6］　日・韓相対的生産性成長率

産業部門	1982/1977	1985/1982	1987/1985	1992/1987	1997/1992
調査全部門	122	124	148	115	130
食料品 (a)	224	90	106	219	80
繊維・衣服 (b)	104	148	143	134	143
紙・パルプ (c)	217	93	99	188	88
化学・石油 (d)	115	134	110	119	185
ゴム・皮革 (e)	127	134	110	258	49
窯業 (f)	129	77	147	127	81
鉄鋼 (g)	142	157	74	224	92
非鉄金属 (h)	144	78	151	120	180
金属製品 (i)	125	172	144	135	115
電気機器 (j)	157	120	96	71	251
自動車 (k)	113	128	237	108	74

（基準年度を100とした韓国の数値）

（note：各国労働生産性成長率の計算式は本文第1章第5節を参照，これに基づき日韓相対的生産性成長率を計算）

ところで，相対的生産性成長率の意味するところはこうである。ある期間において，韓国のX品目，あるいはY産業の生産性の成長があった。他方，日本のX品目，あるいはY産業の生産性の成長があった。その場合，韓国は日本をどれだけ上回って成長したであろうか，あるいはどれだけ下回って成長したであろうか，という点にある。この考え方は，日本と韓国の国際競争力の相対的力を示す有力な指標となるのである。

そこで［表2-6］日・韓相対的生産性成長率の数値は，基準年度を100としているので，この期間において，(1)数値が100であれば，韓国と日本の生産性成長率は同水準にあり，(2)数値が100を上回れば，韓国が日本を上回って生産性が成長しており，(3)数値が100を下回れば，韓国が日本を下回って生産性が成長している，というように読み取る。

その上で，［表2-6］日・韓相対的生産性成長率によれば，調査全部門の水準で，1977－1982年では122，1982－1985年では124，1985－1987年では148，1987－1992年では115，1992－1997年では130，と5つの全ての期間について，プラスの生産性成長率を示しており，韓国が日本を上回って成長したということである。次に，各期間の産業部門の水準までおりていくと，1977－1982年の第1の期間では，韓国は全ての部門でプラスの成長率を示している。この期間の調査全部門（総合値）122を上回るhigh-speed 生産性成長部門を列挙すると，食料品，紙・パルプ，ゴム・皮革，窯業，鉄鋼，非鉄金属，金属製品，電気機器の諸部門となる。韓国はこの諸部門において日本に対して特に国際競争力を強めたであろうことが示唆される。1982－1985年の第2の期間では，韓国からみて，食料品，紙・パルプ，窯業，非鉄金属の4部門がマイナスの成長率を示している。そうしたなかで，この期間の調査全部門（総合値）124を上回るhigh-speed 生産性成長部門を列挙すると，繊維・衣服，石油・化学，ゴム・皮革，鉄鋼，金属製品，自動車が挙げられる。1985－1987年の第3の期間では，韓国からみて，紙・パルプ，鉄鋼，電気機器の諸部門がマイナスの成長率を示しており，残余の諸部門のうち，自動車，非鉄金属の部門が調査全部門（総合値）148を上回るhigh-speed 生産性成長部門である。1987－1992年の第4の期間では，韓国からみて，電気機器部門のみがマイナスの成長率を示しており，調査全部門（総合値）115を上回る産業部門は，ゴム・皮革，窯業，鉄鋼，食料品，紙・パルプ，金属製品，繊維・衣服，化学・石油，等となっている。最後に，1992－1997年の第5の期間では，韓国からみて，食料品，紙・パルプ，ゴム・皮革，窯業，鉄鋼，自動車の諸部門がマイナスの生産性成長率を示しており，調査全部門（総合値）130を上回るhigh-speed生産性成長部門は，電気機器，化学・石油，非鉄金属，繊維・衣服部門が列挙される。

本章のまとめ

以上の［表2-1］日・韓国際個別生産性指数および［表2-4］日・韓国際総合生産性指数のデータに基づく各年度および各品目・各産業部門の比較優位・比較劣位構造を主軸とした相関分析・分散分析・因子分析の結果および両国の生産性成長率分析をまとめると，以下のようになる。すなわち，1970年代後半から1980年代中期まで，日・韓両国は一定の比較優位・比較劣位構造の型をもって推移してきたが，1980年代後半から1990代にかけて，韓国の産業構造の高度化に伴って，次第にその型を崩し，あらたな比較優位・比較劣位構造＝国際分業関係を形成するに至っている。さらに，この変動のプロセスで，韓国のb.繊維・衣服産業，d.石油・化学産業，e.ゴム・皮革産業，g.鉄鋼業，j.電気機器産業の諸産業部門が，日・韓労働生産性較差縮小の主役を演じてきた。同時にこの産業部門が韓国の日本に対する比較優位部門を形成し，韓国の国際競争力を強化していったのである。こうした事態は，「2つの経済のダイナミックな性格，産業部門間の不均等な発展とその国際的な不均等を示すものといいうるし，国際競争力の点でも激しい変化があることをまざまざと物語っている」[24]という指摘が，ここでの韓国と日本との間に，同様に適切に妥当するものと思われる。

24）　行沢健三，前掲書，p.34。1960年代後半から70年代にかけての日米経済のダイナミックな変動について述べている。

第 3 章
日・台物的工業労働生産性の国際比較 (1982－1997 年)

本章の目的

本章では，前章までの日・米および日・韓労働生産性の算定作業を台湾に拡大して日・台労働生産性の国際比較数値を得ることにある。日・台労働生産性の国際比較については，嘗て，拙著『労働生産性の国際比較と商品貿易および海外直接投資―リカードウ貿易理論の実証研究―』（文眞堂）[1]の第 4 章「台湾・日・韓国・米・旧西独工業生産性の国際比較」で提示したことがある。本章では，この第 4 章を全面的に改定し，データを再計算し，1992 年および 1997 年のデータを追加し，若干の統計分析を行うことにある。

第 1 節　台湾物的工業労働生産性の算定の具体的手順

第 1 項　原資料について

労働生産性の具体的算定に際して，出発点として肝要なことは，いかなる統計資料に基づいて，必要な物量ないし生産数量，あるいは投入労働量の情報を得るか，ということにある。しかも，その際，できるだけ必要な物量ないし生産数量，あるいは投入労働量は，同一の統計資料から得ることが望ましい[2]。

1）　拙著『労働生産性の国際比較と商品貿易および海外直接投資―リカードウ貿易理論の実証研究―』文眞堂，1994 年，第 4 章「台湾・日・韓国・米・旧西独工業生産性の国際比較」，pp.151-176。
2）　行沢健三「日米工業の物的生産性比較細目―その 1．一般方式とその詳述―」KIER7214，京都

ところが，台湾の場合，たとえば，日本の『工業統計表』[3]，アメリカの“*Census of Manufactures*”[4]，韓国の“*Report on Mining and Manufacturing Survey*”[5]のように，生産数量・労働量・生産額・出荷額等の労働生産性を算定する際に必要な情報が纏まったかたちでおさめられている統計書がないのである。

したがって，必要な物量ないし生産数量，あるいは投入労働量は別々の統計資料から入手せざるを得なかった[6]。

(1)　物量ないし生産数量に関する原資料

必要な物量ないし生産数量は，中華民国・台湾地区『工業生産統計月報』経済部統計処編印（“*Industrial Production Statistics Monthly*”, Taiwan Area, Republic of China, Department of Statistics, Ministry of Economic Affairs）[7]から入手した。

この統計書は，各年版 Introductory Note（序）によると，台湾の鉱工業データ報告システムに基づいて，1953年から月報として中断されることなく編纂されており，その目的としては，工業生産の生産額，生産量，販売額，在庫の変化に関するダイナミックなデータを収集し，各種指数を作成し，工業生産や貿易活動を調整する任務にある政策担当者の参照にも供しようとするものである，と記載されている[8]。さらに，この調査の範囲について次のように述べている。すなわち，1）この調査に収められている工業品目は，その重要性，代表度，主導性，戦略性にしたがって選定された。2）この調査でカバーされている工業品目数は，2001品目に及び，この内，1949品目が製造業部門

大学経済研究所，1972年11月，および行沢健三『労働生産性の国際比較―日米工業を中心として―』創文社，1975年。

3）『工業統計表』（産業編・品目編）通商大臣官房調査統計部編。

4）“*Census of Manufactures*”, Industry Series, U. S. Department of Commerce

5）“*Report on Mining and Manufacturing Survey*”（鉱工業統計調査報告書）National Statistical Office, Republic of Korea（統計庁），[Whole Country]（全国編），[Regional]（地域編）。

6）「別々の統計資料」は本文の以下に示す。

7）中華民国・台湾地区『工業生産統計月報』経済部統計処編印（“*Industrial Production Statistics Monthly*”, Taiwan Area, Republic of China, Department of Statistics, Ministry of Economic Affairs）の1982年，1987年，1992年，1997年の各版。

8）同上書，Introductory Note, 1. Historical Background, 2. Purpose and Uses.

に，35品目が鉱業に，7品目が公共部門に，10品目が住宅建設部門に，それぞれ属している[9)]。

以上の記述から，2点ほど問題点が指摘される。第1は，この調査の対象として選定された品目は，工業製品のすべての品目についてカバーしているのではなく，その重要性，代表度，主導性，戦略性にしたがって選定されている点である。第2には，この調査の範囲に関しては何人以上の事業所あるいは企業が調査対象となったのか定かではない，という点である。したがって，企業規模別のデータも与えられていないのである。しかし，この問題点は台湾の労働生産性の算定に際して決定的な難点とはならないものと思われ，この資料を物量ないし生産数量を入手する原資料として採用することは概ね妥当であるものと判断される[10)]。

(2) 投入労働量に関する原資料

投入労働量に関しては，中華民国・台湾地区『薪資與生産力統計月報』行政院主計処編印（“*Monthly Bulletin of Earning and Productivity Statistics*”, Taiwan Area, Republic of China, Directorate-General of Budget, Accounting and Statistics, Executive Yuan, Republic of China）[11)]が採用された。

この統計書は，賃金（給与）と生産性の統計書であり，事業所側の人材需要に応えたものであり，雇用，賃金（給与）水準，労働時間，従業者の転職状況についてまとめられている。さらに，生産性統計と関連して，これらのデータは，企業の労働費用変動と同様に投入・産出効果の変化を描写するために利用される，と記述されている[12)]。

9）　同上書，Introductory Note, 3. Interval and Object, 4. Scope of Survey, 5. Sampling method and Number of Samples, 6. Survey Method.

10）　近年各国の生産統計書には，品目の生産額および出荷額は示されるが，生産数量および出荷数量が示されないという傾向があるのに，台湾の場合は，生産数量および出荷数量が各年度きちんと表示されている点で独自性を有している。したがって，台湾のこの統計書は，労働生産性の品目の生産量 q を得るのに最適な統計書であると評価される。

11）　中華民国・台湾地区『薪資與生産力統計月報』行政院主計処編印（“*Monthly Bulletin of Earning and Productivity Statistics*”, Taiwan Area, Republic of China, Directorate-General of Budget, Accounting and Statistics, Executive Yuan, Republic of China）の各年版。

12）　同上書，第172期，No.172, Preface, 1.

第2項　日・台コード照合について

前項で，物量ないし生産数量，あるいは投入労働量の数値を得る原資料を確定した。次の課題は，この資料に基づいて，台湾と日本の労働生産性の国際比較の可能な品目を選定することである。その場合，言うまでもなく「量的にのみ比較可能な同質でなるべく単一な生産品目について」[13] 得ることが肝要である。

ところで，台湾の産業分類は，1975年の中国産業標準産業分類（China Standard Industrial Classification, C.S.I.C）にしたがって分類されている。たとえば，綿紡糸について示すと，2／3製造業（Manufacture），22綿織物（Textile），2201紡績業（Cotton Textile），220101棉（Cotton Yarn），220102混紡糸（Cotton mixed yarn），という順序で示されている。そこで，投入労働量，すなわち雇用者数は4桁コード（4 digit code）で与えられており，物量ないし生産量は6桁コード（6 digit code）で与えられている。したがって労働生産性算定対象品目は，台湾の6桁コード（6 digit code）の品目と日本の工業統計表・品目編の6桁コード（6 digit code）の品目とのコード照合が必要であった。こうして，実際のコード照合の作業は，両国の「生産品目対照表」が存在していないので，それぞれの品目を逐一照合するというかたちで行われた。

コード照合の作業の作業に際して1987年から1992年の間に，台湾および日本において，コード変更が行われたため，この点を考慮した作業が行われた。

［表3-1］日・台コード照合は，こうした作業の結果が示されている。

13）行沢健三「日米工業の物的生産性比較細目―その1．一般方式とその詳述―」KIER7214，京都大学経済研究所，1972年11月，および行沢健三『労働生産性の国際比較―日米工業を中心として―』創文社，1975年。

［表 3-1］ 日・台コード照合

		台湾コード		日本コード	
		1982	1992	1982	1992
食料品部門					
1	練乳・粉乳	2021-030	1120-200	181211	121211
2	小麦粉	2022-300	1131-310	185311	126311
3	精糖	2040-020	1161-110	186111,12	125111,12
4	醤油	2069-110	1179-020	184211	124211
5	果実酒	2111-000	1181-000	188211	132111
6	ビール	2112-000	1182-000	188311	132211
繊維・衣服					
7	綿紡糸	2201-000	1310-000	202111-12	132111,12
8	綿織物	2201-210	1310-210	204111-29	134111-19
9	毛紡糸	2201-100	1320-100	202311-14	32311-14
10	毛織物	2202-200	1320-300	204311-19 204321-29	144311-29
11	ナイロン織物	2204-710	1360-220	204154	144216
12	ポリエステ織物	2204-720	1360-210	204157	142222,23
13	絨毯	2207-010	1370-200	209611-12	149611-12
紙・パルプ					
14	洋紙	2612-000	1821-000	242111-17	182111-13
15	板紙	2612-300	1840-000	242211-18	182211-18
基本化学工業製品					
16	酸素	2701-010	2111-010	262411	202411
17	水素	2701-031	2111-031	262412	202412
18	硫酸	2701-100	2111-100	262911	202911
19	塩酸	2701-110	2111-110	262515	202115
20	硝酸	2701-120	2111-120	261113	201113
21	燐酸	2701-130	2111-130	262212	202212
22	水酸化ナトリウム	2701-210, 2701-220	2111-210, 2111-220	262111	202111
23	カーバイド	2701-970	2111-970	262211	202211
石油化学原料					
24	エチレン	2702-030	2112-040	263111	203111
25	プロピレン	2702-040	2112-050	263112	203112
26	ブタジエン	2702-050	2112-060	263211	203234
27	アセチレン	2702-060	2112-070	262413	202413
28	ベンジン	2702-100	2112-100	263114	203114
29	トルエン	2702-110	2112-110	263115	203115
30	キシレン	2702-120	2112-120	263116	203116
31	スチレン	2702-140	2112-140	263613	203613
32	塩化ビニール	2702-210	2112-210	263722	203227
33	フォルマリン	2702-400	2112-400	265114	203312
34	合成エチルアルコール	2702-510	2112-510	263411	203411
35	グリセリン	2702-530	2112-530	265114	205114
36	メラミン	2702-830	2112-830	263233	203713
37	カーボンブラック	2702-920	2112-920	262315	
38	化学肥料	2704-230, 040,050,090	2114-030, 040,010,050,090	261115 261122-261125	301122,-24
39	合成繊維糸	2705-000,010, 020,120,190	2121-000,010,020, 030,110,190	203131-39	204211-16

		台湾コード		日本コード	
		1982	1992	1982	1992
40	合成樹脂（プラスチック）	2706-000,011,012, 020,050, 080,030	2122-000,011,012, 020,030,040,080	263711-29	203711-24
41	染料	2821-000	2210-000	263631-38	203631-38
42	顔料・塗料	2801-100,200	2210-100,200	262311-14,	202311-15
43	印刷インキ	2801-910	2210-910	265111,12	205511-13
44	洗濯石けん	2805-010	2231-050	265211,12	205211,12
45	合成洗剤	2805-060	2231-060	265221,22	205521-22
46	界面活性剤	2805-950	2231-950	265311,12	205311-13
ゴム部門					
47	自動車用タイヤ	3001-010	2401-010	281113	231113
48	二輪車用タイヤ	3001-110	2401-110	281114	231114
49	ゴム管	3003-000	2403-090	283314	233314
50	ゴムベルト	3003-100	2403-100	283111-13	33111-13
51	ゴム手袋	3009-000	2409-000	289912	239912
窯業部門					
52	板ガラス	3220-000	2621-000	301111	251111
53	セメント	3231-000	3631-000	302111	252111
金属製品					
54	ボルト・ナット	3409-010	2890-010	337711	288111
55	釘	3409-030	2890-030	336111-12	287111-12
機械部門					
56	数値制御旋盤	3531-310	2931-001	-	294111
57	ボール盤	3531-010	2931-010	344112	294121
58	フライス盤	3531-020	2931-022	344114	294123
59	研削盤	3531-030	2931-042	344116	294125
60	ミシン	3541-000	2941-010,020	348211-14	98211-14
電気機器部門					
61	発電機	3611-010	3111-010	351111-17	01111-14
62	電動機	3611-020	3111-020	351122	301122
63	エア・コンディショナー	3612-021,013	3121-011	352133	302133
64	冷蔵庫	3612-020	3121-020	352135	302135
65	洗濯機	3612-209	3122-011	352134	302134
66	扇風機	3612-210	3124-010	352131	302131
67	換気扇	3612-220,230	3124-040,010	352132	302132
68	カラーテレビ	3622-010	3151-010	354313	304313
69	ビデオテープ	3622-010	3151-100	354412	304413
70	ラジオ受信機	3622-200	3152-000	354311	304311
71	電話機	3624-010	3161-200	354111	304111
72	乾電池	3630-000	3180-090	359211	309211
73	蓄電池	3630-100	3180-100	359111	309111
自動車部門					
74	乗用車	3731-020,030,110, 160	3231-0200,30,110 160	別資料	別資料
75	自動二輪車	3741-000	3241-000	別資料	別資料

上掲のように，台湾・日本労働生産性算定対象品目は，1982・1992年で75品目が選定された。

第3項　算定の基本方式

第1項および第2項で，物的労働生産性算定のための統計資料の確定および比較可能品目の選定作業が行われた。次の課題は，この統計資料およびコード照合表に基づいてどのような方式で物的労働生産性の概念に接近するかということである。日・米，日・韓物的労働生産性の算定に際してそうであったように，本章における台湾の物的労働生産性の算定に際しても直接的に必要とする数値が得られない。すなわち，物量ないし生産数量，および投入労働量の直接的数値が得られないのである。

この問題点に対して，日・米，日・韓物的労働生産性の算定の場合は，特別の工夫がなされたのである。このあたりの事情については，すでに前章までに触れているので，ここでは重複を避けて基本的な点を摘記するにとどめておきたい。

1）　ある産業のその品目の出荷額が与えられていないので，Coverage Ratioが求められない。したがって，Coverage Ratioを100%とする。

2）　Specialization Ratioは，Coverage Ratioを100%とすることによって入手できる。ただし，この場合，Specialization Ratioは過大評価となる。したがって，投入労働量の過大評価が生じる。

3）　1）2)は起こりうる誤差を相乗的に拡大するというよりも，相殺の効果を有するものである[14]。

4）　生産数量および投入労働量は同一の統計資料から採用することが誤差を避けるという点で望ましいが，台湾の場合両者の数値が同一の統計資料から取りえない[15]。

そこで既述のように，生産数量に関しては，『中華民国・台湾地区「工

---

14)　第2章 第1節 第3項 算定の基本方式 と同様の方式が採用されている。また，同様の記述が，以下の文献にある。拙著『労働生産性の国際比較研究—リカードウ貿易理論と関連して—』文眞堂，2002年，第2章 日独物的工業労働生産性の国際比較（1977年－1997年）第1節 日独物的労働生産性の国際比較の算定作業細目 第3項 算定の基本方式，pp.51-53。拙著『労働生産性の国際比較と商品貿易および海外直接投資—リカードウ貿易理論の実証研究—』文眞堂，の第2章　旧西独・米・日工業労働生産性の国際比較 にもある。

15)　韓国の場合も同様の事情があったが，でき得る限り資料を統一した。

業生産統計月報」』（"*Industrial Production Statistics Monthly*"），投入労働量に関しては，『中華民国・台湾地区「薪資輿生産力統計月報」』（"*Monthly Bulletin of Earning and Productivity Statistics*"）から，それぞれ数値を採った。

第4項　比較方式の細目

前項での説明はやや不十分であるので，この基本方式に基づいて，具体的例示として『印刷インキ』の物量ないし生産数量および投入労働量の数値の具体的出典を明らかにすると以下のようになる。

『印刷インキ（printing ink)』のケース

［細目基本表：印刷インキ］（1997年）

a）品目 Code	b）品目の生産数量（M.T）	c）産業の従業者（人）	d）Coverage Ratio（%）	e）出荷量	g）出荷額	h）数量対応出荷額
2210-910	27,827	15,076	100	28,120	3,235.1	3,201.4

i）産業の出荷額	j）Specialization ratio（%）	k）算定生産量（MT）	l）算定投入従業者（人）	m）1人当たり生産性（M.T.／人）
58,781	0.054	27,827	814	34.2

各項の出典

a）　1999年度 March 355・『中華民国・台湾地区「工業生産統計月報」』（"*Industrial Production Statistics Monthly*"），C-2製造業主要産品 存量値—按産品別（C-2 Production, Shipment & Inventory of Principal Manufacturing Products），p.118のCode Number 2210－910印刷インキ（Printing Ink）。

b）　同上，2210-910印刷インキ（Printing Ink）の生産（Production）の項目から数値をとる。

c）　1998年292『中華民国・台湾地区「薪資輿生産力統計月報」』（"*Monthly Bulletin of Earnings and Productivity Statistics*"），表4台湾地区製造業受雇員工人数（Table 4 Employees, on Payrolls of Manufacturing

Establishments in Taiwan Area）の基本化学材料製造業（Basic Chemical Materials Manufacturing）の総計（Grand Total）の項目から数値をとる。

d） Coverage Ratioを100%と仮定する。

e） b）と同じく，2210-910印刷インキ（Printing Ink）の出荷量（Volume of Production）の項目から数値をとる。

g） b）と同じく，2210-910印刷インキ（Printing Ink）の出荷額（Shipment of Production）の項目から数値をとる。

h） g）×（b÷e）

i） 薪資與生産力統計月報D-3 工業生産価値—按細分類（D-3 Production, Value of Industries－By Subgroupsの2210塗料漆料及相関産品業（Paints, Varnishes, Lacquers & related Products）p.185。

j） h）数量対応金額を分子とし，同じくi）の資料のD-3工業生産価値—細分類（D-3 Production, Value of Industries－By Subgroups）の2210塗料漆料および相関産品業（Paints, Vanishes, Lacquers, related prod.）の項目から数値を得て，これを分母とし，Specialization ratioを得る。

k） b）×d）

l） c）×j）

m） k）÷l）

日・台労働生産性算定に際して，算定比較対象品目として選定された75品目の大部分は，以上の「算定の基本方式」の「印刷インキ」に準拠して1982年，1987年，1992年，1997年について算定が行われた。しかし，この「印刷インキ」は最も単純な算定の例示であり，日・米，日・韓と同様に，実際の算定に際しては，それぞれの品目について，それぞれの問題が付着している。算定は，真の値に対して，限りなく近づく近似値を目標に心がけた。データに忠実に，精緻に，しかし大胆に推測するというスタンスである。その詳細について述べるには，余りにも微細・煩雑すぎるので割愛する。ただし，自動車および鉄鋼業については，生産数量を得るためにウェイト等の適用が必要であり，拙著『労働生産性の国際比較と商品貿易および海外直接投資—リカードウ貿易理論の実証研究―』（文眞堂）[16]の第5章「日・米・旧西独鉄鋼業の労働生産性の国際比較」および第6章「日・米・旧西独自動車産業の労働生産性の国際比較」に準拠して算定が行われた。

なお，日本については，台湾の算定対象品目と対応する品目について，第1章で述べた基本方式に沿って算定した[17]。

第2節　日・台国際個別生産性指数の算定結果とデータ分析

第1節での「台湾物的工業労働生産性の算定の具体的手順」に示された算定方法にしたがって，1982年，1987年，1992年および1997年の台湾の労働生産性を算定し，これに対応した品目の日本の生産性を算定し，これを比較した結果は以下のとおりである。

第1項　日・台国際個別生産性指数の概念と算定結果

［表3-1］日・台コード照合表（1982, 1987, 1992, 1997）に基づいて，71品目が算定された。その際，それぞれの品目について，台湾および日本の一人当たり物的生産性 $p^i = q^i/l^i$ を算定し，台湾を基準国（＝100）とする日本の生産性水準を表す国際個別生産性指数，すなわち，

$$p_{10}^i = \frac{q_1^i}{l_1^i} \Big/ \frac{q_0^i}{l_0^i} = (p_1^i / p_0^i)$$

を求めた結果が，［表3-2］日・台国際個別生産性指数 にまとめられている。

第2項　日・台国際個別生産性指数による日台比較優位・劣位構造分析

さて，［表3-2］日・台国際個別生産性指数 の数値の読み取り方であるが，上述のように，台湾を基準（＝100）とする日本の労働生産性水準を表す国際

16）拙著『労働生産性の国際比較と商品貿易および海外直接投資―リカードウ貿易理論の実証研究―』文眞堂，1992年。

17）日本については，拙著，同上書，pp.20-22を参照。他の年度についても，そこでの算定の基本方式に準拠して算定が行われている。

［表 3-2］　日・台国際個別生産性指数

		1982	1987	1992	1997
食料品部門					
1	練乳・粉乳	496	665	625	508
2	小麦粉	756	610	525	376
3	精糖	526	833	826	1312
4	醤油	924	815	1025	629
5	果実酒	261	245	91	96
6	ビール	251	260	288	279
繊維・衣服部門					
7	綿紡糸	180	151	102	125
8	綿織物	473	457	324	253
9	毛紡糸	283	211	129	117
10	毛織物	369	306	243	228
11	ナイロン織物	65	21	3	7
12	ポリエステ織物	168	158	84	43
13	絨毯	478	101	199	183
紙部門					
14	洋紙	641	564	1034	1717
15	板紙	535	497	828	1163
石油・化学部門					
16	硫酸	82	80	60	67
17	塩酸	94	359	223	199
18	硝酸	533	510	584	432
19	燐酸	410	194	240	168
20	水酸化ナトリウム	186	193	237	292
21	カーバイド	219	193	152	136
22	エチレン	332	422	678	628
23	プロピレン	435	411	521	628
24	ブタジエン	553	337	1087	430
25	アセチレン	72	59	72	51
26	ベンジン	344	366	442	202
27	トルエン	479	334	600	255
28	キシレン	834	229	268	490
29	スチレン	87	101	61	133
30	塩化ビニール	154	130	119	184
31	フォルマリン	6	26	12	148
32	エチルアルコール	60	74	127	124
33	グリセリン	21	25	13	11
34	メラニン	232	163	166	169
35	カーボンブラック	62	45	55	39
36	化学肥料	380	437	262	268
37	合成繊維糸	83	84	80	74
38	合成樹脂	38	30	47	39

		1982	1987	1992	1997
石油・化学部門					
39	染料	306	301	325	345
40	顔料・塗料	673	425	509	207
41	印刷インキ	256	152	248	275
42	洗濯石けん	403	380	165	196
43	合成洗剤	990	891	1444	685
44	界面活性剤	692	519	243	265
ゴム製品部門					
45	自動車用タイヤ	1238	692	541	485
46	二輪車用タイヤ	290	228	201	214
47	ゴム管	122	359	300	311
48	ゴムベルト	524	159	223	710
49	ゴム手袋	82	48	17	110
窯業部門					
50	板ガラス	835	469	355	340
51	セメント	401	264	242	221
金属製品部門					
52	ボルト・ナット	177	191	121	121
53	釘	279	74	234	176
機械部門					
54	ボール盤	40	14	29	25
55	フライス盤	189	91	72	72
56	研削盤	186	81	86	83
57	ミシン	78	65	64	33
電気機器部門					
58	発電機	362	377	838	492
59	電動機	205	259	135	109
60	エア・コン	502	459	220	290
61	冷蔵庫	253	352	188	244
62	洗濯機	630	643	403	483
63	扇風機	26	2	6	3
64	換気扇	51	40	16	13
65	カラーテレビ	59	40	32	17
66	ビデオテープ	529	103	57	219
67	ラジオ受信機	54	12	39	20
68	電話機	7	10	10	10
69	乾電池	35	21	27	31
70	蓄電池	86	33	47	47
輸送機械部門					
71	乗用車	625	594	294	524
72	自動二輪車	850	728	693	608

（台湾＝100）

個別生産性指数であるので，① もしある品目の数値が100であれば，その品目については，日本と台湾の労働生産性水準は同水準であることを意味しており，② 100を下回れば，台湾の労働生産性水準は日本を上回っており，③ 100を上回れば，台湾の労働生産性水準は日本を下回っていることを意味している。

1982年について国際個別生産性指数をみると，31フォルマリン：較差6から自動車用タイヤ：較差1238，すなわち台湾を基準とする日本の労働生産性水準は，倍率にして，0.06倍から12.38倍の間に散らばっていた[18]。

1987年では，63扇風機：較差2から43合成洗剤：較差891，倍率にして，0.02倍から8.91倍に散らばっており，その範囲は，やや1982年よりも縮小している[19]。

1992年では，63扇風機：較差6から43合成洗剤：較差1444，倍率にして，0.06倍から14.44倍に散らばっている[20]。

1997年では，63扇風機：較差3から14洋紙：較差1717，倍率にして0.03倍から17.17倍に散らばっている[21]。

瞥見して，品目の水準では日・台労働生産性の較差が著しいことが判明した。しかし，以上のデータの羅列だけでは，日・台国際個別生産性指数による日台比較優位・劣位構造は判然としない。

そこで，同じく，[表3-2] 日・台国際個別生産性指数に基づいて，各年度について，台湾と日本の生産性較差が小である品目から，較差が大なる品目の順に目を追うと，各年度の台湾と日本の比較優位・比較劣位構造を検出される。

こうした視点から，1997年について，台湾からみた日本に対する比較優位品目は，上位から列挙して，扇風機，ナイロン織物，電話機，グリセリン，換気扇，カラーテレビ，ラジオ受信機，ボール盤，乾電池，ミシン，カーボンブラック，合成樹脂（プラスチック），ポリエステ織物，蓄電池，アセチレ

18）　分散：75077，標準偏差：274，平均：333。
19）　分散：50889，標準偏差：226，平均：269。
20）　分散：90573，標準偏差：301，平均：269。
21）　分散：91767，標準偏差：303，平均：277。

ン，…等と続くであろう。同じく台湾からみた日本に対する比較劣位部門は，最後位に位置する品目洋紙から列挙して，洋紙，精糖，板紙，ゴムベルト，合成洗剤，醤油，エチレン，プロピレン，自動二輪車，乗用車，練乳・粉乳，発電機，キシレン，自動車用タイヤ，洗濯機，硝酸，ブタジエン，小麦粉，…等と続くであろう。

同様の手法で1992年，1987年，1982年，と遡り分析すると，品目の水準において，それぞれの年度における日・台比較優位・劣位構造が検出される。このことは，具体的に，それぞれの年度の日台両国のどのような品目がそれぞれ輸出競争力をもっていたのかを把握できるとともに，日台両国の国際分業関係を把握することを可能とする。

第3項　日・台国際個別生産性指数の因子分析―バリマックス法―

この項では，[表3-2] 日・台国際個別生産性指数に基づいて，SAS (Statistical Analysis System) により因子分析（バリマックス法）を行う。[出力結果] は以下の通りである。

[表3-3]　日・台国際個別生産性指数の因子分析―バリマックス法―出力結果

FACTOR プロシジャ			
回転後の因子パターン			
		Factor1	Factor2
X1	1982	0.893468	0.396248
X2	1987	0.744455	0.578773
X3	1992	0.396692	0.889842
X4	1997	0.580493	0.720577
因子の分散			
		Factor1	Factor2
		1.8468	1.803
最終的な共通性の推定値：合計＝3.659604			
X1	X2	X3	X4
0.9553	0.88919	0.94918	0.8562

上の [出力結果] から，ここで必要とする最小限の情報を拾い上げると，以下のようになる。

バリマックス回転法による結果は，まず回転後の因子パターンに示されている。見られるとおり，第1因子（FACTOR1）は期間の前半（X_1，X_2）に大きな因子負荷量を有しており，第2因子（FACTOR2）は期間の後半（X_3，X_4）に大きな因子負荷量を示している。そこで，第1因子（FACTOR1）を期間の前半（X_1，X_2）の労働生産性較差拡大・縮小要因，第2因子（FACTOR2）を期間の後半（X_3，X_4）の労働生産性較差拡大・縮小要因，と解釈する[22]。

このように解釈したのち，各オブザベーションの因子得点表を示すとは以下のとおりである。

次に，第1因子を期間の前半の生産性較差拡大・縮小を示すものとして，これをY軸にとり，第2因子を期間の後半の生産性較差拡大・縮小を示すものとして，これをX軸にとり，各品目の因子得点を平面にプロットしたのが，［図3-1-1］(p.66)［図3-1-2］(p.67)[23] 日台国際個別生産性指数因子分析の因子得点プロット―バリマックス法―(A)(B)である。

［図3-1-1］出力結果＜因子得点プロット―バリマックス法―＞から，意味ある情報を引き出すと以下のようになる。

A．第1象限（FACTOR1；期間の前半で較差拡大，FACTOR2；期間の後半で較差拡大）

第1象限は，期間の前半および後半で生産性較差が拡大した品目のプロットである。この象限に属する品目は，台湾にとって比較劣位品目で，競争力のない品目である。

「1.練乳・粉乳，2.小麦粉，3.醤油，15.硝酸，20.プロピレン，40.合成洗剤，44.ゴムベルト，58.洗濯機，68.自動二輪車」

B．第2象限（FACTOR1；期間の前半で較差拡大，FACTOR2；期間の後半で較差縮小）

第2象限は，期間の前半で較差拡大し，期間の後半で較差縮小した品目のプロットである。この象限に属する品目は，期間の前半では台湾の比較劣位に属するであろうが，後半の期間での較差縮小傾向を持続するならば，第3象限に

22）前章を参照。

23）［図3-1-1］のプロットの第4象限が込み合っているので，［図3-1-2］で主として第4象限を拡大して示している。

［因子得点表Ⅲ-A］

		第１因子	第２因子			第１因子	第２因子
1	練乳・粉乳	0.642	1.448	35	合成樹脂	−1.042	−0.438
2	小麦粉	1.957	0.004	36	染料	−0.139	0.548
3	醤油	1.721	2.067	37	顔料・塗料	1.297	−0.156
4	果実酒	0.263	−0.855	38	印刷インキ	−0.458	0.276
5	ビール	−0.342	0.411	39	洗濯石けん	0.941	−0.777
6	綿紡糸	−0.339	−0.465	40	合成洗剤	1.052	3.668
7	綿織物	0.974	−0.231	41	界面活性剤	2.264	−1.180
8	毛紡糸	0.172	−0.697	42	二輪車用タイヤ	0.010	−0.196
9	毛織物	0.409	−0.253	43	ゴム管	−0.720	0.861
10	ナイロン織物	−0.817	−0.767	44	ゴムベルト	0.589	0.482
11	ポリエステ織物	−0.293	−0.709	45	ゴム手袋	−0.764	−0.517
12	絨毯	0.551	−0.758	46	板ガラス	2.440	−0.929
13	硫酸	−0.786	−0.465	47	セメント	0.458	−0.346
14	塩酸	−0.590	0.355	48	ボルト・ナット	−0.310	−0.408
15	硝酸	0.592	1.061	49	釘	−0.455	−0.055
16	燐酸	0.367	−0.479	50	ボール盤	−1.016	−0.544
17	水酸化ナトリウム	−0.645	0.454	51	フライス盤	−0.334	−0.715
18	カーバイド	−0.213	−0.367	52	研削盤	−0.411	−0.618
19	エチレン	−0.803	2.537	53	ミシン	−0.833	−0.515
20	プロピレン	0.028	1.617	54	発電機	−1.136	2.779
21	ブタジエン	−1.031	3.101	55	電動機	−0.068	−0.492
22	アセチレン	−0.901	−0.418	56	エア・コン	1.360	−0.642
23	ベンジン	−0.074	0.527	57	冷蔵庫	0.151	−0.125
24	トルエン	−0.003	0.923	58	洗濯機	1.763	0.122
25	キシレン	2.059	−0.796	59	扇風機	−1.034	−0.645
26	スチレン	−0.748	−0.322	60	換気扇	−0.871	−0.669
27	塩化ビニール	−0.569	−0.167	61	カラーテレビ	−0.880	−0.617
28	フォルマリン	−1.144	−0.217	62	ビデオテープ	1.132	−1.387
29	エチルアルコール	−1.095	0.011	63	ラジオ受信機	−0.984	−0.555
30	グリセリン	−1.025	−0.593	64	電話機	−1.111	−0.561
31	メラニン	−0.275	−0.252	65	乾電池	−1.019	−0.526
32	カーボンブラック	−0.926	−0.481	66	蓄電池	−0.832	−0.557
33	化学肥料	0.685	−0.169	67	乗用車	1.899	−0.179
34	合成繊維糸	−0.828	−0.372	68	自動二輪車	2.086	0.931

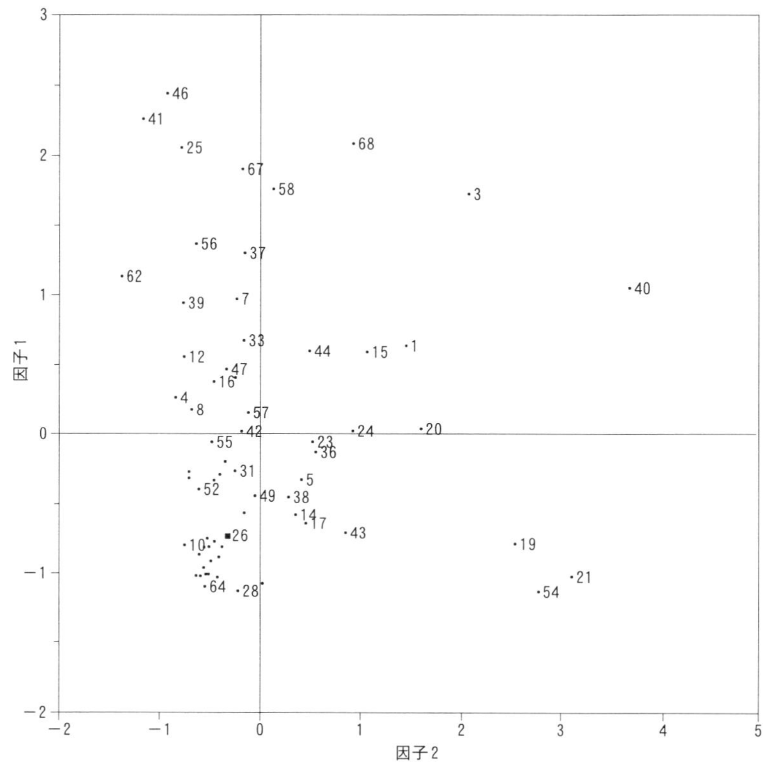

(Factor1 : Y 軸⇒期間の前半　Factor2 : X 軸⇒期間の後半)（作図は JMP による）

［図 3-1-1］　日・台国際個別生産性指数因子分析：因子得点プロット―バリマックス法―（A）

位置を移し，比較優位に転じる可能性を含むであろう。この象限には，さまざまな産業に属する品目が混在している。

「4. 果実酒，7. 綿織物，8. 毛紡糸，9. 毛織物，12. 絨毯，16. 燐酸，25. キシレン，33. 化学肥料，37. 顔料・塗料，39. 洗濯石けん，41. 界面活性剤，42. 二輪車用タイヤ，46. 板ガラス，47. セメント，56. エア・コンディショナー，57. 冷蔵庫，62. ビデオテープレコーダー，67. 乗用車」

C．第 3 象限（FACTOR1；期間の前半で較差縮小，FACTOR2；期間の後半で較差縮小）

第 3 象限は，期間の前半および後半で生産性較差が縮小した品目のプロット

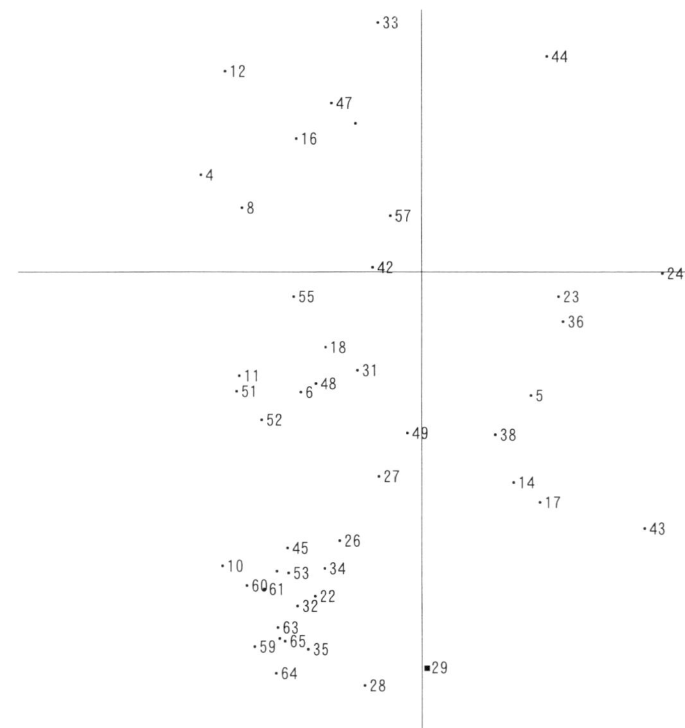

（Factor1：Y 軸⇒期間の前半　Factor2：X 軸⇒期間の後半）（作図は JMP による）

［図 3-1-2］　日・台国際個別生産性指数因子分析：因子得点プロット―バリマックス法―（B）

である。この象限に属する品目は，台湾の比較優位品目である。この象限でも，さまざまな産業に属する品目が混在している。

「6. 綿紡糸，10. ナイロン織物，11. ポリエステ織物，13. 硫酸，18. カーバイド，22. アセチレン，26. スチレン，27. 塩化ビニール，28. フォルマリン，30. グリセリン，31. メラニン，32. カーボンブラック，34. 合成繊維糸，35. 合成樹脂（プラスチック），45. ゴム手袋，48. ボルト・ナット，49. 釘，50. ボール盤，51. フライス盤，52. 研削盤，53. ミシン，55. 電動機，59. 扇風機，60. 換気扇，61. カラーテレビ，63. ラジオ受信機，64. 電話機，65. 乾電池，66. 蓄電池」

D．第４象限（FACTOR1；期間の前半で較差縮小，FACTOR2；期間の後

半で較差拡大）

第 4 象限は，期間の前半で較差縮小し，期間の後半で較差拡大した品目のプロットである。この象限に属する品目は，後半の期間での較差縮小傾向を持続するならば，第 1 象限に位置を移し，台湾の比較劣位品目へと転ずる可能性がある。

「5. ビール，14. 塩酸，17. 水酸化ナトリウム（苛性ソーダ），19. エチレン，21. ブタジエン，23. ベンジン，24. トルエン，29. 合成エチルアルコール，36. 染料，38. 印刷インキ，43. ゴム管，54. 発電機」

以上の「日・台国際個別生産性指数の因子分析―バリマックス法―」の結果によれば，日・台両国の輸出競争力に関して，これを台湾側からみると，1990 年から 2000 年の期間で競争力を有しているか，あるいは強化した品目は，［図 3-1-1］出力結果＜因子得点プロット―バリマックス法―＞の第 3 象限にプロットされている。一見して，さまざまな産業に属する品目が混在しているようであるが，繊維産業，石油・化学産業，機械産業，電気機器産業に属している品目が多数を占めている。しかし，両国の比較優位・劣位構造が明確に検出されるには，産業の水準での分析を進めなければならない。

第 4 項　日・台国際個別生産性指数による順位相関分析

前第 2 項，第 3 項の分析により，品目の水準における日・台国際個別生産性指数の比較優位・比較劣位構造が判明したが，さらに分析を進めて，この両国の比較優位・劣位構造が 1982 年，1987 年，1992 年，1997 年の 4 時点でどのように推移・変化していったかについて考察する。その際の手法として，SAS による各年度の両国の比較優位・劣位構造の順位相関分析を適用する。

データ［表 3-2］日・台国際個別生産性指数 に基づく順位相関の検定の結果を総括すると，国際個別生産性指数，すなわち品目の水準でみるとき，日・台比較優位・比較劣位構造＝日台国際分業関係は，起点の 1982 年と終点の 1997 年を含めて，1982・1987 年，1987・1992 年，1992・1997 年の順位相関は 1％水準で有意である。つまり，1982 年から 1997 年までの全期間を通じて同質・同型の比較優位・比較劣位構造を形成して推移しているということであ

［表 3-4］　日・台国際個別生産性指数の順位相関（総括表）

Spearman				
年度	1982・87	1987・92	1992・97	1982・97
データ数	68	68	68	68
相関係数	0.7142**	0.7365**	0.7622**	0.6564**
p値	0.0001	0.0001	0.0001	0.001
Kendall				
年度	1982・87	1987・92	1992・97	1982・97
データ数	68	68	68	68
相関係数	0.8662**	0.9017**	0.9054**	0.8433**
p値	0.0001	0.0001	0.0001	0.001

（**印は1％水準で有意）

る。

台湾のこうしたケースを，韓国と比較すると，台湾独自の性質を有しているものと思われる。この点に関して，韓国の場合は，第2章第2節第2項で「この形成過程は，これを時間的に分割して考察すると，2－5年の間隔で隣接する比較年度では，有意の順位相関が認められるように，同質の構造を維持し推移しつつも，次第に変化の要因が内包して展開・推移していったものと思われる。この変化は期間の後半に相関係数の値が低くなっていることに示唆されるように，後半の時期ほど激しく，そしてそれは韓国の産業構造の高度化の進展と軌を一にしているものと思われる。」[24] と述べたが，台湾の場合，1982－1997年の全期間にわたり，同質の比較優位・劣位構造を形成し，推移しており，この背景として，品目の水準において，韓国ほどに著しい不均等発展が進行しなかったことを示唆している。

第5項　日・台国際個別生産性指数の分散分析

前項では，［表 3-2］日・台国際個別生産性指数 に基づいて，日・台両国の比較優位・比較劣位構造の推移について検討したが，次に，同表に基づいて，日・台国際個別生産性指数の数値そのものは，1982年から1997年の期間に，統計学的に認められる程度の変化があったのか，もしくはなかったのか，につ

24）　第2章第2節第2項　日・韓国際個別生産性指数に基づく日韓比較優位・劣位構造の分析と指数順位相関分析。

いて検討する。

そこで,［表3-2］日・台国際個別生産性指数をデータとして，SAS（Statistical Analysis System）により，分散分析を試みる[25]。

この［検定結果］によれば，1982年から1997年にわたる期間で，1982年，1987年，1992年，1997年の年度間（YEARS）の労働生産性の国際比較数値では，F値＝2.57（P値0.0550）の結果を示しており，したがって，5％水準を僅かに上回り非有意である。また，同期間における年度間の品目（PRODUCTS）の労働生産性の国際比較数値は，F値＝11.77（P値＝0.0001）の結果を示しており，したがって，1％水準で有意である。この出力結果から，日台国際個別生産性指数によれば，その労働生産性の国際比較指数は，各年度間では非有意で，各品目間では，統計学的に有意差があることが判明した。

したがって，次のことが言えるであろう。日台国際個別生産性指数の水準で，1982年から1997年にわたる期間で，第1に，品目間ではかなりの変動，不均等発展が見られるが，第2に，年度間の比較優位・劣位構造を変化させる程度ではなく，同質の型で推移していったということで，第4項　日・台国際個別生産性指数による順位相関分析の結果に対応し，整合性を有するものと思われる。

第3節　日・台国際総合生産性指数の算定結果とデータ分析

第1項　日・台国際総合生産性指数の概念と算定結果

［表3-5］日・台国際総合生産性指数 は，［表3-2］日・台国際個別生産性指数 を行沢健三教授の開発された次の公式にしたがって各産業部門および全産業部門について総合したものである。

$$\text{総合指数(A)} = \frac{\sum_{i}(p_1^i / p_0^i)l_1^i}{\sum_{i} l_1^i}$$

25）出力結果は省略している。

総合指数(A)は，前項での国際個別生産性指数 $p^i(=q^i/l^i)$ を日本の雇用数をウェイト l_1 として総合したものである。

$$総合指数(B)=\frac{\sum_i l_0^i}{\sum_i (p_0^i/p_1^i)l_0^i}$$

同じく総合指数(B)は，国際個別生産性指数 $p^i(=q^i/l^i)$ を台湾の雇用量 l_0 をウェイトとして総合したものである。

$$総合指数(C)=\frac{\sum_i r_0^i(q_0^i+q_1^i)}{\sum_i r_1^i(q_0^i+q_1^i)}$$

総合指数(C)は，総合指数(A)と総合指数(B)の生産物構成を等しくして総合したものである。総合指数(A)と総合指数(B)との平均と解せられる。

［表3-5］　日・台国際総合生産性指数

産業部門	1982			1987			1992			1997		
	(A)	(B)	(C)	(A)	(B)	(C)	(A)	(B)	(C)	(A)	(B)	(C)
総合	501	190	452	409	120	373	310	99	215	475	113	366
食料品部門	606	460	592	616	499	603	640	441	603	519	308	490
繊維・衣服部門	308	253	289	197	132	169	171	10	25	123	40	56
紙部門	586	568	584	531	516	529	1005	999	1005	1496	1317	1468
石油・化学部門	217	113	186	154	101	136	174	76	118	178	87	131
ゴム製品部門	940	157	544	563	246	482	463	239	397	478	432	468
窯業部門	524	467	516	337	309	331	282	272	279	269	246	260
金属製品部門	181	182	181	178	170	177	124	123	124	123	126	123
機械部門	160	71	101	70	36	46	68	65	66	50	42	44
電気機器部門	331	61	293	229	31	146	160	49	86	187	102	171
輸送機械部門	631	658	632	596	610	596	298	296	297	524	539	525

(台湾＝100)

(note：国際総合生産性指数(A)(B)(C)の計算式は，本文第2章第3節第1項および第1章第1節「労働生産性の国際比の基本概念」を参照)

この［表3-5］日・台国際総合生産性指数の数値の読み取り方は，前節国際個別生産性指数と同じく台湾を基準（＝100）とした日本の各産業部門および全産業部門の労働生産性水準をあらわしているので，したがって，(1)数値が100であれば，台湾と日本の労働生産性水準は同水準であり，(2)数値が100を下回ると，台湾の労働生産性水準が日本を上回り，(3)数値が100を上回ると台湾の労働生産性水準が日本を下回るという次第である。

そうすると，これを全産業部門の総合値でみると，日本の台湾に対する労働生産性相対水準は，1982年では452，倍率にして4.52倍，1987年では373，倍率にして3.73倍，1992年では215，倍率にして2.15倍，1997年では366，倍率にして3.66倍，という数値を示している。

この数値から，両国の生産性較差は1982年，1987年，1992年までは，比較年度を追う毎に縮小している。とりわけ，1980年代の後半から1990年代にかけて較差の縮小が著しい。しかし，1997年に至っては，較差366と再び較差が拡大した。

この［表3-5］日・台国際総合生産性指数に基づく，各年度および全期間の各産業部門の比較優位・劣位構造の分析は，第7章「日・台産業の相対的国際競争力の推移―アジア国際産業連関表に相対的労働生産性数値を接続して(1990年－2000年)」で行うことにする。

第2項　日・台国際総合生産性指数の順位相関分析

次に，日台個別生産性指数の分析に際して行ったように，各比較年度の国際総合生産性指数の順位構造がどのように変化していったか，もしくは変化しな

［表3-6］　日・台産業部門の国際総合生産性指数の順位相関（総括表）

Spearman				
年度	1982・87	1987・92	1992・97	1982・97
データ数	10	10	10	10
相関係数	0.903**	0.855**	0.903**	0.927**
p値	0.0003	0.0016	0.0003	0.0001
Kendall				
年度	1982・87	1987・92	1992・97	1982・97
データ数	10	10	10	10
相関係数	0.778**	0.689**	0.733**	0.822**
p値	0.0017	0.0056	0.0032	0.0009

（**印は1％水準で有意）

かったかという視角から分析を行う。

そこでSASにより，各年度の日台産業部門の国際総合生産性指数の順位相関を検定し，この結果を総括すると，国際総合生産性指数，すなわち産業部門の水準では，日・台比較優位・比較劣位構造は，1982年・1987年，1987年・1992年，1992年・1997年および1982・1997年の各年度，および全期間について順位相関は1％水準で有意であった。

この結果は，国際個別生産性指数＝品目の水準での結果と対応するものであり，すなわち，全期間を通じて産業部門の水準で日台比較優位・劣位構造＝国際分業関係は同質の型を維持しつつ推移していったものと思われる。

第3項　日・台国際総合生産性指数の分散分析

次に，同じく［表3-5］日・台国際総合生産性指数 を分散分析の手法を適用して，各比較対象年度の各産業部門の総合生産性変化がどのような意味を持っているのか，SASにより検定することにする。

この分散分析の出力結果は，① 総合生産性指数の数値における要因1＝各比較対象年度，具体的には，1982年，1987年，1992年，1997年について，F値＝0.70（P値＝0.5610）で，同じく1％水準で差がないという仮説は棄却されず，非有意であることを示している。次に，② 総合生産性指数の数値における要因2＝各産業部門，具体的には，食料品部門，繊維・衣服部門，紙部門，石油・化学部門，ゴム製品部門，窯業部門，金属製品部門，機械部門，電気機器部門，輸送機械部門について，F値＝8.87（P値＝0.0001）で，1％水準で差がないという仮説は棄却され，有意であることを示している。この要因1および要因2を総合すると，1982年から1997年の各産業部門間の生産性指数は産業部門について，統計学的に認められるほどの有意差，すなわち変動を以って推移してきたが，しかしそれが年度間の比較優位・劣位構造の変化に反映することはなく，同質・同型の構造で推移していったものと思われる。

したがって，次のことが言えるであろう。日台国際総合生産性指数の水準で，1982年から1997年にわたる期間で，第1に，産業間では変動，不均等発展が見られるが，第2に，これが年度間の比較優位・劣位構造を変化させる程度ではなく，同質の型で推移していったということで，本節第2項日・台国際総合生産性指数と順位相関分析の結果に対応し，また品目の水準での結論と整合性を有するものと思われる。

第4節　日・台相対的労働生産性成長率

［表3-7］は，［表3-5］日・台国際総合生産性指数に基づいて，台湾の各期間の生産性成長率を算定したものである。この表は，基準年度を100としているので，(1)数値が100であれば，この期間の生産性成長率は1であり，(2)数値が100を上回れば，この期間の生産性成長率はプラスであり，(3)数値が100を下回れば，成長率はマイナスである，と読み取る。

［表3-7］　日・台相対的労働生産性成長率

	1982-87	1987-92	1992-97		1982-87	1987-92	1992-97
全部門総合値	121	173	59	窯業部門	156	119	107
食料品部門	98	100	123	金属製品部門	102	143	100
繊維・衣服部門	171	682	44	機械部門	218	70	150
紙部門	110	53	68	電気機器部門	202	169	50
石油・化学部門	137	115	91	輸送機械部門	106	201	57
ゴム製品部門	113	121	85				

（基準年度＝100とする台湾の数値）

（note：各国労働生産性成長率の計算式は本文第1章第5節を参照，これに基づき日台相対的生産性成長率を計算）

そこで，この［表3-7］日・台相対的労働生産性成長率によれば，調査全部門の水準で基準年度を100とすると，台湾の対日本相対的生産性成長率は1982－1987年では121，1987－1992年では173，1992－1997年では59であり，前の二つの期間では，100を上回ってかなり高い数値を示しているが，残りの期間では，100を下回って低い成長率を示している。

次に，各産業部門の水準でみると，1982－1987年の第1の期間では，食料品部門を除く，全ての部門でプラスの成長率を示しており，調査全部門の121を超える超スピード成長部門を拾い上げると，機械部門，電気機器部門，繊維・衣服部門，窯業部門，石油・化学部門であり，窯業部門を除くと，台湾の対日本比較優位部門に対応している。1987－1992年の第2の期間では，同じく調査全部門の 173 を超える超スピード成長部門を拾い上げると，繊維・衣服部門が圧倒的に高く，つづいて電気機器部門，金属製品部門，輸送機部門が高く，他方，機械部門は低下している。1992－1997 年の第 3 の期間では，機械部門，窯業部門，食料品部門を除くと，低成長率の数値を示している。こうした状況は，全期間を通じて産業部門の水準で日台比較優位・劣位構造＝国際分業関係は同質の型を維持しつつ推移していったものと思われるが，その根底には，潜在的に日台産業水準における不均等成長と相対的競争力の水準の変化が進行していたことが示唆される[26]。

26)　この日台相対的競争力のデータは，第 7 章　日・台産業の相対的国際競争力の推移―アジア国際産業連関表に相対的労働生産性数値を接続して（1990 年－2000 年）での分析に適用される。

第 4 章

リカードウ・モデルの実証分析
―比較生産費の原理をめぐって―

本章の目的

リカードウ貿易理論の実証研究に関して，拙著『労働生産性の国際比較と商品貿易および海外直接投資―リカードウ貿易理論の実証研究―』1) と拙著『労働生産性の国際比較研究―リカードウ貿易理論と関連して―』2) に収録されている。いずれも労働生産性の国際比較数値と輸出実績との間にどのような相関・回帰関係が認められるか，もしくは認められないかというテーマを，B. バラッサ方式に基づいて検証しようとしたものである。

本章は，この研究の延長線で従来のデータ分析を補充し，改善して，B. バラッサと共に，「国際（輸出）競争力を決定する要因は，比較労働生産性である」とするリカードウ貿易理論，そしてその根底をなす比較生産費理論 3) の現代

1） 拙著『労働生産性の国際比較と商品貿易および海外直接投資―リカードウ貿易理論の実証研究―』文眞堂，1994 年所収，第 7 章　比較生産性と輸出実績，第 8 章　労働生産性成長率と輸出増加率。

2） 拙著『労働生産性の国際比較研究―リカードウ貿易理論と関連して―』文眞堂，2002 年所収，第 4 章　日米比較生産性と相対輸出および対外直接投資。

3）「リカードウ貿易理論，そしてその根底をなす比較生産費理論」については，リカードウ『経済学および課税の原理』「第 7 章　外国貿易について」（堀経夫訳，雄松堂，1972 年）に記述されている箇所に基づいており，本書の「リカードウの比較生産費理論」の理解は，この原文に忠実に，一切加論（読み込み）あるいは修正をおこなっていない。原文のこの個所から，① 貿易の利益，② 貿易の方向性が示されるが，本書では，後者 ② 貿易の方向性⇒輸出競争力決定の命題（輸出競争力は，各国・各産業部門の労働生産性の相対水準およびその変化によって決定される）を中心に論じている。なお，リカードウ原文のこの個所から，国際価値論の論争が展開されているが，本書では論及していない。ただし，国際貿易理論において，労働視点：リカードウ労働価値論を堅持しようとするスタンスは失われてはいない。

的有効性を検証すると同時に，前各章と後各章とを結ぶ媒介項の位置づけ[4)]を与えることにある。

第1節　B.バラッサの業績

リカードウ・モデルの実証水準における検証は，すでに，D.マクドゥーガル[5)]，B.バラッサ[6)]，R.スターン[7)]等によって，先駆的に取り組まれ，一定の成果をあげていることは周知の通りである。

本章では，B.バラッサ方式にしたがって論が展開されるので，本節では，B.バラッサの業績を要約することから始めたい。

B.バラッサの研究は，D.ページおよびG.ボンバッハの労働生産性算定資料に基づいている。ここでのD.ページおよびG.ボンバッハの業績とは，"*A Comparison of National Output and Productivity of the United Kingdom and the United States*"[8)]を指す。この書は，1950年のイギリスとアメリカの産業生産の約2分の1を包括する44産業部門について，労働者一人当たりの純産出，即ち労働生産性を算定したものである[9)]。

B.バラッサは，D.ページおよびG.ボンバッハのこの算定結果に貿易統計数

4）本来ならば，検証対象国として，日・米のみならず，日・韓および日・台をも取り上げるべきであるが，日・韓および日・台については，現段階で未検証のため，日・米での検証結果が，日・韓および日・台に妥当するという前提で媒介項の位置づけを与えている。なお，独については紙幅の都合上本書では触れていないが，拙著『労働生産性の国際比較と輸出競争力—西ドイツの輸出競争力を中心として—』広島修道大学研究叢書第7号，広島修道大学総合研究所，1980年および注1）を参照されたい。

5）Sir MacDougall, "British and American Exports; A Study Suggested by the Theory of Comparative Costs", Part 1. *Economic Journal*, Dec.1961.p.697.

6）Bela Balassa, "An Empirical Demonstration of Classical Comparative Costs Theory", *The Review of Economics and Statistics*, Aug. 1963. p.231.

7）Robert M. Stern, "British and American Productivity and Comparative Costs in International Trade", *Oxford Economic Papers,* Volume 14.1962.

8）Debora Paige and Gottfried Bombach, "*A Comparison of National Output and Productivity of the United Kingdom and the United States*", O.E.E.C. Paris. 1959.

9）その結果は，同上書のThe Relationship of Output per Worker Unit Labor Costs, and Net Costs for 44 Selected Manufacturing Industries in the United Kingdom and United States in 1950に収録されている。また，拙著『労働生産性の国際比較研究—リカードウ貿易理論と関連して—』文眞堂，2002年の第4章に転載されている。

値を接続して，比較労働生産性と輸出実績との間に，どのような関係が認められるかを検証しようとしたものである。

以下，その手順と結果について要約する。

まず，B.バラッサは，D.ページおよびG.ボンバッハによる労働生産性算定対象44産業中，貿易統計数値をとりうる28産業をとりあげる。そうしたうえで両国の労働者一人当たりの相対的産出（Output per Worker, U.S./U.K.），すなわち，英・米相対的労働生産性数値と輸出実績との関係を検討しようとするわけであるが，その場合，後者の数値をとるに際しては，理論的には，輸出金額よりもむしろ輸出数量を採用すべきところではあるが[10)]，商品グループの異質性の故に，輸出数量を取りえない品目に直面して，彼は，「われわれのサンプルに含まれる量的比較の信頼できない性格のゆえに，本研究では，輸出金額を採用した。こうして，第三市場における輸出シェアに関する生産性の相異性の影響を研究することを意図するものである。」[11)] と研究の意図を述べている。

こうした意図と手順にしたがって，B.バラッサは，［表4-1］を作成した[12)]。なお，比較労働生産性数値に対応する相対輸出金額の年次はタイムラグを考慮して，年次を1年ずらして，1951年の数値を採用している。

次に，B.バラッサは，この［表4-1］の(1)欄と(2)欄の数値に基づいて，イギリスとアメリカの生産性比率（productivity ratio）と輸出比率（export ratio）との2変数（two variables）の回帰式を求めたところ，以下のようになった。

$$\frac{E_{\mathrm{I}}}{E_{\mathrm{II}}} = -53.32 + .721\frac{P_{\mathrm{I}}}{P_{\mathrm{II}}} \qquad \cdots\cdots\cdots (1)$$

$$(.103)$$

10）　輸出金額は市場の諸力に影響を受けやすいという理由であろうかと思われる。

11）　B. Balassa., ibid. p.232.

12）　この表に見られるように，B.バラッサは検定に際して，相対輸出額を目的変数（Y）とするさいに，説明変数として，相対的労働生産性数値（X1）のみを取り上げているのではなく，相対的賃金（X2），相対的労働費用（X3）等も考慮に入れている。本章末で，触れているが，R.マークセン達は，D.マクドゥガル，R.M.スターンの業績を批判して，彼らの実証分析においては特定化が過度に単純化されている，と指摘している点について，この批判は，バラッサにおいては，妥当しないと思われる。なお，本章では，この諸検定のうち，相対的労働生産性（X1）と相対輸出額（Y）についての検定のみをとりあげる。

[表4-1] American and British Productivity ,Wage, Unit Costs, and Exports

		Export Values (1)	Output per Worker (2)	Wage Ratio (3)	Unit Labor Cost (4)	Net Unit Cost Ratio (5)
1	Woolen and worsted	2.7	185	1017	550	335
2	Shipbuilding and repairing	20.9	111	899	810	802
3	Cement	31.4	116	756	652	572
4	Structural clay products	40.9	197	804	408	498
5	Tanneries	48.9	168	904	538	370
6	Footwear, except rubber	66.5	171	805	471	440
7	Cotton, spinning and wearing	68.4	249	928	373	280
8	Tool and implements	77.3	190	1041	548	570
9	Tyres and tubes	84.9	241	1014	421	438
10	Knitting mills	86.3	187	914	489	359
11	Rayon, nylon, and silk	87.8	226	958	434	354
12	Iron and Steel foundries	92.6	202	928	459	398
13	Bolts, nuts, rivets, screws	94.7	256	1223	478	523
14	Wirework	103.4	244	1042	427	409
15	Outerwear and underwear	110.9	170	1016	598	537
16	Soap, candles, and glycerin	114.8	249	1101	442	581
17	Generators, motors, and transformers	117.6	239	998	418	466
18	Rubber products, except tyres and foot-wear	136.3	250	1013	405	393
19	Blast furnaces	186.9	408	828	203	370
20	Radio	191.4	400	948	237	291
21	Steel, works and rolling mills	196.6	269	879	327	338
22	Automobiles, trucks and tractors	205.7	466	942	202	247
23	Basic industrial chemical	213.2	372	947	255	322
24	Pulp, paper and board	233.9	338	1021	302	297
25	Metal-working machinery	277.5	221	1108	501	459
26	Containers, paper and card	290.4	428	1146	268	229
27	Agricultural machinery, except tractors	291.8	429	958	223	224
28	Paint and varnish	320.1	363	980	270	255

(U.K＝100　$ per ￡)

(Note

Column 1: Great Britain, Customs and Excise Department, *Annual Statement of the Trade of the United Kingdom,* 1954
Compared with the years 1951-1953, (London: Her Majesty's Stationary Office, 1956)
United Nations Statistical Office, *Commodity Trade Statistics,* January-December 1951 (New York, 1952)
United Nations, Statistical Office, *Yearbook International Trade Statistics,* 1952 (New York, 1953)
United States, Bureau of Census, Report No. FT410, *United States Export of Domestic and Foreign Merchandise,* Calendar Year 1951, Parts Ⅰ and Ⅱ (Washington, 1952)

Column 2, 3, 4, and 5:
Paige Deborah, and Gottfried Bombach, *A Comparison of National Output and Productivity of the United Kingdom and the United States* (Paris, OEEC, 1959)
(Bela Balassa, *"An Empirical Demonstration of Classical Comparative Costs Theory",* The Review of Economics and Statistics Aug, 1963)

次に2変数（two variables）の相関係数（correlation coefficient）を求めたところ，0.8で，さらに2変数（two variables）の順位相関係数（spearman rank correlation coefficient）は，0.81であった。

B.バラッサは，この諸結果の信頼性を，Fisherのz変換（Fisher's z-transformation）を用いて，検定したところ5％水準で有意であった。

また，B.バラッサは，データを対数変換して，生産性比率（productivity ratio）の1％の増加が輸出比率（export ratio）の何％の変化と関わるかという視角で見たほうが良いとする。

そうすると，回帰式は以下のように示される。

$$\log \frac{E_{\mathrm{I}}}{E_{\mathrm{II}}} = -1.761 + 1.594 \underset{(0.181)}{\log} \frac{P_{\mathrm{I}}}{P_{\mathrm{II}}} \qquad \cdots\cdots\cdots (2)$$

B.バラッサは，この回帰式から，生産性比率（productivity ratio）の1％変化は，2国間の輸出額比率（ratio of export values）のほぼ1.6％を導く，と述べる[13]。

そして，2変数（two variables）の相関係数（correlation coefficient）は，0.86で，5％の信頼性の水準で，0.73－0.94の信頼性の範囲内にある，とする。さらに決定係数（the coefficient of determination）は0.74で，すなわち，輸出比率（export ratio）の変数の74％が相対的生産性較差（relative productivity differences）によって説明され得る，と述べる[14]。

このB.バラッサの一連の検証は，リカードウ・モデルの実証研究の分野では，D.マクドゥーガルと並んで画期的であったといえよう。

筆者は，このB.バラッサの業績に学びつつ，また導かれながら，問題意識を共有しつつ，次の第2節でこれを日米間の1982年，1987年，1992年，1997年の4時点に分析対象年度を拡大して，バラッサ方式を適用して，さらに展開を図りたいと思う[15]。

13）以上の記述は，B. Balassa. Ibid., p.233. を要約した。なお，回帰式は，原文通りの表示を転載している。

14）B. Balassa. Ibid., p.233.。

15）筆者の従来の研究を踏襲し，さらに分析方法を追加して，精緻化を心がけている。いわば，従来の研究の総括である。

第2節　日・米比較生産性と相対輸出

第1項　コード照合表

バラッサ方式を適用して，日米間の各年度の各品目の比較生産性（相対的労働生産性）とそれに対応する相対輸出額との相関および回帰関係を検定するためのデータを次のような手順で採っている。

① 既に算定されている「日米労働生産性の国際比較」で提示されている各年度・各品目の比較生産性の数値をデータとする[16)]。

② ①に提示されている品目を“*World Trade Annual*”[17)]に求める。その際，その品目の定義が同じであることが条件である。このためには，労働生産性算定対象品目である日本・アメリカの各品目のコード（code）と“*World Trade Annual*”の品目コード（code）との照合を必要とする。

③ “*World Trade Annual*”で品目を確定した後，日米それぞれの各品目の輸出金額をとり，日本を基準としたアメリカの輸出のシェアを算定する[18)]。

以上が，データ作成の手順の基本であるが[19)]，実際の作業は，困難をきわめ

16)　拙著『労働生産性の国際比較研究―リカードウ貿易理論と関連して―』文眞堂，2002年，所収，第1章　日米物的工業労働生産性の国際比較（1977－1997年）に最新のデータが収録されている。

17)　“*World Trade Annual*” prepared by the Statistical Office of the United Nations, 1977年，1982年，1987年，1992年，1997年版。輸出統計を採る際に，市場の諸力の影響を受けない輸出数量を採る方が望ましいが，“*World Trade Annual*”に輸出金額は表示されている一方，輸出数量が表示されていない品目が多く，したがって，輸出数量のデータが限定されるため，採用を見合わせている。また，データを採る際に，B.バラッサに倣って，1年のタイムラグを採る方法もあったが，ここでは，年次を揃えている。結果に，大きな相違はないものと思われる。

18)　たとえば，日本のバター，チーズ，練乳・粉乳のように，世界市場向け輸出がゼロの場合は，日米相対輸出額はアメリカの＋∞となるが，そうした品目については，採用を見合わせた。

19)　日米相対輸出額の数値を，もし，“*World Trade Annual*”で採れなければ，別の貿易統計資料，たとえば，“*U. S. Commodity Exports and Imports as Related Output U. S. Department Commerce*”や，大蔵省編『日本貿易月表』日本関税協会発行 から採ることも出来ようが，異なる資料は，それだけ誤差の入る余地が大きいと判断し，データ数の限定を承知の上で敢えて採用しなかった。

た。それは，主として②のコード照合の作業に関わる事項である。日本の『工業統計表』[20]による品目は，1)『日本標準産業分類』[21]に基づく工業統計調査用商品分類に拠り，アメリカの“*Census of Manufactures*”[22]は 2)“*Standard Industrial Classification* (*SIC*) *Manual*”(1987 for the sale by Superintendent of Documents, U.S. Government Printing Office, Washington.) に拠り，さらに “*World Trade Annual*” は，3)『国際標準貿易分類』[23] <Standard International Trade Classification (SITC)>に拠るものであり，3者の分類基準と方法がそれぞれ異なっている。このうち，1)と2)は，労働生産性の国際比較の作業の際に照合済みであるが，1) 2)と3)とのコード照合をする作業が残っている。その際，1) 2)と3)との「コード照合対照表」なるものが存在することが望ましいのであるが，現実には存在しないのである。したがって，作業を継続するためには，1) 2)の品目を3)の統計データ表にひとつひとつ探し求めていくという作業を必要とした。結果として，膨大な品目データ照合であったので，1) 2)の品目の定義と同質の品目すべてを，3)に見出すことはできなかった。したがって，現実には 1) 2)の品目を 3)の統計データ表に求めていった結果，最大限照合が可能であった品目のみが，相対輸出額として取り上げられている。

第2項　日・米比較生産性と相対輸出 (1982年)

A．1982年のデータ

上述のようなコード照合の作業を経て，1982年の日米比較生産性と相対輸出額のデータが，［表 4-2-1］のように作成された。

---

20)　通商産業大臣官房調査統計部編『工業統計表』(品目編・産業編) 各年版。

21)「日本標準産業分類は，統計調査の結果を産業別に表示する場合の統計基準として，事業所において社会的な分業として行われる財貨及びサービスの生産又は提供に係るすべての経済活動を分類するものであり，統計の正確性と客観性を保持し，統計の相互比較性と利用の向上を図ることを目的として，昭和24年10月に設定されたものである。」(総務省統計局ホームページ) http://www.stat.go.jp/index/seido/sangyo/1.htlm

22)　“*Census of Manufactures*” U. S. Department of Commerce 各年版。

23)『国際連合標準国際貿易商品分類―SITC(改訂第3版)』オムニ情報開発 2000/06 を参照。

[表4-2-1]　(1982年) 日・米生産性算定対象品目コードと"*World Trade Annual*"品目コード照合表

	SITC		JAPAN code	U.S. code	相対輸出額(米／日)	比較生産性(米／日)
練乳・粉乳	22.4	milk	181211	2023	10,277	377
チーズ	24.0	cheese and curd	181213	2022	44,886	216
澱粉	592	starch, inulin, gluten	192311	2046(035,45)	2,693	397
小麦粉	46	whealt etc meal or flow	1,853	20411	627	220
精糖	61	refine sugar etc	188211	2062(-075)	2,183	233
果実酒	112.1	wine of fresh grapes etc	188211	2084(012-31)	17,571	219
ビール	112.3	beer ale stout	188311	2082(-49)	458	166
合成ゴム	233.1	rubber synthetic, reclaind	263811	2822	198	92
燐酸質・配合肥料	562	fertilizer, manufactured	261122-25,26 1211	2874 2875	760	110
大豆油	423.2	soya bean oil	191117	2075	25,016	273
脂肪酸	431	procesd animl. Veg oil etc.	265111-13	28992	666	100
灯油	334.2	kerosene, oth medium oils	271116	29113	4,521	86
ゼラチン・接着剤	592.23	gelatin and derivarats, etc	2596	38913,4 28994	380	125
無機顔料	533.51	prepared pigment, glaze etc	2623	2816(-327),2895	78	133
家庭用石鹸	554.1	soaps	265211, 12	28413	773	87
乗用車用タイヤ	625.1	rubber tyres, tubes etc.	281113	30111	62	49
トラック・バス用チュウブ	625.91	inner tubes	281116	3011B	117	108
洋紙	641.2	printing writing paper nes	242111-17	2621	68	110
板紙	641.3	kraft paper, paperboard	2422	2631	1,345	128
毛紡糸	651.2	wool, hair yarn . Incl tops	2023	2283(100)	14	85
綿紡糸	651.3	cotton, carded or combed	202111	2281(110,210)	124	59
綿織物	652	cotton fabrics, woven	204111-19,29	22111-6	45	89
鉄鋼	67	iron	別資料	別資料	14	63
鍛鋼	678.1	cast iron, tubes, pipes	3161	3462	41	58
銅圧延	782.13	copper plate, sheet, strip	3231	3351	49	117
絨毯	659.4	tufted	209611,12	2271, 2272	15	105
石灰	661.1	lime, quick alkd	309711,12	3274	157	78
セメント	661.2	cement	3021	3241	10	47
板ガラス	665.2	glass	301111	3211	229	38
アルミ圧延	684.22	aluminium plate, sheet, strip	3233	335,333,543,355	142	163
オーバーコート	842.1	overcoats	211113	23112	846	66
背広服	842.2	suits	211111	23111	30	71
電球	778.2	electric damps, bubles	353111	364108-18	109	85
自動車	781	pass motor veh exc buses	別資料	別資料	16	77
旋盤	736.13	lathes, metalworking	344111	34415	22	18
せん断機	736.15	drilling	344216	2542111-97	26	65
洗濯機	775.11	domestic washing machine	325134	3633131,36,39	33	55
冷蔵庫	775.2	dom.refrigirator, freezes	352135	36321	98	124
掃除機	775.71	dom. Elec vac cleaner etc	352136	3635	69	59
蓄電池	778.12	electric accumerators	359111	36911	62	19
合成繊維糸	651.4	SYN yarn. Monofil.	2643	2824	106	95
ドレス	843.3	dresses	211211	23335	1,124	152
建設金物	691.1	structure parts steel	334111,12,13	3441	51	54
テレビ	761	television receives	354312,13	36512	14	37
ラジオ	762	radio broadcast receives	354311	3651111-16	4	24

(日本＝100)

(出所：①『工業統計表』, ② *Census of Manufactures*, ③ *World Trade Annual* (1982年版) より作成)

B-1. 対数変換データによる回帰分析

［表4-2-1］の比較生産性と相対輸出額を対数（ln）に変換したデータに基づいて回帰分析をおこなう。

算定の結果は，以下のとおりである。

［表4-2-2］　対数(ln)変換による比較生産性と相対輸出額の回帰分析出力結果

Dependent Variable: X

Analysis of Variance

Source	DF	Sum of Squares	Mean Square	F Value	Pr > F
Model	1	110.15880	110.15880	44.30	<.0001
Error	43	106.91525	2.48640		
Corrected Total	44	217.07405			

誤差の標準偏差	1.57683	R2 乗	0.5075
従属変数の平均	5.20255	調整済 R2 乗	0.4960
変動係数	30.30886		

Parameter Estimates

Variable	DF	Parameter Estimate	Standard Error	t Value	Pr > |t|
Intercept	1	−5.11817	1.56827	−3.26	0.0022
x	1	2.28880	0.34386	6.66	<.0001

Durbin-Watson D	2.138
Number of Observations	45
1st Order Autocorrelation	−0.075

この算定結果から，若干の情報をまとめると以下のとおりとなる。

$$\ln Y = -5.118 + 2.289 \ln X \quad (\text{data } 45)$$
$$(-3.26)^{**} \quad (6.66)^{**}$$

R^2　0.5075

Adj R^2　0.4960

F Value　44.30**　　DW　2.138

1st Order Autocorrelation　−0.075

(** the 0.01 level of significance)

対数（ln）変換データによる回帰分析によれば，1982年の日米比較生産性（相対的労働生産性）を独立変数とし，相対輸出額を従属変数とする回帰式の係数は，1％水準で有意である。この回帰式から，日米比較生産性の1％変化は，日米間の輸出額比率（ratio of export values）のほぼ2.29％を導くことが判明した。さらに，この出力結果によれば，決定係数は 0.5075（Adj R^2 0.4960）で，また，D. W. 係数は2.138，Ist Order Autocorrelation は －0.075 で非有意である[24)]。

B-2. Marginal 法による回帰分析

さらに，対数変換データによる回帰分析に基づき，JMP により，Marginal 法による回帰分析を試みる[25)]。

JMP による Marginal 法の回帰分析検定の結果は以下のとおりである。

［表 4-2-3］ Marginal 法による回帰分析結果（1982 年）

あてはめの要約

R2 乗	0.57607
自由度調整済み R2 乗	0.54505
誤差の標準偏差（RMSE）	1.451749
Y の平均	5.1524
オブザーベイション（または重みの合計）	45

分散分析

要因	自由度	平方和	平均平方	F 値
モデル	3	117.42139	39.1405	18.5713
誤差	41	86.41055	2.1076	p 値(Prob>F)
全体（修正済み）	44	203.83194		<.0001

24)　ダービン・ワトソンのd統計量の d_L（下限値），d_U（上限値）により，誤差項の系列相関 Ho：$\rho=0$ の検定を行う。そこで，本文での回帰分析結果は d＝2.138 であり，またダービン・ワトソンのd統計量（有意水準5％の場合）によれば，データ数＝45，d_L（下限値）1.48，d_U（上限値）1.57 であるので，d_U（1.57）＜d（2.138）＜4－d_U（2.43），故に帰無仮説は棄却されず，本文の回帰分析結果には，誤差項の系列相関が認められない。

25)　Marginal 法によるカテゴリーの分類は，A：(食料品，石油・化学，ゴム・皮革)，B：(紙・パルプ，繊維・衣服，窯業)，C：(鉄鋼，金属，非鉄金属，電気機器，機械，自動車）と設定している。Marginal 法による回帰分析で JMP を使用する理由は，JMP は SAS 系列の統計ソフトで，Marginal 法回帰分析に優れた機能を有するからである。

パラメータ推定値

項	推定値	標準誤差	t 値	P 値(Prob>|t|)
切片	-1.100996	1.793515	-0.61	0.5427
lnX1	1.3662939	0.398368	3.43	0.0014
X2[A]	1.1198587	0.361284	3.10	0.0035
X2[B]	-0.267699	0.328588	-0.81	0.4200

Durbin-Watson

Durbin-Watson	オブザベーション数	自己相関
2.4857598	45	-0.2562

上の出力結果から主要な情報をまとめると以下のようになる。

Marginal 法による回帰式

$$\ln Y = -1.101 + 1.366\ln X1 + 1.120\ln X2A - 0.267\ln X2B$$
$$(-0.61) \quad (3.43)^{**} \quad (3.1)^{**} \quad (-0.81)$$
$$-0.853\ln X2C \ \text{(data 45)}$$

$$\ln Y = -1.101 + 1.366\ln X1 \begin{cases} +1.120 & \ln X2 = A \\ -0.267 & \ln X2 = B \\ -0.853 & \ln X2 = C \end{cases}$$

$$\ln Y = \begin{cases} +0.019 & \ln X2 = A \\ -1.368 & \ln X2 = B \\ -1.954 & \ln X2 = C \end{cases} + 1.366\ln X1$$

R^2　0.576

Adj R^2　0.545

F Value　18.57**　　DW　2.486

1st Order Autocorrelation　−0.2562

Marginal 法による回帰分析によれば，1982 年の日米比較生産性と相対輸出額は，1％水準で有意である。この回帰式から，日米比較生産性の1％変化は，日米間の輸出額比率（ratio of export values）のほぼ 1.366％を導くことが判明した。さらに，決定係数（R-square）は 0.576，修正済み決定係数

(Adj R-sq) は0.545であり，説明力は十分に改善された。また，D. W. 係数は2.486で，Ist Order Autocorrelationは，－0.2562となり，自己相関の有無の判定が保留される[26)]。

C．相関分析

［表4-2-1］＜1982年＞日米比較生産性と相対輸出額のデータに基づいて，比較生産性と相対輸出額の相関を検定する。

この出力結果から主要な情報を摘記すると以下のようになる。

Data　45

Pearson Correlation Coefficients	0.399**
Spearman Correlation Coefficient	0.692**
Kendall Tau b Correlation Coefficient	0.498**

(** the 0.01 level of significance)

見られるとおり，ピアソンの相関係数は１％水準で有意である。このことは，各国の比較優位を有する品目の輸出のシェアは相対的に大きいということを示している。

スピアマンおよびケンドールの順位相関係数も，１％水準で有意であり，各国の品目の比較優位が強くなれば，輸出のシェアも増大するということを意味している。

こうした比較生産性と輸出のシェアとの相関の存在は，リカードウの比較生産費の原理の現実的妥当性の一つの根拠である。

第３項　日・米比較生産性と相対輸出（1987年）

A．1987年のデータ

第１項のようなコード照合の作業を経て，1987年の日米比較生産性と相対

---

26)　24）と同じく，ダービン・ワトソンのd統計量のd_L（下限値），d_U（上限値）により，誤差項の系列相関Ho：$\rho=0$の検定を行う。そこで，本文での回帰分析結果は$d=2.486$であり，ダービン・ワトソンのd統計量（有意水準５％の場合）によれば，データ数＝45，d_L（下限値）1.48，d_U（上限値）1.57であるので，$4-d_U$（2.43）＜d（2.486）＜$4-d_L$（2.52）となり，誤差項の系列相関の有無の判定が保留される（不定域）。

輸出額のデータが［表 4-3-1］のように作成された。

［表 4-3-1］　日・米比較生産性と相対輸出額（1987 年）

		SITC		JAPAN code	U.S. code	相対輸出額	比較生産性
1	練乳・粉乳	22.4	milk	181211	2023	43,000	324
2	チーズ	24.0	cheese and curd	181213	2022	46,575	213
3	小麦粉	46	whealt etc meal or flow	1,853	20411	393	190
4	精糖	61	refine sugar etc	188211	2062(-075)	3,107	151
5	果実酒	112.1	wine of fresh grapes etc	188211	2084(012-31)	18,788	525
6	ビール	112.3	beer ale stout	188311	2082(-49)	264	171
7	合成ゴム	233.1	rubber synthetic, reclaind	263811	2822	193	63
8	燐酸質・配合肥料	562	fertilizer, manufactured	261122-25,261211	2874 2875	1,648	103
9	脂肪酸	431	procesd animl. Veg oil etc.	265111-13	28992	283	123
10	自動車ガソリン	334.1	petroleum products, refin.	341311	35191	478	239
11	灯油	334.2	kerosene, oth medium oils	271116	29113	627	85
12	ゼラチン・接着剤	592.23	gelatin and derivarats, etc	2696	38913,4 28994	311	256
13	無機顔料	533.51	prepared pigment, glaze etc	2623	2816(-327), 2895	69	91
14	家庭用石鹸	554.1	soaps	265211, 12	28413	454	94
15	乗用車用タイヤ	625.1	rubber tyres, tubes etc.	281113	30111	43	44
16	トラック・バス用チューブ	625.91	inner tubes	281116	3011B	169	149
17	洋紙	641.2	printing writing paper nes	242111-17	2621	53	99
18	板紙	641.3	kraft paper, paperboard	2422	2631	932	130
19	毛紡糸	651.2	wool, hair yarn . Incl tops	2023	2283(100)	22	177
20	綿紡糸	651.3	cotton, carded or combed	202111	2281(110,210)	71	150
21	綿織物	652	cotton fabrics, woven	204111-19, 29	22111-6	35	94
22	毛織物	654.2	woven wool, hair nonpil	204311-19,21-29	2231200	13	159
23	背広服	842.2	suits	211111	23111	185	170
24	鉄鋼	67	iron	別資料	別資料	10	110
25	鍛鋼	678.1	cast iron, tubes, pipes	3161	3462	32	67
26	銅圧延	682	copper plate, sheet, strip	3231	3351	37	136
27	絨毯	659.4	tufted	209611,12	2271, 2272	18	127
28	石灰	661.1	lime, quick alkd	309711,12	3274	1,350	88
29	セメント	661.2	cement	3021	3241	19	51
30	アルミ圧延	684.22	aluminium plate, sheet, strip	3233	335,333,543,355	137	132
31	自動車	781	pass motor veh exc buses	別資料	別資料	20	91
32	旋盤	736.13	lathes, metalworking	344111	34415	8	57
33	せん断機	736.15	drilling	344216	2542111-97	5	49
34	洗濯機	775.11	domestic washing machine	325134	3633131,36,39	70	78
35	冷蔵庫	775.2	dom.refrigirator, freezes	352135	36321	59	61
36	掃除機	775.71	dom. Elec vac cleaner etc	352136	3635	51	77
37	蓄電池	778.12	electric accumerators	359111	36911	25	51
38	合成繊維糸	651.4	SYN yarn. Monofil.	2643	2824	75	95
39	ドレス	843.3	dresses	211211	23335	556	133
40	建設金物	691.1	structure parts steel	334111,12,13	3441	42	70
41	テレビ	761	television receives	354312,13	36512	15	92
42	ラジオ	762	radio broadcast receives	354311	3651111-16	6	36

（日本＝100）

（出所：①『工業統計表』，② *Census of Manufactures*，③ *World Trade Annual*（1987 年版）より作成）

B-1. 対数（ln）変換データに基づく回帰分析

そこで，［表 4-3-1］の比較生産性と相対輸出額を対数（ln）に変換した対数変換データに基づいて回帰分析をおこなう。

［表 4-3-2］　対数(ln)変換による比較生産性と相対輸出額の回帰分析出力結果（1987 年）

Dependent Variable: X

Analysis of Variance

Source	DF	Sum of Squares	Mean Square	F Value	Pr > F
Model	1	88.21970	88.21970	30.73	<.0001
Error	40	114.83481	2.87087		
Corrected Total	41	203.05451			

誤差の標準偏差	1.69436	R2 乗	0.4345
従属変数の平均	4.87238	調整済 R2 乗	0.4203
変動係数	34.77487		

Parameter Estimates

Variable	DF	Parameter Estimate	Standard Error	t Value	Pr > |t|
Intercept	1	-7.40478	2.23011	-3.32	0.0019
x	1	2.61685	0.47207	5.54	<.0001

Durbin-Watson D	1.524
Number of Observations	42
1st Order Autocorrelation	0.200

この算定結果から，若干の情報をまとめると以下のとおりとなる。

$$\ln Y = -7.405 + 2.617 \ln X \quad (\text{data } 42)$$
$$(-3.32)^{**} \qquad (5.54)^{**}$$

R^2　0.4345

Adj R^2　0.4203

F　Value　30.73**　　DW　1.524

1st Order Autocorrelation　0.200

(** the 0.01 level of significance)

［対数変換データに基づく回帰分析］によれば，1987 年の日米比較生産性を独立変数（X），日米相対輸出額を従属変数（Y）とする回帰式において回帰係数は 1 %水準で有意である。すなわち，日米比較生産性の 1 %変化は，日米

間の輸出額比率（ratio of export values）のほぼ2.617%を導くということである。さらに，この出力結果によれば，決定係数 R^2 は0.4345（Adj R^2 0.4203）で，全体的説明力が弱い。また，D. W. 係数は1.524，Ist Order Autocorrelationは0.200で，系列相関の有無は保留される[27]。

B-2. Marginal法よる回帰分析

さらに，［表4-3-1］日・米比較生産性と相対輸出額＜1987年＞のデータを対数（ln）に変換し，Marginal法により回帰分析を行う[28]。

JMPによるMarginal法の算定の結果は以下のとおりである。

［表4-3-3］　Marginal法による回帰分析結果（1987年）

あてはめの要約

R2乗	0.600476
自由度調整済みR2乗	0.568935
誤差の標準偏差（RMSE）	1.461132
Yの平均	4.872357
オブザーベイション（または重みの合計）	42

分散分析

要因	自由度	平方和	平均平方	F 値
モデル	3	121.93147	40.6438	19.0377
誤差	38	81.12650	2.1349	p値(Prob>F)
全体（修正済み）	41	203.05798		<.0001

27)　ダービン・ワトソンのd統計量の d_L（下限値），d_U（上限値）により，誤差項の系列相関Ho：$\rho=0$ の検定を行う。そこで，本文での回帰分析結果は $d=1.524$ であり，ダービン・ワトソンのd統計量（有意水準5%の場合）によれば，データ数＝42，d_L（下限値）1.44，d_U（上限値）1.54であるので，d_L（1.44）＜d（1.524）＜d_U（1.54）となり，誤差項の系列相関の有無の判定が保留される（不定域）。

28)　Marginal法によるカテゴリーの分類は，A：(食料品，石油・化学，ゴム・皮革)，B：(紙・パルプ，繊維・衣服，窯業)，C：(鉄鋼，金属，非鉄金属，電気機器，機械，自動車）と設定している。

パラメータ推定値

項	推定値	標準誤差	t 値	P 値(Prob>|t|)
切片	-3.988957	2.292312	-1.74	0.0899
X1	1.8691961	0.484361	3.86	0.0004
X2[A]	1.349643	0.339634	3.97	0.0003
X1[B]	-0.642614	0.357553	-1.80	0.0802

Durbin-Watson

Durbin-Watson	Number of observations	Self Correlation
2.0230842	42	-0.0470

上の出力結果から主要な情報をまとめると以下のようになる。

Marginal 法による回帰式（data : 42）

$$\ln Y = -3.988 + 1.869\ln X1 + 1.3491\ln X2A - 0.642\ln X2B$$
$$(-1.74)^{*} \quad (3.86)^{**} \quad (3.97)^{**} \quad (-1.80)$$
$$-0.707\ln X2C \ \text{(data 42)}$$

$$\ln Y = -3.988 + 1.869\ln X1 \begin{bmatrix} +1.349 & \ln X2=A \\ -0.642 & \ln X2=B \\ -0.707 & \ln X2=C \end{bmatrix}$$

$$\ln Y = \begin{bmatrix} -2.639 & \ln X2=A \\ -4.63 & \ln X2=B \\ -4.695 & \ln X2=C \end{bmatrix} + 1.869\ln X1$$

R^2　0.6004

Adj R^2　0.5689

F　Value　19.04**　　DW　2.02

1st Order Autocorrelation　−0.047

(** the 0.01 level of significance)

［表 4-3-3］Marginal 法による回帰分析結果（1987）によれば，1987 年の日米比較生産性を独立変数（X），日米相対輸出額を従属変数（Y）とする回

帰式において回帰係数は1％水準で有意である。すなわち，比較生産性が相対輸出額を決定するということを意味している。さらに，決定係数（R-square）は0.6004，修正済み決定係数（Adj R-sq）は0.5689であり，説明力は十分に改善された。また，D. W. 係数は2.02，Ist Order Autocorrelationは－0.047で非有意である[29]。

このことは，1987年において日米比較生産性が日米相対輸出額を決定するという仮説を十分に実証するものである。

C．相関分析

［表4-3-1］日・米比較生産性と相対輸出額＜1987年＞のデータに基づいて，比較生産性と相対輸出額の相関を検定する。

この出力結果から主要な情報を摘記すると以下のようになる。

Data　42

Pearson Correlation Coefficients	0.554**
Spearman Correlation Coefficient	0.546**
Kendall Tau b Correlation Coefficient	0.405**

(** the 0.01 level of significance)

ピアソンの相関係数は1％水準で有意である。このことは，各国の比較優位を有する品目の輸出のシェアは相対的に大きいということを示している。

スピアマンおよびケンドールの順位相関係数も，1％水準で有意であり，各国の品目の比較優位が強くなれば，輸出のシェアも増大するということを意味している。

こうした比較生産性と輸出のシェアとの相関の存在は，リカードウの比較生産費の原理の現実的妥当性の一つの根拠である。

29)　ダービン・ワトソンのd統計量のd_L（下限値），d_U（上限値）により，誤差項の系列相関Ho：$\rho=0$の検定を行う。そこで，本文での回帰分析結果は$d=2.02$であり，ダービン・ワトソンのd統計量（有意水準5％の場合）によれば，データ数＝42，d_L（下限値）1.44，d_U（上限値）1.54であるので，d_U（1.54）＜d（2.02）＜$4-d_U$（2.46）となり，帰無仮説は棄却されず，本文の回帰分析結果には，誤差項の系列相関が認められない。

第4項　日・米比較生産性と相対輸出（1997年）

A. 1997年のデータ

1997年の日・米比較生産性と相対輸出額のデータは［表4-4-1］のようになる。

［表4-4-1］　日・米比較生産性と相対輸出額（1997年）

		SITC		JAPAN code	U.S. code	相対輸出額	比較生産性
1	練乳・粉乳	22.4	milk	121211	311514	31,353	489
2	バター	23	butter	121212	311512	30,899	647
3	チーズ	24.0	cheese and curd	121213	311513	26,638	278
4	澱粉	592	starch, inulin, gluten	129311	3112214	486	257
5	小麦粉	46	whealt etc meal or flow	126,311	311211	181	21
6	精糖	61	refine sugar etc	125112, 125211	311312	1,137	339
7	果実酒	112.1	wine of fresh grapes etc	132111	312130	15,453	407
8	ビール	112.3	beer ale stout	132211	312120	459	76
9	合成ゴム	233.1	Rubber synthetic, reclaind	203811	325212	152	142
10	燐酸質・配合肥料	562	fertilizer, manufactured	201122-25	325,314	2791	100
11	大豆油	421.2	soy bean oil		3,112,221	79,415	343
12	脂肪酸	431	procesd animl. Veg oil etc.	2051	3251991	891	959
13	自動車ガソリン	334.1	petroleum products, refin.	211111	32411011	1,158	210
14	灯油	334.2	kerosene, oth medium oils	211115	3241107	394	83
15	ゼラチン・接着剤	592.23	gelatin and derivarats, etc	2095	325520	262	190
16	無機顔料	533.51	prepared pigment, glaze etc	2023	325131	83	139
17	家庭用石鹸	554.1	soaps	265211,12	3256117	11,025	324
18	乗用車用タイヤ	625.1	rubber tyres, tubes etc.	231113	3262111	72	59
19	トラック・バス用タイヤ	625.2	tyres new, bus or lorry	231111	3262113	68	181
20	トラック・バス用チューブ	625.91	inner tubes	231116	326211F	761	83
21	洋紙	641.2	printing writing paper nes	182111-15	322121	226	78
22	板紙	641.3	kraft paper, paperboard	182211-18	322130	1,286	106
23	毛紡糸	651.2	wool, hair yarn . Incl tops	142311-14	3131119	95	230
24	綿紡糸	651.3	cotton, carded or combed	142111,12	3131111	873	286
25	綿織物	652	cotton fabrics, woven	141111-19,29	3132101	113	220
26	毛織物	654.2	woven wool, hair nonpil	144311-19,21,29	313210T1	18	230
27	鉄鋼	67	iron	別資料	別資料	40	84
28	鍛鋼	678.1	cast iron, tubes, pipes	2661	3321111	22	152
29	銅・合金鋳物	682.13	master alloy of copper	274111	3314230	190	79
30	銅圧延	682	copper plate, sheet, strip	273111,12	331421	47	63
31	銅地金	682.21	copper unwrt	271111,12,13	3314110 106	114	30
32	絨毯	659.4	tufted	149611,12	314110	252	105
33	石灰	661.1	lime, quick alkd	259711,12	327410	503	72
34	セメント	661.2	cement	255111	327310	12	40
35	板ガラス	665.2	glass	251111	327211	126	146
36	アルミ圧延	684.22	aluminium plate, sheet, strip	273311,12,13	331,315	326	54
37	オーバーコート	842.1	overcoats	151113	3152223	1,084	296
38	背広服	842.2	suits	151111	3152221	497	125
39	電球	778.2	electric damps, bubles	303111	335110	125	58

40	自動車	781	pass motor veh exc buses	別資料	別資料	34	102
41	歯切・歯車仕上げ機械	736.12	gear-cutting machines	294126	3335121	58	225
42	旋盤	736.13	lathes, metalworking	294111	3335123	9	149
43	せん断機	736.15	drilling	294216	3335133	14	171
44	洗濯機	775.11	domestic washing machine	302134	335224	323	103
45	冷蔵庫	775.2	dom.refrigirator, freezes	302135	3352221	1,139	80
46	掃除機	775.71	dom. Elec vac cleaner etc	302136	335212	658	231
47	扇風機	775.72	dom, elec. Room funs etc.	302131	335211	240	20
48	蓄電池	778.12	electric accumerators	309111	335911	137	138
49	ボルト・ナット・リベット	694.2	iron steel nuts bolts ets	288111,12	332722	105	58

（日本＝100）

（出所：①『工業統計表』，② *Census of Manufactures*，③ *World Trade Annual*（1997年版）より作成）

B-1．対数変換データに基づく回帰分析

そこで，［表4-4-1］の比較生産性と相対輸出額を対数（ln）に変換したデータに基づいて回帰分析をおこなう。

算定の結果は，以下のとおりである。

［表4-4-2］　対数（ln）変換による比較生産性と相対輸出額の回帰分析出力結果（1997年）

Dependent Variable: X

Analysis of Variance

Source	DF	Sum of Squares	Mean Square	F Value	Pr > F
Model	1	49.66212	49.66212	14.01	0.0005
Error	47	166.62961	3.54531		
Corrected Total	48	216.29173			

誤差の標準偏差	1.88290	R2 乗	0.2296
従属変数の平均	5.82386	調整済 R2 乗	0.2132
変動係数	32.33078		

Parameter Estimates

Variable	DF	Parameter Estimate	Standard Error	t Value	Pr > |t|
Intercept	1	−0.21309	1.63527	−0.13	0.8969
x	1	1.23329	0.32952	3.74	0.0005I

Durbin-Watson D	1.371
Number of Observations	49
1st Order Autocorrelation	0.289

この算定結果から，若干の情報をまとめると以下のとおりとなる。

$$\ln Y = -0.213 + 1.23\ln X \quad (\text{data } 49)$$
$$(-0.13) \qquad (3.74)^{**}$$

R^2 0.2226

Adj R^2 0.2132

F Value 14.01** DW 1.371

1st Order Autocorrelation 0.289

(** the 0.01 level of significance)

［表 4-4-1］を対数（ln）に変換したデータに基づく回帰分析によれば，1997年の日米比較生産性（相対的労働生産性）と相対輸出額は1％水準で有意である。すなわち，日米比較生産性の1％変化は，日米間の輸出額比率（ratio of export values）の1.23％を導くということである。さらに，この出力結果によれば，決定係数 R^2 は 0.2226（Adj R^2 0.2132）で，全体的説明力は弱い。D. W. 係数は 1.371 で，1st Order Autocorrelation は 0.289 で有意である[30)]。

B-3. Marginal 法による回帰分析

そこで，［表 4-4-1］を対数（ln）に変換し，さらに各産業をカテゴリーに分類して，Marginal 法により回帰分析を試みる[31)]。

JMP による Marginal 法の算定の結果は以下のとおりである。

［表 4-4-3］ Marginal 法による回帰分析結果（1997 年）

あてはめの要約

R2 乗	0.388218
自由度調整済み R2 乗	0.347433
誤差の標準偏差（RMSE）	1.714779
Y の平均	5.823796
オブザーベイション（または重みの合計）	49

30） 本文での回帰分析結果は d＝1.371 であり，ダービン・ワトソンの d 統計量（有意水準5％の場合）によれば，データ数＝49，d_L（下限値）1.50，d_U（上限値）1.59 であるので，d（1.371）＜d_L（1.50）となり，帰無仮説（H0）は棄却され，誤差項の正の系列相関が認められる。

31） カテゴリーの分類は，注 28）と同じ。

分散分析

要因	自由度	平方和	平均平方	F 値
モデル	3	83.96684	27.9889	9.5185
誤差	45	132.32101	2.9405	p 値(Prob>F)
全体（修正済み）	48	216.28785		<.0001

パラメータ推定値

項	推定値	標準誤差	t 値	P 値(Prob>|t|)
切片	1.7042862	1.620954	1.05	0.2987
X1	0.8180439	0.328336	2.49	0.0165
X1[A]	1.1898679	0.354568	3.36	0.0016
X1[B]	-0.415054	0.380364	-1.09	0.2810

Durbin-Watson

Durbin-Watson	Number of observations	Self Correlation
1.5619716	49	0.1968

上の出力結果から主要な情報をまとめると以下のようになる。

Marginal 法による回帰式

$$\ln Y = \underset{(1.05)}{1.704} + \underset{(2.49)^{*}}{0.818\ln X1} + \underset{(3.36)^{**}}{1.190\ln X1A} \underset{(-1.09)}{-0.415\ln X1B} - 0.775\ln X1C \quad (\text{data } 49)$$

$$\ln Y = \underset{(1.05)}{1.704} + \underset{(2.08)^{*}}{0.818\ln X1} \begin{cases} +1.190 & \ln X1 = A \\ -0.415 & \ln X1 = B \\ -0.775 & \ln X1 = C \end{cases}$$

$$\ln Y = \begin{cases} 2.894 & \ln X1 = A \\ 1.289 & \ln X1 = B \\ 0.929 & \ln X1 = C \end{cases} + \underset{(2.49)^{*}}{0.818\ln X1}$$

R^2　0.388

Adj R^2　0.347

F Value　9.52**　　DW　1.562

1st Order Autocorrelation　0.1968

(* the 0.05 level of significance)

Marginal法による回帰分析によれば，1997年の日米比較生産性を独立変数(X)，日米相対輸出額を従属変数（Y）とする回帰式において回帰係数は5％水準で有意である。言い換えれば，比較生産性が相対輸出額を決定するということを意味している。さらに，決定係数（R-square）は0.388，修正済み決定係数（Adj R-sq）は0.347であり，説明力は十分ではないがかなり改善された。DW係数は1.562で，1st Order Autocorrelationは0.1968と自己相関の有無の判定が保留される[32)]。

このことは，1997年において日米比較生産性が日米相対輸出額を決定するという仮説が支持されることを示唆するものである。

C．相関分析

［表4-4-1］日・米比較生産性と相対輸出額＜1997年＞のデータに基づいて，比較生産性と相対輸出額の相関を検定する。

この出力結果から主要な情報を摘記すると以下のようになる。

Data　49

Pearson Correlation Coefficients	0.408**
Spearman Correlation Coefficient	0.418**
Kendall Tau b Correlation Coefficient	0.273**

(** the 0.01 level of significance)

ピアソンの相関係数は1％水準で有意である。このことは，各国の比較優位を有する品目の輸出のシェアは相対的に大きいということを示している。

スピアマンおよびケンドールの順位相関係数も，1％水準で有意であり，各国の品目の比較優位が強くなれば，輸出のシェアも増大するということを意味している。

こうした比較生産性と輸出のシェアとの相関の存在は，リカードウの比較生産費の原理の現実的妥当性の一つの根拠である。

32)　ダービン・ワトソンのd統計量のd_L（下限値），d_U（上限値）により，誤差項の系列相関Ho：$\rho=0$の検定を行う。そこで，本文での回帰分析結果はd＝1.562であり，ダービン・ワトソンのd統計量（有意水準5％の場合）によれば，データ数＝49，dl（下限値）1.38，d_U（上限値）1.72であるので，d_L（1.38）＜d（1.562）＜d_U（1.72）となり，誤差項の系列相関の有無の判定が保留される（不定域）。

本章のまとめ

以上の回帰分析および相関分析の諸結果の含意するところを吟味することにしたい。

まず，確認しておきたいことは，第1節で取り上げたB.バラッサの業績の問題設定と検証は，「輸出競争力を決定する要因は，比較労働生産性である」というD.リカードウの「比較生産費説」（リカードウ労働価値論）およびこれに基づく古典派貿易理論を実証水準で検証しようとしたものであるといえよう。すなわち，「リカードウ・モデル」の実証的検証であった。筆者は，言うまでもなく，B.バラッサと問題意識を共有する。

そこで，本章での1982年，1987年，1992年[33)]，1997年の4時点に亘る日米比較生産性と相対輸出の統計分析で得られた結果は，繰り返すようであるが，1992年を除くと，① Pearsonの積率相関係数は，1％水準で有意であり，このことは各国の比較優位を有する品目の輸出のシェアは相対的に大きいということを示している。② 順位相関は，SpearmanおよびKendallともに1％水準で有意であった。このことは，各国の品目の比較優位が強くなれば，輸出のシェアも増大するということを意味している。③ 3時点で回帰式が1％，5％水準で有意であったことは，比較生産性を独立変数（X），相対輸出金額を従属変数（Y）とする回帰式，つまり，比較生産性が原因で，結果として相対輸出金額を生じさせるという関係の存在を統計的に検証したことを意味する。

これが，本章での日米両国を対象とするバラッサ方式による「リカードウ・モデル」の検定の結論である[34)]。

33）　1992年の検定結果は紙幅の都合上，提示することができなかったが，回帰式は非有意であった。

34）　もし，本章がB.バラッサとともに意義をもつものであるならば，バラッサの検証対象年度と対象国が，1950年の1時点とイギリスとアメリカであったことに対して，本章では，検証対象年度が，1982年，1987年，1992年，1997年の4時点と，対象国が日本とアメリカに拡大したことにあろう。この作業は，静態論としてのリカードウ比較生産費理論を，数時点に時間を導入することにより，動態化しようと意図したものである。その際，重要なことは，動態化の促進要因として労働生産性の成長率較差の変化が根底にあったことは言うまでもない。なお，対象国をドイツに拡大して検定した結果がある。拙著『労働生産性の国際比較と商品貿易および海外直接投資―リカードウ貿易理論の実証研究―』文眞堂，1994年，第7章第3節　旧西独労働生産性と輸出実績。

以上の諸結果を指摘したうえで,「リカードウ・モデルの実証」に関するJ.R.マークセン，その他の研究者[35]の次の記述およびその含意を検討したい。

J.R.マークセン，その他の研究者によれば,「ほとんどの実証研究は，貿易利益に関する広い問題をあつかうよりもむしろ，特定のモデルの予測に焦点をあてている。たとえば，リカードウ・モデルでは，国による技術の相違が労働生産性の違いを生み，こうした労働生産性の違いが比較優位を決定するとされる。したがってリカードウ・モデルの実証は，相対的労働生産性と国際貿易の流れの間の関係を見つけようとするものである。」[36]として，リカードウ・モデルの先駆的研究者であるD.マクドゥーガル，R.M.スターンの業績を紹介して,「以上の2つの研究は，リカードウ・モデルの妥当性を支持するものである。事実，経済学者たちが，労働生産性の違いが国際貿易の重要な決定因の1つであることを確実に検証するためにさらなる努力を払わなかったことは，驚くべきことである。」[37]と述べている。

確かに，J.R.マークセン達が指摘するように，筆者の知る限り，比較労働生産性の視角からする本格的なリカードウ・モデル研究が続行しなかったようである。こうした理由は，リカードウ・モデルの実証研究の基礎となる労働生産性の国際比較のデータの入手が困難であったことに起因するであろう。筆者がリカードウ・モデルの実証研究に先立って，労働生産性，とりわけ物的労働生産性の国際比較研究に固執したのはこの事情にある。

ただし，J.R.マークセン達は，次のようにも指摘している。「しかし，こうした結果を解釈するに当たって，われわれは2つの重要な点に注意しなければならない。第1は実証分析における特定化が過度に単純化されている点である。輸送費用，不完全競争，財の差別化といった他の貿易の決定要因の潜在的な影響が，これらの研究では考慮されていない。第2にD.マクドゥーガル，R.M.スターンの結果は，別の貿易理論を説明するものと考えることもできる。」と[38]。

35)　J.R.Melvin, W.H.Kaempfer and K.E.Maskus.

36)　J.R.マークセン，J.R.メルヴィン，W.H.ケンプファー，K.E.マスカス著，松村敦子訳『国際貿易―理論と実証―(上)』多賀出版，1999年（原著："*International Trade, Theory and Evidence*", McGraw-Hill, Inc, 1995.）p.266。

37)　同上書，p.267。

38)　同上書，p.267。

このJ.R.マークセン達の第2の指摘はさておくとして，第1の指摘は当を得ていないものと思われる。周知のように，経済学の方法は，最も単純なモデルから出発して，順次複雑なモデルを導入し，高次のモデル分析へと上向するのが常道である。

そもそも，リカードウ・モデルの原型は，投下労働を要素とする比較労働生産性による過度に単純化された貿易決定要因論である。リカードウ・モデルの実証研究は，この単純化されたモデルが現実的妥当性を有しているかどうかを検証することにあるのであって，それ以上，あるいはそれ以下のものではない[39]。その上で，この単純なモデルの現実的妥当性が検証された後[40]に，複数の，あるいは複雑な他の貿易決定要因，すなわち，J.R.マークセン達が指摘するような輸送費用，不完全競争，財の差別化の要因を導入して検証すればよいのであって，D.マクドゥーガル，R.M.スターンの研究でこの点が考慮されていないのは，当然であろう。上述のJ.R.マークセン達の指摘の対象外となっているB.バラッサは，その研究において，単純な事象の分析から，複雑な事象への分析へと上向する経済学の方法を踏襲している。すなわち，[表4-1-2] American and British Productivity, Wage, Unit Costs, and Exportsから明らかなように，貿易決定要因として，労働生産性（Output per worker）をとりあげ，次に，他の複数の貿易決定要因として，Wage Ratio，Unit Labor Cost，Net Unit Cost Ratioをもとりあげて検定をおこなっていることからB.バラッサの方法を伺うことができるであろう。

この意味で，J.R.マークセン達の指摘に関わらず，D.マクドゥーガル，R.M.スターン，およびB.バラッサの研究は，何ら瑕疵を有するものでないであろう。むしろ，J.R.マークセン達が指摘した前半の部分，すなわち，「経済学者たちが，労働生産性の違いが国際貿易の重要な決定因の一つであることを確実に検証するためにさらなる努力を払わなかったこと」[41]という指摘の方が一

39）後年リカードウの『経済学および課税の原理』「第7章　外国貿易について」の『比較生産費の原理』に該当する箇所が，数学的手法により，精緻化されて複雑化されていったが，それは同時に労働視点から離れるプロセスであったし，他方では，われわれと理論的系譜を同じくする論者のなかでも，リカードウ離れ，あるいは軽視の論調があることは，国際経済学あるいは国際貿易理論においての労働視点の放棄を意味するものではなかったのではないであろうか。

40）問題は，この単純なモデルでさえも十分に検証されなかった点である。

41）前掲書，p.267。

層重要であると思われる。

本書では，徹底的にこの単純化されたリカードウ・モデルの実証研究に固執している。その意味で，筆者の研究は，D. マクドゥーガル，R. M. スターン，そして B. バラッサの研究の潮流を引き継いでいる。

こうして，われわれは，B. バラッサと共に，さらに D. マクドゥーガル，R. M. スターンとともに，「国際貿易を決定する重要な要因は，比較労働生産性である」という D. リカードウ以来の古典派貿易理論を実証水準で検証し得たと考え，リカードウ貿易理論，そして，その根底をなす『比較生産費の理論』（＝リカードウ労働価値論）の現代的有効性と妥当性を主張するものである。このことは，「貿易理論において労働把握との関連を重視する見地」[42] を貫く我々の理論的系譜の存立に関わる重大な問題の検証であったといえる。

42）　行沢健三「古典派貿易理論の現代的意義」p.165（森田桐郎編著『国際貿易の古典理論』同文舘，1988 年所収）。

第5章
日・米国際産業連関表（1990－2000年）による国際競争力の相対的変化
―日・米産業の相対的労働生産性に基づく統計分析―

本章の目的

本章は，第1章　日・米物的工業労働生産性の国際比較（1977－1997年）をデータとして，1990－2000年の日米国際産業連関表[1)]により日米両国の国際競争力の相対的変化を分析することにある。この目的のために，日米製造工業の労働生産性の国際比較数値[2)]に基づく価格効果の算定[3)]を試みる。さらに，この算定数値に基づいて因子分析を行うことにより両国の1990年代の国際競争力の相対的変化を把握しようとするものである。

第1節　日・米総合労働生産性指数に基づく比較優位構造

第1項　日・米総合労働生産性指数のデータ

すでに第1章で日米製造工業の労働生産性の国際比較に関するデータを提示している[4)]。

1）『日米国際産業連関表』経済産業省，1990年，1995年，2000年。“http://www.meti.go.jp/statistics/data/h2atop4j.html” からダウンロード。

2）　日米製造工業の労働生産性の国際比較数値のデータは柳田の算定による。

3）　本稿での価格効果の算定は，中村愼一郎教授（早稲田大学）の算定方法に深く負うものである。中村愼一郎『Excelで学ぶ産業連関分析』エコノミスト社（2003年）。

4）　本書第1章以外にも以下の文献にも収録されている。

［表1-3］は，産業の水準での日米総合労働生産性指数の結果を示している[5]。この表から，日米間の各年度，各産業の比較優位・劣位構造を分析することができる[6]。

日本を基準としているので，全産業の総合値を下回る産業は，アメリカに対する日本の比較優位産業である。例えば，［表1-3］で1982年の全産業総合値が87であるので，アメリカに対する日本の比較優位産業は，機械類（31），電気機器（46），金属製品（60），窯業（63），鉄鋼（64），ゴム・皮革（73）である。

1987年の全部門総合値が105であるので，アメリカに対する日本の比較優位産業は，機械類（63），電気機器（64），ゴム・皮革（70），窯業（75），金属製品（76），自動車（91）の各産業が該当する。

1992年では，全部門総合値が108であるから，アメリカに対する日本の比較優位産業は，機械類（65），窯業（85），紙・パルプ（88），自動車（90），鉄鋼（95），ゴム・皮革（96），金属製品（98）が該当する。

1997年では，全部門総合値が115であるので，アメリカに対する日本の比較優位産業は，機械類（39），電気機器（82），ゴム皮革（84），窯業（94），自動車（98），鉄鋼（103）が該当する。

以上の分析から，タイムラグを考慮して，1990年，1995年，2000年について，日本の比較優位産業が明らかになる。とりわけ，機械類，電気機器，自動車の各産業が，相対的に高い比較優位を有している。

第2項　日・米総合労働生産性指数の因子分析―バリマックス法―

ここでは，1977－1997年の全期間に亘ってどの産業が比較優位を有しているかを把握するために因子分析を行うが，その際，日米総合労働生産性指数の

行沢健三『労働生産性の国際比較―日米製造工業を中心として―』創文社，1976年。

柳田義章『労働生産性の国際比較研究―リカードウ貿易理論と関連して―』文眞堂，2002年。

同上『労働生産性の国際比較と商品貿易および海外直接投資―リカードウ貿易理論の実証研究―』文眞堂，1994年。

5）［表1-3］は，［表1-1］日米国際個別労働生産性指数を総合したものである。

6）比較優位・比較劣位の判定の基準は，国民的生産力水準＝総合値とみなして，これを基準としている。したがって，日本の場合，この基準を下回る産業（品目）を比較優位，これを上回る産業（品目）を比較劣位と判定する。第9章第1節第1項　柳田侃理論（柳田侃モデル）を参照。

データに基づき，バリマックス法を用いて因子分析を行う[7]。

［表 5-1］　日・米総合労働生産性指数の因子分析の出力結果―バリマックス法―

FACTOR プロシジャ

回転後の因子パターン

		Factor1	Factor2
X1	1977	0.91738	0.30760
X2	1982	0.91442	0.35377
X3	1987	0.90880	0.37792
X4	1992	0.65175	0.67687
X5	1997	0.28817	0.93854

因子の分散

Factor1	Factor2
3.0114831	1.7015941

最終的な共通性の推定値：合計＝4.713077

X1	X2	X3	X4	X5
0.93620949	0.96130764	0.96874046	0.88292805	0.96389158

［表 5-1］および［表 5-2］は，SASによる因子分析（バリマックス法）の出力結果を示している。［図 5-1］は，［因子得点］のプロットである。

A．第1象限

（第1因子：期間の前半で較差拡大

第2因子：期間の後半で較差拡大）

第1象限は，期間の前半と期間の後半で，すなわち全期間で較差が拡大した産業のプロットである。

この第1象限の属する産業は，日本の産業にとって 比較優位を有しない産業であり，競争力を有しない産業である。a. 食料品[8]，b. 繊維・衣服の各産業がこの象限に属している。

B．第2象限

（第1因子：期間の前半で較差拡大

第2因子：期間の後半で較差縮小）

7）［表 1-3］のデータに基づく国際総合生産性の因子分析では，軸の回転前の因子分析の方法もあるが，本章では，バリマックス法（軸の回転後）を採用する。

8）［図 5-1］では，食料品の因子得点が（2.49116，0.59493）と値が大きく，作図上第1象限からはみ出している。

第2象限は，前半の期間で較差が拡大し，期間の後半で較差が縮小した産業のプロットである。

この象限に属する産業は，期間の前半では比較劣位にある産業であろう。しかし，この象限に位置する産業は，後半の期間の較差縮小の傾向を持続するならば，第3象限にシフトすることもあろうし，そうすると比較優位産業にシフトする可能性を含意している。c. 紙・パルプ，d. 石油・化学産業がこの象限に属する。

[表5-2]　因子得点表（5-A）

OBS	CODE	FNAME	Factor1	Factor2	OBS	CODE	FNAME	Factor1	Factor2
1	a	食料品	2.49116	0.59493	7	g	鉄鋼	−0.26867	−0.40152
2	b	繊維・衣服	0.07425	1.02715	8	h	非鉄金属	−0.04686	1.92558
3	c	紙・パルプ	0.82641	−1.20319	9	i	金属製品	−1.20099	1.3824
4	d	石油・化学	0.7994	−0.43537	10	j	電気機器	−0.9859	−0.12251
5	e	ゴム・皮革	−0.35612	−0.56373	11	k	自動車	−0.04695	−0.62944
6	f	窯業	−0.54453	−0.46667	12	l	機械類	−0.7409	−1.10767

C．第3象限

（第1因子：期間の前半で較差縮小

第2因子：期間の後半で較差縮小）

第3象限は期間の前半と後半で，すなわち全期間で生産性の較差が縮小した産業のプロットである。この象限に属する産業は，アメリカに対して日本の比較優位産業である。e. ゴム・皮革，f. 窯業，g. 鉄鋼，j. 電気機器，k. 自動車，l. 機械類の各産業がこの象限に属する。

D．第4象限

（第1因子：期間の前半で較差縮小

第2因子：期間の後半で較差拡大）

第4象限は前半の期間で較差が縮小し，後半の期間で較差が拡大した産業のプロットである。i. 金属製品，h. 非鉄金属がこの象限に属する。

以上の分析から，全期間の日本の比較優位産業は，e. ゴム・皮革，f. 窯業，g. 鉄鋼，j. 電気機器，k. 自動車，l. 機械類の各産業であることが判明した。

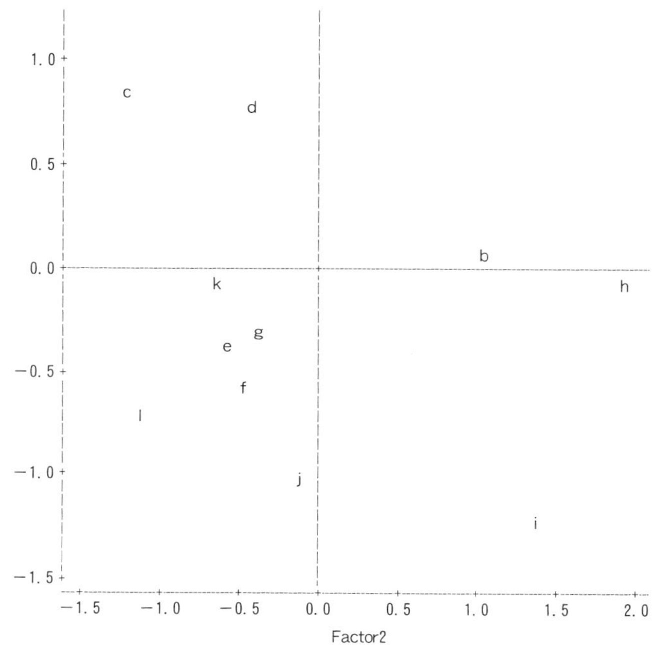

（Factor1：Y軸⇒期間の前半　Factor2：X軸⇒期間の後半）

［図5-1］　日・米総合生産性指数因子分析の因子得点プロット―バリマックス法―

第2節　「日・米国際産業連関表」の分析に基づくデータ

本節では，日本のアメリカ経済に対する相対的位置を把握するために自動車，電気機器，機械類の各産業に焦点をあわせ，その分析方法として，産業連関分析を採用する。

第1項　算定のための基礎データおよび年度

『日米国際産業連関表』経済産業省，1990年，1995年，2000年[9]を参照。

9）『日米国際産業連関表』経済産業省，1990年，1995年，2000年。"http://www.meti.go.jp/statistics/data/h2atop4j.html" からダウンロード。

第2項 購買力平価による修正データ

中村愼一郎教授は，1985年の「日米国際産業連関表」を，藤川清史教授による「日米産業別価格格差（1985年）」[10]に基づく購買力平価により価格平準化を試みられた。本章でも，中村教授の方法を[11]用いて，1990年，1995年および2000年の「日米国際産業連関表」を購買力平価によって価格平準化することを試みる。

そこで，各年度の日本の換算行列表を得るために，購買力平価でデータを修正した[12]。

第3項 算定結果

第3項－1. 中間投入係数

「日米中間投入係数」が修正データに基づいて算定されたが，ここでは省略する。

第3項－2. レオンチェフ逆行列係数

さらに，日米レオンチェフ逆行列係数が各年中間投入係数表に基づいて算定された。

① 影響力係数および感応度係数

レオンチェフ逆行列係数表から「影響力係数」および「感応度係数」が算定された。これによれば，2000年では，日本の自動車，一般機械，電気機器の各産業の影響力係数が相対的に大きいことが判明した。

第4項 国内生産誘発額および係数[13]

ここでは詳細なデータを示すことができないが，国内生産額誘発係数に関し

10） 藤川清史『グローバル経済の産業連関分析』創文社（1999年）。

11） 中村愼一郎『Excelで学ぶ産業連関分析』エコノミスト社（2003年）第5章 空間的拡張：国際産業連関表のp.152以降。算定作業に際しては，中村愼一郎教授の方法にできるだけ忠実に，しかし，細部では若干の工夫と修正がなされている。

12） 本章では，同上書に提示されている「日米産業別価格格差（1985年）」（p.153）の表を適用した。詳細は，紙幅の都合上省略している。

13） 日米「国内生産誘発額および係数」の算定手順については，上掲・中村著，第5章 空間的拡張：国際産業連関表の5.3.3日米表を用いた分析（p.152以降）にしたがっている。

ては，2000年の日本の自動車，一般機械，電気機器の各産業において，国内生産誘発額および係数が高いことが判明している。

第5項　日・米地域別生産依存度[14)]

［表5-3］地域別生産依存度（2000年）：左側（日本）によれば，日本の自動車産業の地域別生産依存度は，日本が51.39%，アメリカが17.79%，および他の諸国（ROW[15)]）が30.82%を示しており，電気機器産業は，日本が57.18%，アメリカが10.13%，および他の諸国（ROW）が32.69%であった。さらに，一般機械についてのそれぞれの数値は，日本が66.97%，アメリカが7.27%，および他の諸国（ROW）が25.76%であった。

これら日本の産業のアメリカへの生産依存度は，他の諸国（ROW）と比較してもかなり高いものがあり，したがって，日本のアメリカへの輸出依存度も相対的に高い。

他方［表5-3］地域別生産依存度（2000年）：右側（アメリカ）によれば，アメリカの自動車産業の地域別生産依存度は，アメリカが74.48%，日本が1.10%，その他の国（ROW）が24.42%であり，電気機器産業は，アメリカが64.26%，日本が2.7%，その他の国が33.04%（ROW）であった。さらに，一般機械産業は，それぞれアメリカが69.81%，日本が2.59%，その他の国が27.60%（ROW）であった。

日本と対照的に，アメリカの自動車，電気機器，一般機械の各産業の日本への生産依存度は低く，その他の諸国（ROW）への生産依存度がむしろ高い。

14)　13）の算定手順によって得られた日米「国内生産誘発額」に基づいて，日米各産業の項目別の生産誘発額の行和を求めて生産額を得る。次に，この生産額で，日米各産業の項目別の生産誘発額を除して「最終需要項目別生産誘発依存度」を求める。さらに，これを日・米・ROW（Rest of the World）の地域別に要約して「日米地域別生産依存度」を得る。この作業結果が＜［表5-3］地域別生産依存度（日本およびアメリカ）2000年＞である。

15)　Rest of the World.

[表5-3] 地域別生産依存度（日本およびアメリカ）2000年度

		日本	アメリカ	ROW	アメリカ	日本	ROW
1	農業	0.9811	0.0062	0.0127	0.8384	0.0323	0.1294
2	林業	0.9676	0.0080	0.0244	0.8025	0.0564	0.1411
3	漁業	0.9563	0.0089	0.0349	0.3449	0.2852	0.3699
4	鉱業	0.9022	0.0202	0.0776	0.8612	0.0119	0.1269
5	食料	0.9816	0.0064	0.0120	0.9270	0.0170	0.0560
6	繊維品	0.8460	0.0227	0.1313	0.8218	0.0096	0.1686
7	木材・紙・パルプ	0.8961	0.0256	0.0783	0.8717	0.0117	0.1166
8	出版・印刷	0.9116	0.0242	0.0643	0.9384	0.0044	0.0572
9	化学製品	0.7375	0.0600	0.2025	0.7363	0.0171	0.2466
10	石油・石炭製品	0.8135	0.0448	0.1416	0.8361	0.0123	0.1516
11	窯業・土石製品	0.8325	0.0356	0.1319	0.8639	0.0107	0.1254
12	鉄鋼・同一次製品	0.6210	0.0739	0.3050	0.7229	0.0161	0.2610
13	非鉄金属・同製品	0.5810	0.0794	0.3396	0.6438	0.0299	0.3263
14	その他金属製品	0.8513	0.0417	0.1070	0.8046	0.0123	0.1831
15	一般機械	0.6697	0.0727	0.2576	0.6981	0.0259	0.2760
16	民生用電子・電気機器	0.5718	0.1013	0.3269	0.6426	0.0270	0.3304
17	自動車	0.5139	0.1779	0.3082	0.7448	0.0110	0.2442
18	精密機械	0.6131	0.1015	0.2854	0.6828	0.0394	0.2778
19	その他製造工業製品	0.8422	0.0878	0.0700	0.8495	0.0256	0.1249
20	建設	0.9892	0.0026	0.0081	0.9898	0.0009	0.0093
21	電気・ガス	0.9037	0.0246	0.0717	0.9366	0.0049	0.0584
22	商業	0.9002	0.0271	0.0727	0.9131	0.0068	0.0801
23	金融・保険	0.9624	0.0091	0.0285	0.9601	0.0025	0.0374
24	輸送	0.8180	0.0296	0.1524	0.7925	0.0156	0.1919
25	サービス	0.9576	0.0129	0.0295	0.9516	0.0034	0.0450
26	分類不明	0.8686	0.0654	0.0661	0.6676	0.0209	0.3116

(note: ROW⇒Rest of the World)

(〈『日米国際産業連関表』経済産業省，2000年。〉をデータとする「日米国内生産誘発額」より作成)

上の数値は，日本の主要輸出産業である自動車，電気機器，一般機械の各産業が，アメリカの市場に深く依存していることを示している。

第 3 節　部分要素生産性の相対的変化による産業部門の価格変化

本節では，日米労働生産性の相対的変化[16)]が両国の産業の価格水準に影響を与えるかどうかを検討する。

第 1 項　部分要素生産性（労働生産性）[17)]による価格変化のデータと算定結果

本節では，部分要素生産性の相対的変化による産業部門の価格変化の計算に際して，中村愼一郎教授の方法を採用する。それは以下のような方程式で表される[18)]。

＜部分要素生産性変化と価格＞

「部門 i からの投入係数が一律に $\alpha\times 100\%$ 減少するときの価格への効果を考える。その第 i 対角要素が（$1-\alpha$），その他の全ての対角要素が 1 の対角行列を R とすると，PFP 変化の効果⊿は」[19)] 以下の式で与えられる。

$$(1+\Delta)p^d=\left[I-R(I-\hat{M})A\right]^{-1^T}\left[R(\hat{M}A)^T p^m+v^T\right] \tag{1}$$

16)　労働生産性の相対的変化の期間と価格変化の時点との間にタイムラグがある。1982 年から 1987 年の労働生産性の相対的変化率が 1990 年の，1987 年から 1992 年の労働生産性の相対的変化率が 1995 年，1992 年から 1997 年の労働生産性の相対的変化率が 2000 年の “inter-industry-relations table” に適用される。

17)　ここでいう労働生産性とは，筆者が算定した［表 1-3］日米総合労働生産性指数 およびこれに基づく［表 1-4］日米相対的生産性成長率 を意味している。この数値を産業連関表の項目に嵌め込むわけであるが，日米産業連関表の 19 ないし 26 産業分類すべてをカバーしているわけではない。したがって，［表 1-3］日米総合労働生産性指数およびこれに基づく［表 1-4］日米相対的生産性成長率で入手できている産業の生産性の変化が，日米産業連関表の 19 ないし 26 産業の価格に与える変化を測定しようとするものである。また，ここでの労働生産性は，中村教授の部分要素生産性と代置している。したがって，その場合，労働生産性と部分要素生産性との概念上の不整合が問題となるかもしれない。しかし，労働生産性を部分要素生産性に代置して計算した本章の結果は，日米の現実をよく反映して説明力が十分にあるものと思われる。なお，中村教授の部分要素生産性についての詳細は，前掲，中村，p.32 を参照。

18)　前掲，中村愼一郎，p.124。

19)　同上書，p.134。

＜部分要素生産性変化の価格効果＞

「今，日本，米国，第3国の産業価格ベクトルを，p^J, p^U, p^R，日本と米国の付加価値率を v^J, v^U とすれば，日米価格」は[20] 以下の式で表される。

$$\begin{pmatrix} p^J \\ p^U \end{pmatrix} = \begin{pmatrix} I-A^{JJ} & -A^{JU} \\ -A^{UJ} & I-A^{UU} \end{pmatrix}^{-1^T} \left[\begin{pmatrix} A^{RJ} \\ A^{RU} \end{pmatrix}^T \begin{pmatrix} p^R \\ p^R \end{pmatrix} + \begin{pmatrix} v^J \\ v^U \end{pmatrix}^T \right] \tag{2}$$

「基準価格は1であるので，＜中略＞全ての価格を1とおく。すると，i を52×1の単位列ベクトルとして上式」[21] は以下のように表記される。

$$i = (I-A)^{-1^T}(A^{R^T} i + v^T) \tag{3}$$

ただし，$A := \begin{pmatrix} A^{JJ} & A^{JU} \\ A^{UJ} & A^{UU} \end{pmatrix}$, $A^{R_{,,}} = \begin{pmatrix} A^{RJ} \\ A^{RU} \end{pmatrix}$, $v := (v^J,\ v^U)$

「全要素生産性変化を行列 S，部分要素生産性変化を行列 R で表せば，日米生産性の日米価格への効果⊿」[22]は，以下のように表される。

$$i + \Delta = (I-RAS)^{-1^T}\left((A^R S)^T i + (vS)^T\right)^{23)} \tag{4}$$

このプロセスの最終結果は，次頁の［表5-4］のように示される。

第2項　部分要素生産性（労働生産性）による価格変化の因子分析 ―バリマックス―

［表5-4］から製造工業を選び，バリマックス法を用いて因子分析を行う。この検定は1990年から2000年にかけての全期間の日米産業の価格変化を把握することにある。

分析の結果は，以下の［表5-5］に示される。

20） 同上書，p.173。
21） 同上書，pp.173-175。
22） 同上書，p.175。
23） EXCELに入力した計算式は以下の通りである。＝MMULT(TRANSPOSE(MINVERSE(I_52－MMULT(MMULT(R_52, A_52), S_52))), (MMULT(TRANSPOSE(MMULT(A_R, S_52)), II_26)＋TRANSPOSE(MMULT(v_52, S_52)))) 中村愼一郎，前掲書，p.175。

［表5-4］　生産性変化の価格効果

日本			1990	1995	2000	アメリカ			1990	1995	2000
	Code	産業	i+⊿	i+⊿	i+⊿		Code	産業	i+⊿	i+⊿	i+⊿
1	1-001	農業	1.068	0.973	1.005	20	2-001	農業	0.97	1.02	0.994
2	1-002	林業	1.039	1.001	1.002	21	2-002	林業	0.967	1.003	0.999
3	1-003	漁業	1.05	1.01	1.009	22	2-003	漁業	0.985	1.007	0.993
4	1-004	鉱業	1.043	1.004	1.004	23	2-004	鉱業	0.977	0.999	1.009
5	1-005	食料	1.059	0.998	0.993	24	2-005	食料	0.979	1.019	1.003
6	1-006	繊維品	1.041	1.089	1.004	25	2-006	繊維品	0.969	0.952	0.988
7	1-007	木材・紙・パルプ	1.019	0.977	0.987	26	2-007	木材・紙・パルプ	1.016	1.04	1.014
8	1-008	出版・印刷	1.06	0.99	0.995	27	2-008	出版・印刷	0.964	1.014	1.013
9	1-009	化学製品	0.425	1	0.99	28	2-009	化学製品	0.985	1.001	1.01
10	1-010	石油・石炭製品	1.11	1.01	0.969	29	2-010	石油・石炭製品	0.975	1.002	1.01
11	1-011	窯業・土石製品	1.015	1.004	1.022	30	2-011	窯業・土石製品	0.968	0.985	1.002
12	1-012	鉄鋼・同一次製品	1.026	1.016	1.009	31	2-012	鉄鋼・同一次製品	0.961	0.97	1.003
13	1-013	非鉄金属・同製品	1.201	1.008	1.123	32	2-013	非鉄金属・同製品	0.908	1	0.954
14	1-014	その他金属製品	1.217	1.068	1.194	33	2-014	その他金属製品	0.932	0.98	0.946
15	1-015	一般機械	1.152	1.177	1.1	34	2-015	一般機械	0.963	0.979	1.003
16	1-016	民生用電子・電気機器	1.125	1.065	1.062	35	2-016	民生用電子・電気機器	0.937	0.964	1.002
17	1-017	自動車	1.117	1.099	1.067	36	2-017	自動車	0.97	0.978	1.002
18	1-018	精密機械	1.066	0.993	1.045	37	2-018	精密機械	0.987	1.02	1.008
19	1-019	その他製造工業製品	1.162	1.058	1.041	38	2-019	その他製造工業製品	0.959	0.986	1.012
	1-020	建設	1.036	1	0.999		2-020	建設	0.98	0.999	1.027
	1-021	電気・ガス	1.011	1.002	0.997		2-021	電気・ガス	0.997	1.002	1.003
	1-022	商業	1.008	1.002	1		2-022	商業	0.996	1	1.001
	1-023	金融・保険	1.014	1	1		2-023	金融・保険	0.972	1.001	1.001
	1-024	輸送	1	1.017	1.003		2-024	輸送	1	0.991	1.004
	1-025	サービス	1.043	1.004	1.001		2-025	サービス	0.986	1.002	1.001
	1-026	分類不明	1.088	1.022	1.02		2-026	分類不明	0.973	1	1.007

（1-001－1-026⇒日本，2-001－2-026⇒アメリカ）

〈『日米国際産業連関表』経済産業省，2000年，をデータとして以下の計算式を入力：
計算式＝MMULT(TRANSPOSE(MINVERSE(I_52-MMULT(MMULT(R_52, A_52), S_52))), (MMULT(TRANSPOSE(MMULT(A_R,　S_52)), Ⅱ_26)＋TRANSPOSE(MMULT　(v_52, S_52)))))〉（I_52：単位対角行列表，R_52,：ROWの単位対角行列表，A_52：日米投入係数表，S_52：単位対角行列行列表に日米相対的生産性成長率を入力，A_R：ROWの投入係数表，v_52：剰余価値率）

[表5-5]　部分要素生産性（労働生産性）による因子分析の出力結果―バリマックス法―

FACTOR プロシジャ

回転後の因子パターン

		Factor1	Factor2
X1	1990	0.19309	0.95098
X2	1995	0.94246	0.15602
X3	2000	0.66531	0.56415

因子の分散

Factor1	Factor2
1.3681466	1.2469671

最終的な共通性の推定値：合計＝2.615114

X1	X2	X3
0.94164689	0.91256601	0.76090074

[表5-6]　因子得点（5-B）

OBS	日本	Factor1	Factor2	OBS	アメリカ	Factor1	Factor2
1	J-農業	-1.06255	0.74269	20	A-農業	0.10797	-0.50037
2	J-林業	-0.42196	0.2523	21	A-林業	-0.19586	-0.34633
3	J-漁業	-0.21129	0.2985	22	A-漁業	-0.21302	-0.21302
4	J-鉱業	-0.35537	0.26845	23	A-鉱業	-0.22786	-0.17681
5	J-食料	-0.61402	0.38505	24	A-食料	0.13307	-0.37067
6	J-繊維品	1.41279	-0.49502	25	A-繊維品	-1.34697	0.05645
7	J-木材・紙パルプ	-0.98148	0.22275	26	A-木材・紙パルプ	0.54918	-0.20389
8	J-出版・印刷	-0.76681	0.47447	27	A-出版・印刷	0.15277	-0.38826
9	J-化学製品	1.24035	-4.61784	28	A-化学製品	-0.20158	-0.12611
10	J-石油・石炭製品	-0.70475	0.54483	29	A-石油・石炭製品	-0.15188	-0.21328
11	J-窯業・土石製品	-0.13042	0.14976	30	A-窯業・土石製品	-0.54799	-0.16335
12	J-鉄鋼・同一次製品	-0.01736	0.05764	31	A-鉄鋼・同一次製品	-0.83073	-0.08065
13	J-非鉄金属・同製品	0.22066	2.1375	32	A-非鉄金属・同製品	-0.44669	-1.03417
14	J-その他金属製品	1.98564	2.13241	33	A-その他　金属製品	-0.99482	-0.71491
15	J-一般機械	3.68284	0.13797	34	A-一般機械	-0.64992	-0.14415
16	J-民生用電子・電気機器	1.13526	0.69903	35	A-民生用電子・電気機器	-0.89359	-0.22154
17	J-自動車	1.90334	0.3652	36	A-自動車	-0.69892	-0.08609
18	J-精密機械	-0.32247	0.77494	37	A-精密機械	0.17058	-0.28879
19	J-その他製造工業製品	0.71512	0.93304	38	A-その他製造工業製品	-0.42128	-0.18671

(1-19：日本(J)　20-38：アメリカ(A))

以下の結論が［表5-5］［表5-6］および［図5-2-1］［図5-2-2］[24] から導き出される。

A：第1象限

（第1因子：1995年で価格上昇

第2因子：1990年および2000年で価格上昇）

第1象限は，1995年で価格が上昇し，さらに1990年および2000年で価格が上昇，すなわち，全期間で価格が上昇した産業のプロットである。

日本：非鉄金属・同製品（13），その他金属製品（14），一般機械（15），民生用電子・電気機器（16），自動車（17），その他製造工業製品（19）

アメリカ：該当産業なし。

この第1象限に属する産業は，価格上昇の結果，1990年代で競争力を弱めた産業である。日本の自動車，電機機器，一般機械，その他の製造工業製品が第1象限に属している。

B：第2象限

（第1因子：1995年で価格上昇

第2因子：1990年および2000年で価格下落）

第2象限は，1995年で価格が上昇し，さらに1990年および2000年で価格が下落した産業のプロットである。この象限に属する産業は，価格の上昇の故に，期間の中央で競争力を弱めた産業である。しかしながら，期間の前半と後半での価格の低下の故に，競争力を回復した産業でもある。

日本：繊維品（6），化学製品（9）

アメリカ：農業（20），食料（24），木材・紙パルプ（26），出版・印刷（27），精密機械（37）

C：第3象限

（第1因子：1995年で価格下落

第2因子：1990年および2000年で価格下落）

第3象限は，1995年で価格が下落し，さらに1990年および2000年で価格が下落，すなわち，全期間で価格が下落した産業である。1990年代の価格の

24）［図5-2-2］は，［図5-2-1］が込み合っているので，第3象限，第4象限を拡大して示している。

下落の故に，競争力が強化した産業でもある。

日本：該当産業なし。

アメリカ：林業（21），漁業（22），鉱業（23），化学製品（28），石油・石炭製品（29），窯業・土石製品（30），鉄鋼・同一次製品（31），非鉄金属・同製品（32），その他 金属製品（33），一般機械（34），民生用電子・電気機器（35），自動車（36）

日本とは対照的に，アメリカの主要産業が価格下落のため，競争力が強化している。

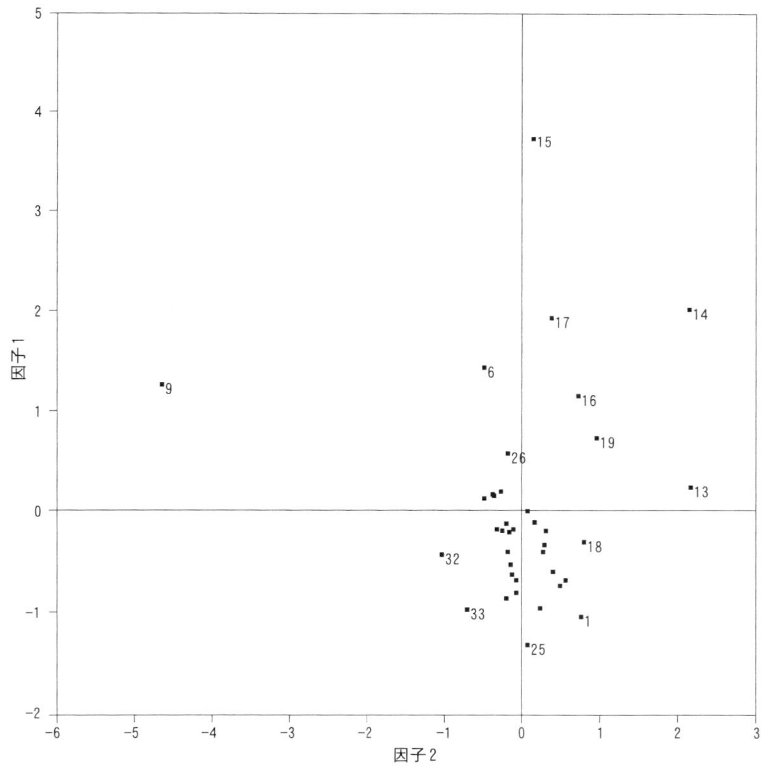

（Factor1：Y軸⇒1995年　Factor2：X軸⇒1990年および2000年）（JMPによる作図）

［図5-2-1］　因子得点のプロット（A）

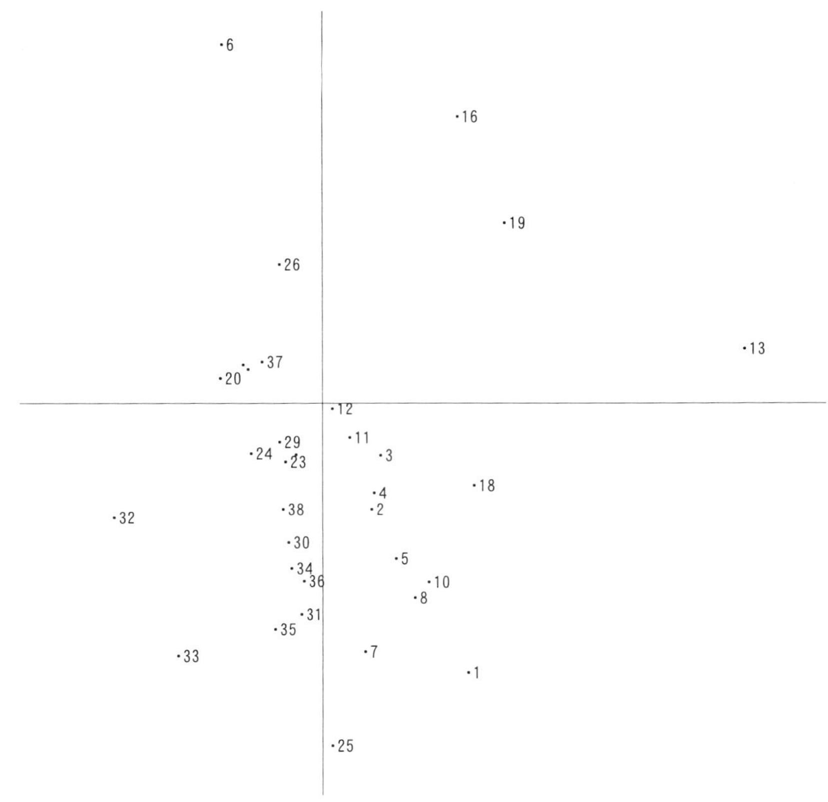

（Factor1：Y軸⇒1995年　Factor2：X軸⇒1990年および2000年）（JMPによる作図）

［図5-2-2］　因子得点のプロット（B）

D：第4象限

（第1因子：1995年で価格下落

第2因子：1990年および2000年で価格上昇）

第4象限は，1995年で価格の下落，1990年および2000年で価格の上昇があった産業を示している。この象限に属する産業は，期間の中央で競争力を強化したが，期間の前半と後半で競争力を弱めたものと思われる。

日本：農業（1），林業（2），漁業（3），鉱業（4），食料（5），出版・印刷

(8)，石油・石炭製品（10），窯業・土石製品（11），鉄鋼・同一次製品（12），精密機械（18）

アメリカ：繊維品（25）

以上，1990年代の日米労働生産性の相対水準の変化の価格効果の因子分析を通じて，日本の自動車産業，電気機器産業，一般機械産業の対米相対的競争力の減退が明らかになった。

本章のまとめ

1990年代に，日本の対アメリカ貿易黒字を生み出していた主要かつ重要な産業は，自動車，電気機器，一般機械の各産業であった。他方，本章で，これらの産業は，アメリカに対する典型的な日本の主力輸出産業であり，高度の比較優位産業であったことが判明した。さらに，本章で，日米国際産業連関表で個々の産業の位置を分析した際に，影響力係数が高く，したがって，日本の重要な産業であるばかりでなく，アメリカの市場に深く依存していることが示された。言い換えると，日本の基幹産業であり，主力輸出産業であるこれらの産業は，アメリカの市場に大きな影響を受けているということである。

それ故に，これら産業の輸出競争力の趨勢は，日本の経済および日本のアメリカとの貿易黒字に影響を与える重要な要素であると考えられる。

このことを検定するために，「日米製造工業の労働生産性の相対的成長率」および1990年代の「日米国際産業連関表」を用いて，日米製造工業の相対的労働生産性の変化による価格効果を分析した。その結果，1990年代を通じて，日本の自動車，電気機器，一般機械の各産業の価格上昇が認められ，これらの産業は，価格競争力の減退を招いていることが確認された。

第6章

日・韓産業の相対的国際競争力の推移

—アジア国際産業連関表に相対的労働生産性数値を接続して(1990－2000年)—

はじめに

1990年代の10年間は韓国経済にとって激動の時代であったと思われる。1970年代の後半から80年代にかけて新興工業経済地域（Newly Industrializing Economies: NIES）のトップランナーとして，韓国は順調で急速な経済成長を実現した。かつて筆者は，この1990年代中期までの韓国の経済成長に関して，日・韓労働生産性の国際比較の観点から，両国の貿易と直接投資の側面に関して分析を試みたことがある[1)]。そして，この時点で，韓国は，自立的経済成長の段階に到達したと考えられると述べた[2)]。事実，1996年に韓国は先進国クラブであるOECDへの加盟を実現し，引き続きその後の順調な経済成長が展望されていた。

ところが，まさにこの直後の1997年にタイ通貨バーツの下落に端を発する通貨危機が発生し，直ちにこれが中国・台湾・日本を除くほぼアジア全域に広がる通貨・経済危機へと波及していったのである。こうしたアジア通貨・経済危機は，地理的に北方の韓国をもまた直撃し，巻き込んでいった。記憶に新し

1） 拙著『労働生産性の国際比較研究—リカードウ貿易理論と関連して—』文眞堂，2002年，第3章　日韓工業労働生産性の国際比較（1977－1997）。

2） 小島清教授が著書『雁行型経済発展論［第2巻］アジアと世界の新秩序』「第4章　V．直接投資の効果」（文眞堂，2004年3月，p.142）で前掲拙著を取り上げていただける機会を得て，筆者のデータ分析から，「日韓経済が同質関係に転じた」と指摘された。このご指摘は，本書後章で触れることになる。

いが，韓国は，直ちに株価が大幅に下落して，デフォルトの懸念や，経済成長の失速等，深刻な経済危機に陥った。韓国は，IMF に資金を要請し，IMF の経済管理を受け入れざるを得なくなった。

しかしながら，韓国の潜在的経済成長力は，強靱なものがあり，短期間のうちに，V 字型の経済回復を遂げるのである[3)]。そして，1990 年代の終わりから 2000 年代を迎えるころには，アジア通貨・経済危機の影響を完全に払拭して，さらに新しい経済成長・発展の道のりを歩むことになる。1990 年代を全体として均すと，あたかも，経済危機がなかったような感さえある。

本章では，こうした韓国の経済に視点を傾斜しつつ，1990 年代の日・韓労働生産性国際比較の視角からの分析に接続して，さらにあらたに日・韓国際産業連関分析を加えて，産業の水準で，日・韓相対的国際競争力の推移の統計データ分析を試みるものである。

第1節　韓国の産業の水準における比較優位・比較劣位構造の検出

第1項　日・韓労働生産性の総合指数をデータとする各年度の比較優位・劣位構造の分析

第 2 章［表 2-4］は，産業の水準での「日韓総合労働生産性の国際比較数値」を示している[4)]。この表から，両国の各年度・各産業の比較優位・比較劣位構造を分析することができる。すなわち，韓国を基準＝100 としているので，全産業の総合値を下回る産業が，韓国の日本に対する比較優位産業である。逆に，全産業の総合値を上回る産業が，韓国の日本に対する比較劣位産業である。

3）　西手満昭『日韓主要産業の推移と FTA―日・韓物的工業労働生産性の国際比較のデータに基づく統計分析』渓水社，2006 年。

4）　第 2 章第 3 節第 1 項［表 2-4］日・韓国際総合生産性指数の（C）の欄から数値を取り出している。以下の文献にもデータが提示されている。

拙著『労働生産性の国際比較研究―リカードウ貿易理論と関連して―』文眞堂，2002 年（第 3 章日韓国労働生産性の国際比較（1977－1997 年））。

拙著『労働生産性の国際比較と商品貿易および海外直接投資―リカードウ貿易理論の実証研究―』文眞堂，1994 年 6 月所収（第 3 章「韓日米旧西独労働生産性の国際比較」）。

たとえば，［表2-4］では，1987年について調査全部門の総合指数は189であるので，韓国の日本に対する比較優位産業は，金属製品（135），繊維製品（138），ゴム・皮革製品（156），電気機器（163），自動車（177）である。

1992年では，調査全部門総合指数が163であるので，韓国の日本に対する比較優位産業は，ゴム・皮革（60），金属製品（100），鉄鋼（101），繊維製品（103），食料品（121），化学・石油（124），紙・パルプ（136）である。

1997年では，調査全部門の総合指数が126であるので，韓国の日本に対する比較優位産業は，化学・石油（67），繊維製品（72），金属製品（87），電気機器（91），鉄鋼（110），ゴム・皮革（123）である。

いうまでもなく，各年度について，全産業の総合指数を上回る産業が，韓国の日本に対する比較劣位産業である。

こうして，各年度，すなわち1987年，1992年，1997年の各産業の比較優位・比較劣位構造が検出された。これにより，韓国の日本に対する相対的競争力を有する産業は，繊維製品，石油・化学，ゴム・皮革，鉄鋼，金属製品，電気機器であることが判明した。

第2項　日・韓総合労働生産性指数をデータとする全期間の比較優位・劣位構造の分析

本項では，1977－1997年の全期間を通じて，いずれの産業が比較優位を有しているかを把握するために因子分析を適用する。その際，日韓総合労働生産性指数のデータに基づいてバリマックス法による因子分析を採用する[5]。

［表6-1］と［表6-2］は，SASによる日韓総合労働生産性指数の因子分析の結果を，さらに，［図6-1］は，［因子得点］のプロットを示している。

この諸結果から，韓国の視点に傾斜して，若干の指摘がなされ得る。

A．第1象限

（第1因子：期間の前半で較差拡大

第2因子：期間の後半で較差拡大）

5）因子分析は，軸の回転前の方法もあるが，ここでは，＜バリマックス法＞を採用している。

[表 6-1]　日・韓総合労働生産性指数の因子分析（出力結果）〈バリマックス法〉

FACTOR プロシジャ

回転後の因子パターン

		Factor1	Factor2
X1	1977	0.86609	0.17038
X2	1982	0.94102	-0.15543
X3	1985	0.77271	0.55212
X4	1987	0.10758	0.90334
X5	1992	0.56328	0.36949
X6	1997	0.10561	0.87914

因子の分散

Factor1	Factor2
2.5727180	2.0834538

最終的な共通性の推定値：合計＝4.656172

X1	X2	X3	X4	X5	X6
0.77913414	0.90967365	0.90192285	0.82758814	0.45380716	0.78404589

[表 6-2]　日・韓総合労働生産性指数の因子分析：因子得点

CODE	FNAME	Factor1	Factor2	CODE	FNAME	Factor1	Factor2
1	(a) 食料品	-0.70915	0.98611	7	(g) 鉄鋼	-0.6053	-0.0473
2	(b) 繊維製品	-0.2896	-1.158	8	(h) 非鉄金属	1.07875	1.13905
3	(c) 紙・パルプ	0.05945	0.92961	9	(i) 金属製品	0.2297	-1.21495
4	(d) 石油・化学	-0.85366	-0.9195	10	(j) 電気機器	-0.6433	-0.32275
5	(e) ゴム・皮革	-0.4464	-0.4785	11	(k) 自動車	2.52325	-0.52411
6	(f) 窯業	-0.3436	1.610				

第1象限は期間の前半および期間の後半で較差が拡大，すなわち全期間に亘って較差が拡大している産業で，この象限に属する産業は全期間において韓国の比較劣位産業であり，したがって国際競争力が弱い産業であると判定される。3（c）紙・パルプ産業，8（h）非鉄金属産業が，この象限に属する。

B．第2象限

（第1因子：期間の前半で較差拡大

第2因子：期間の後半で較差縮小）

第2象限は期間の前半で較差が拡大し，期間の後半で較差が縮小した産業が

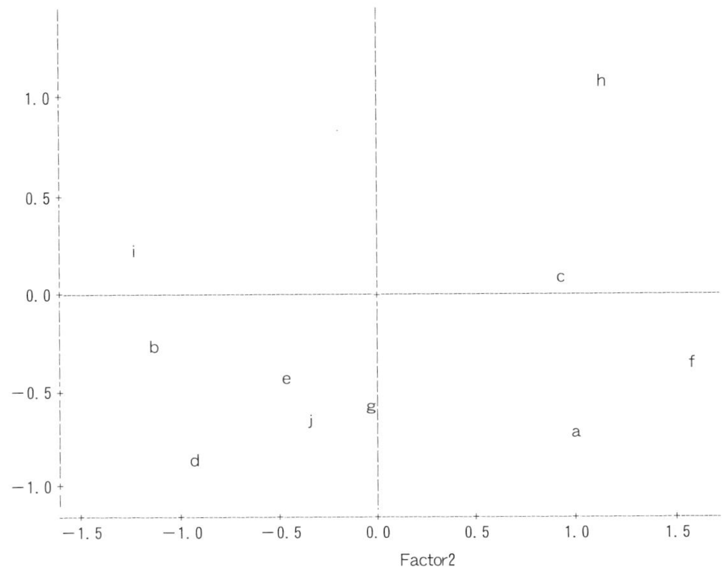

（Factor1：Y 軸⇒期間の前半　Factor2：X 軸⇒期間の後半）

［図 6-1］　日・韓総合労働生産性指数因子分析：出力結果プロット

プロットされている。

この象限に属する産業は，韓国にとって，おそらく，比較劣位産業であろうが，もし，後半の期間で較差縮小の傾向が持続するならば，第3象限にシフトする可能性を有しており，そうすると比較優位産業へとシフトする潜在力を含むと考えられる。9（i）金属製品，プロット図からはみ出ているが，11（k）自動車がこの象限に属している。

C．第3象限

（第1因子　期間の前半で較差縮小

第2因子　期間の後半で較差縮小）

第3象限は，期間の前半で較差縮小し，期間の後半でも較差縮小した産業がプロットされている。この象限に所属する産業は，韓国は日本に対して比較優位にある産業であり，2（b）繊維製品，4（d）石油・化学，5（e）ゴム・皮革，7（g）鉄鋼，10（j）電気機器，の各産業がこの象限に所属する。

D．第4象限

（第1因子：期間の前半で較差縮小

第2因子：期間の後半で較差拡大）

第4象限は期間の前半で較差縮小し，期間の後半で較差拡大した産業のプロットを示している。したがって，期間の前半で比較優位であったものが，期間の後半で比較劣位に転化した産業である。この象限には，1（a）食料品，6（f）窯業が属している。

以上の分析から，全期間（1977－1997）の韓国の対日本比較優位産業は，第3象限に属する2（b）繊維製品，4（d）石油・化学，5（e）ゴム・皮革，7（g）鉄鋼，10（j）電気機器，の各産業であることが判明した。

第3項　韓国比較優位・劣位構造の対日輸出額への反映

こうした各年度および全期間の韓国の比較優位・比較劣位構造の分析により検出された諸産業は，現実の貿易統計，とりわけ韓国の対日輸出額にどのように反映されているのか，もしくはいないのかを検証する[6]。

［表6-3］韓国の対日輸出額と輸出額の割合のデータによれば，まず，韓国の対日主力輸出産業は，繊維・衣服（繊維製品および皮革製品），石油・化学，金属製品（鉄鋼），機械（電気機器を含む），となっていることが判明する。1985年では，この4産業で全体の輸出額の84.4%，1990年では84.62%，1995年では82.30%，2000年では79.38%を占めている。そこで，この諸産業の全体の中に占める輸出額の割合の推移に着目すると①繊維・衣服（繊維製品および皮革製品）は，1985年で6.66%，1990年で4.02%，1995年で2.14%，2000年で1.60%とその割合が漸次低下傾向にある。繊維・衣服は，比較優位産業ではあるが，現実には輸出のシェアを減少させている。次に，機械（電気製品を含む）は，1985年で44.9%，1990年で49.7%，1995年で46.9%，2000年で49.35%と各年度高いシェアを維持しており，また金属製品（鉄鋼）は，

6）　以下の論述で，「日韓総合労働生産性指数」による比較優位・劣位構造は，1987年，1992年，1997年が分析の対象年度であるが，国際産業連関分析による対象年度は，各年度タイムラグを伴いながら，1990年，1995年，2000年のデータをとっている。

［表6-3］　韓国の対日輸出額と輸出額の割合（1985年・1990年・1995年・2000年）

		韓国⇒日本（輸出額）				各年度の輸出額の割合			
		1985年	1990年	1995年	2000年	1985年	1990年	1995年	2000年
1	稲作	—	—	—	—	—	—	—	—
2	その他農業	7,795	16,439	24,493	24,715	0.0011	0.0009	0.0007	0.0008
3	畜産物	1,808	3,153	5,236	1,752	0.0003	0.0002	0.0002	0.0001
4	林産物	6,476	4,783	1,521	1,019	0.0009	0.0003	0.0000	0.0000
5	水産業	4,090	1,9711	33,500	113,722	0.0006	0.0011	0.0010	0.0037
6	原油および天然ガス	43	78	1,127	12,548	0.0000	0.0000	0.0000	0.0004
7	その他鉱業	26,246	49,903	89,788	178,108	0.0037	0.0029	0.0027	0.0058
8	食料，飲料およびタバコ	24,080	61,508	238,599	162,527	0.0034	0.0035	0.0072	0.0053
9	繊維製品および皮革製品	471,906	701,858	708,851	490,670	0.0666	0.0402	0.0214	0.0160
10	製材および木製品	4,238	5,921	24,326	14,979	0.0006	0.0003	0.0007	0.0005
11	パルプ，紙製品および印刷	67,252	160,397	227,309	236,653	0.0095	0.0092	0.0069	0.0077
12	化学製品	1,137,039	2,783,622	6,412,443	4,632,819	0.1604	0.1595	0.1934	0.1509
13	石油精製および製品	125,402	577,043	938,999	326,269	0.0177	0.0331	0.0283	0.0106
14	ゴム製品	21,203	77,837	140,818	122,695	0.0030	0.0045	0.0042	0.0040
15	非金属鉱物製品	163,386	360,443	777,384	1,135,401	0.0230	0.0207	0.0235	0.0370
16	金属製品	1,066,411	2,030,706	3,672,332	3,767,902	0.1504	0.1164	0.1108	0.1227
17	機械	3,182,998	8,672,927	15,546,995	15,149,990	0.4490	0.4970	0.4690	0.4935
18	輸送機械	218,429	487,471	787,230	662,620	0.0308	0.0279	0.0237	0.0216
19	その他製造業	560,817	1,436,031	3,517,303	3,662,870	0.0791	0.0823	0.1061	0.1193

（単位：1000 U.S.ドル）

（出所：野田容助編 改訂版『世界貿易マトリクス―国際産業連関表24部門分類にもとづいて』アジア経済研究所，2003年）

1985年で15.04%，1990年で11.64%，1995年で11.08%，2000年で12.27%とこれも各年度相当のシェアを維持している。また，石油・化学産業は，1985年で17.81%，1990年で19.26%，1995年で22.17%，2000年で16.15%であり，これら産業が全期間で比較優位産業であることに対応している[7)]。

7）　この瞥見により，比較優位・劣位構造を反映してはいるが，労働集約型軽工業産業である①繊維・衣服（繊維製品および皮革製品）が，次第に主力輸出産業から後退し，代わって，技術集約・資本集約型重工業が主力輸出産業の地位を占めつつあることが見て取れるであろう。すなわち韓国は，産業構造の転換に成功し，新興工業国から卒業して，先進国型の産業の高度化を達成していることのあらわれであろう。なお，石油・化学産業は，12. 化学製品，13. 石油精製および製品，を合計している。

こうして，［表6-3］韓国の対日輸出額と輸出額の割合によれば韓国の比較優位産業は，現実の貿易統計にかなり反映しているものと思われる。

第2節　日・韓国際産業連関表の分析に基づくデータ

この節では，日本経済に対する韓国経済の相対的位置を把握するために，韓国の比較優位産業であり，主力輸出産業である繊維製品，石油・化学，鉄鋼，電気機器の各産業に焦点を合わせる。

第1項　算定のための基礎データと年度

算定のための基礎データは，"*Asian International Input-Output Tables* (1990, 1995, and 2000)"[8]を採用している。

第2項　算定結果

算定の手順の詳細については，紙幅の都合上省略せざるを得ないが，主要な項目は以下のとおりである。

第2項-1　中間投入係数およびレオンチェフ逆行列係数

日韓中間投入係数およびレオンチェフ逆行列係数は，各年度アジア国際産業連関表に基づいて算定される[9]。

8）"*Asian International Input-Output Tables*"（アジア国際産業連関表），Institute of Developing Economies Japan External Trade Organization, Japan (1990, 1995, 2000)

9）ここでは，日米国際産業連関分析の際に採用したように，アジア国際産業連関表を購買力平価に換算するという中村教授の方法を採用できなかった。理由は，この時点で日韓の適切な購買力平価のデータが得られなかったからである。その後，泉弘志教授（大阪経済大学）のグループによる「2000年産業別生産性水準の日韓比較」『大阪経大論集』第58巻第6号，2008年 で日韓購買力平価算定の業績の情報を入手した。しかし，ここでの算定には間に合わなかった。なお，日韓中間投入係数およびレオンチェフ逆行列係数は，ここでも紙幅の都合上省略せざるを得なった。ただし，韓国の影響力係数の因子分析についていえば，1990年－2000年において影響力係数が相対的に高い産業は，非金属鉱物製品 (o)，金属製品 (p)，輸送機械 (r)，パルプ，紙製品および印刷 (k)，その他製造業 (s)，化学製品 (l)，繊維製品および皮革製品 (i) であることが判明した。そして，その検定結果は，前節で検出した韓国の主力輸出産業と対応するものである。すなわち，韓国の主力輸出産業である繊維製品および皮革製品，化学製品，金属製品の各産業は，同時に韓国国内で影響力係数の高い重要な産業である。

第3項　日・韓地域別生産依存度[10)]

［表6-4］日韓地域別生産依存度（2000年）・左側によれば，韓国の日本に対する比較優位産業である繊維製品，石油・化学，ゴム・皮革，鉄鋼，電気機器の各産業部門の地域別生産依存度は，以下のとおりである。

［表6-4］　日韓地域別生産依存度（2000年）

	産業	韓国	日本	ROW	日本	韓国	ROW
1	稲作	0.9009	0.0264	0.0726	0.9872	0.0012	0.0116
2	その他農業	0.9391	0.0190	0.0419	0.9901	0.0007	0.0092
3	畜産物	0.8909	0.0276	0.0815	0.9876	0.0010	0.0113
4	林産物	0.8743	0.0639	0.0618	0.9875	0.0011	0.0114
5	水産業	0.8522	0.0823	0.0655	0.9671	0.0047	0.0281
6	原油および天然ガス	0.0000	0.0000	1.0000	0.9134	0.0070	0.0796
7	その他鉱業	0.7044	0.0448	0.2508	0.9578	0.0045	0.0377
8	食料，飲料およびタバコ	0.8948	0.0283	0.0769	0.9889	0.0010	0.0101
9	繊維製品および皮革製品	0.4016	0.0635	0.5350	0.8780	0.0045	0.1175
10	製材および木製品	0.7701	0.0180	0.2119	0.9707	0.0019	0.0274
11	パルプ，紙製品および印刷	0.6956	0.0265	0.2779	0.9373	0.0046	0.0581
12	化学製品	0.5059	0.0418	0.4523	0.8415	0.0154	0.1431
13	石油精製および製品	0.6570	0.0766	0.2664	0.9377	0.0052	0.0571
14	ゴム製品	0.3189	0.0190	0.6622	0.6932	0.0086	0.2982
15	非金属鉱物製品	0.7289	0.0277	0.2434	0.9215	0.0068	0.0717
16	金属製品	0.5034	0.0458	0.4508	0.8485	0.0142	0.1373
17	機械	0.3871	0.0433	0.5697	0.7746	0.0180	0.2074
18	輸送機械	0.2884	0.0042	0.7074	0.7232	0.0026	0.2742
19	その他製造業	0.4178	0.0471	0.5351	0.8494	0.0126	0.1380
20	電気・ガス・水道	0.7640	0.0168	0.2192	0.9441	0.0037	0.0523
21	建設	0.9816	0.0008	0.0175	0.9941	0.0004	0.0055
22	商業・運輸業	0.5816	0.0139	0.4045	0.9205	0.0037	0.0758
23	サービス業	0.8454	0.0070	0.1476	0.9717	0.0013	0.0270
24	公務	1.0000	0.0000	0.0000	0.9995	0.0000	0.0005

(note: ROW⇒Rest of the World)

（〈"*Asian International Input-Output Tables*"（アジア国際産業連関表）Institute of Developing Economies Japan External Trade Organization, Japan (2000)）〉より，日本・韓国のデータを抽出したデータに基づく「日韓国内生産誘発額」より作成）

10)　前掲 "*Asian International Input-Output Tables*" をデータにして，日韓「国内生産誘発額」を求める。次いで日韓各産業の項目別の生産誘発額の行和を求めて生産額を得る。さらにこの生産額で，日韓各産業の項目別の生産誘発額を除して「最終需要項目別生産誘発依存度」を求める。そして，これを日・韓・ROW（Rest of the World）の地域別に要約して「日韓地域別生産依存度」を得る。この作業結果が＜［表6-4］日韓地域別生産依存度2000年＞である。算定手順については，上掲・中村，第5章　空間的拡張：国際産業連関表の5.3.3日米表を用いた分析（p.152以降）にしたがっている。

韓国の繊維製品（繊維製品および皮革製品）は，韓国（40.16%），日本（6.35%），ROW（53.50%），石油（石油精製および製品）は，韓国（65.70%），日本（7.66%），ROW（26.64%），化学（化学製品）は，韓国（50.59%），日本（4.18%），ROW（45.23%），ゴム・皮革（ゴム製品）は，韓国（31.89%），日本（1.9%），ROW（66.22%），鉄鋼（金属製品）は，韓国（50.34%），日本（4.58%），ROW（45.08%），電気機器（機械）は，韓国（38.71%），日本（4.33%），ROW（56.97%）である。

以上のデータから，韓国の比較優位産業である繊維製品，石油・化学，ゴム・皮革，鉄鋼，電気機器の各産業部門は，日本への生産依存度がかなり高いことが判明する。

同じく［表 6-4］日韓地域別生産依存度（2000 年）・右側によれば，これに対して，日本の韓国への生産依存度は，全産業において低いのが特徴的であり，日本の場合は，ROW [11] に依存する度合いが相対的に高いことが判明する。

そうすると，韓国の日本に対する比較優位産業である繊維製品，石油・化学，ゴム・皮革，鉄鋼，電気機器の各産業部門は，国際競争力を有するが故に，日本市場に輸出され，同時に日本市場の需要に深く依存していることを示唆している。

第 3 節　労働生産性の相対的変化による産業部門の価格変化

本節では，日韓労働生産性の相対的変化が両国の産業の価格水準に如何なる影響を与えるかについて考察する。

第 1 項　労働生産性による価格変化のデータ

ここでは中村教授の「部分要素生産性の相対的変化による産業部門の価格変化」の算定方法を採用する [12]。

11)　Rest of the World.

12)　詳細は第 5 章第 3 節を参照。

この計算過程[13]の最終結果が得られ［表6-5］のように示される。

［表6-5］労働生産性の変化による価格効果

No.	産業	1990	1995	2000	No.	産業	1990	1995	2000
	韓国(K)	i+⊿	i+⊿	i+⊿		日本(J)	i+⊿	i+⊿	i+⊿
1	稲作	0.9690	0.9633	0.9499	20	稲作	0.8223	0.7704	0.6923
2	その他農業	0.9454	0.9429	0.9042	21	その他農業	0.8476	0.8130	0.8900
3	畜産物	0.9238	0.6246	0.9957	22	畜産物	0.8820	0.8559	0.7994
4	林産物	0.9626	0.9679	0.9418	23	林産物	0.9499	0.9271	0.9365
5	水産業	0.8215	0.8146	0.7641	24	水産業	0.9039	0.8763	0.9017
6	原油・天然ガス	0.0000	0.0000	0.0000	25	原油・天然ガス	1.0898	1.0591	1.1216
7	その他鉱業	0.9282	0.9313	0.9015	26	その他鉱業	1.0807	1.0410	1.1129
8	食料，飲料・タバコ	0.8964	0.7449	0.8782	27	食料，飲料・タバコ	1.0341	1.5266	0.9383
9	繊維製品・皮革製品	0.6471	0.6714	0.6601	28	繊維製品・皮革製品	1.0800	1.0925	1.0270
10	製材・木製品	0.7870	0.6578	0.7183	29	製材・木製品	1.0849	1.1163	1.0260
11	パルプ，紙製品	0.8816	0.6527	0.8226	30	パルプ，紙製品	1.0709	1.1116	1.0118
12	化学製品	0.7570	0.7001	0.6437	31	化学製品	1.1305	1.0984	1.1068
13	石油精製・製品	0.3726	0.4562	0.4061	32	石油精製・製品	1.0744	1.2315	0.9423
14	ゴム製品	0.7261	0.6956	0.7546	33	ゴム製品	1.7417	1.1305	1.0184
15	非金属鉱物製品	0.8348	0.8247	0.8694	34	非金属鉱物製品	1.3031	1.4077	1.0350
16	金属製品	0.6639	0.6254	0.7355	35	金属製品	1.0597	1.0270	1.0177
17	機械	0.8996	0.8065	0.7079	36	機械	1.2222	1.0965	1.2711
18	輸送機械	0.8779	0.9009	0.7444	37	輸送機械	0.6266	0.6715	0.5657
19	その他製造業	0.7941	0.7805	0.7293	38	その他製造業	1.4092	1.2125	1.2376

(NO.1-19：韓国，NO.20-38：日本)

(〈"*Asian International Input-Output Tables*"（アジア国際産業連関表）Institute of Developing Economies Japan External Trade Organization, Japan (2000))〉より，日本・韓国のデータを抽出して以下の計算式を入力：
計算式＝MMULT(TRANSPOSE(MINVERSE(I_48-MMULT(MMULT(R_48,A_48),S_48))),(MMULT(TRANSPOSE(MMULT(A_R, S_48)),II_24)＋TRANSPOSE(MMULT(v_48, S_48)))))〉(I_48：単位対角行列表，R_48,：ROWの単位対角行列，A_48：日韓投入係数表，S_48：単位対角行列行列表に日韓相対的生産性成長率を入力，A_R：ROWの投入係数表，v_48：剰余価値率)

13)　計算過程では，1987年の日韓労働生産性国際比較数値が，タイムラグを伴って，1990年の日韓国際産業連関表に適用されている。理由は，日韓労働生産性国際比較と日韓国際産業連関表の対象年度が異なるためである。したがって，同様に，1992年の日韓労働生産性の国際比較数値が，タイムラグを伴って，1995年の日韓国際産業連関表に適用され，1997年の日韓労働生産性の国際比較数値が，タイムラグを伴って，2000年の日韓国際産業連関表に適用されている。

第 2 項　労働生産性[14]による価格変化の因子分析―バリマックス法―

ここでは，［表 6-5］労働生産性の変化による価格効果（製造工業部門）をデータとして，バリマックス法による因子分析を行うことにする。これにより，日韓の全期間に亘る製造工業部門の価格変化の把握が可能となるであろう。

分析の結果は，以下の［表 6-6］，［表 6-7］，［図 6-2-1］，［図 6-2-2］に示される。

［表 6-6］　労働生産性の変化による価格効果の因子分析（出力結果）

FACTOR プロシジャ			
回転後の因子パターン			
		Factor1	Factor2
X1	1990	0.80124	0.53787
X2	1995	0.48466	0.87300
X3	2000	0.87122	0.44333
因子の分散			
		Factor1	Factor2
		1.6359116	1.2479782
最終的な共通性の推定値：合計＝2.811746			
	X1	X2	X3
	0.93128435	0.99703331	0.95557218

14）　前章でも同じようなことを述べたが，ここでいう労働生産性は，筆者が算定した日韓物的労働生産性数値を示している。具体的には，第 2 章［表 2-4］日・韓総合労働生産性指数 および第 2 章第 3 節 第 2 項［表 2-6］日・韓相対的生産性成長率　に示した数値である。この数値を産業連関表の産業の項目に嵌め込むわけであるが，アジア産業連関表の 19 産業分類すべてをカバーしているものではない。したがって，第 2 章［表 2-4］日・韓総合労働生産性指数および［表 2-6］日・韓相対的生産性成長率で入手できている産業の生産性の変化が，アジア産業連関表の 19 産業の価格に与える変化を測定しようとするものである。また，ここでの労働生産性は，中村教授の部分要素生産性と代置している。したがって，その場合，労働生産性と部分要素生産性との概念上の不整合が問題となるかもしれない。しかし，労働生産性を部分要素生産性に代置して計算した本稿の結果は，日韓の現実をよく反映して，説明力が十分にあると考える。ちなみに，労働生産性を全要素生産性に代置して計算した結果と照合すると，大幅な乖離は認められなかった。なお，中村教授の部分要素生産性についての詳細は，前掲，中村愼一郎著，p.32 を参照。

[表 6-7]　労働生産性の価格効果因子分析：因子得点

	韓国(K)	第1因子	第2因子		日本(J)	第1因子	第2因子
1	稲作	0.254247	0.138955	20	稲作	−0.6071	−0.12214
2	その他農業	0.058918	0.17417	21	その他農業	0.215744	−0.48814
3	畜産物	1.541067	−2.0102	22	畜産物	−0.27054	0.019475
4	林産物	0.185703	0.19662	23	林産物	0.273678	−0.02341
5	水産業	−0.43217	−0.07343	24	水産業	0.181798	−0.18696
6	原油・天然ガス	−3.05411	−1.99979	25	原油・天然ガス	0.997204	0.096373
7	その他鉱業	0.046305	0.126241	26	その他鉱業	0.998759	0.020923
8	食料，飲料・タバコ	0.514423	−0.90301	27	食料，飲料・タバコ	−1.61191	3.524515
9	繊維製品・皮革製品	−0.82413	−0.48028	28	繊維製品・皮革製品	0.421153	0.594544
10	製材・木製品	−0.17754	−0.85308	29	製材・木製品	0.345035	0.737403
11	パルプ，紙製品	0.5449	−1.27846	30	パルプ，紙製品	0.262862	0.763638
12	化学製品	−0.74017	−0.34579	31	化学製品	0.887955	0.345992
13	石油精製・製品	−1.89312	−0.78369	32	石油精製・製品	−0.46797	1.697048
14	ゴム製品	−0.28605	−0.68617	33	ゴム製品	1.812965	0.315099
15	非金属鉱物製品	0.049637	−0.34428	34	非金属鉱物製品	−0.11498	2.293785
16	金属製品	−0.27609	−1.00168	35	金属製品	0.558945	0.243644
17	機械	−0.47847	−0.01416	36	機械	1.869079	−0.24068
18	輸送機械	−0.69099	0.462352	37	輸送機械	−1.30829	−0.17523
19	その他製造業	−0.53839	−0.15114	38	その他製造業	1.751645	0.410961

(1-19：Korea　20-38：Japan)

そこで，[表 6-6] 労働生産性の変化による価格効果の因子分析（出力結果）および [図 6-2-1]，[図 6-2-2][15] 労働生産性の価格効果因子分析：出力結果(A)(B)のプロットを分析すると，以下のようになる。

A：第1象限

（第1因子：1990年および2000年で価格上昇

第2因子：1995年で価格上昇）

第1象限は，1990年および2000年で価格が上昇し，1995年で価格が上昇した，即ち全期間について価格が上昇した産業のプロットを示している。この第

15）［図 6-2-1］のプロットの原点付近が込み合っているので，［図 6-2-2］で拡大してプロットを示した。

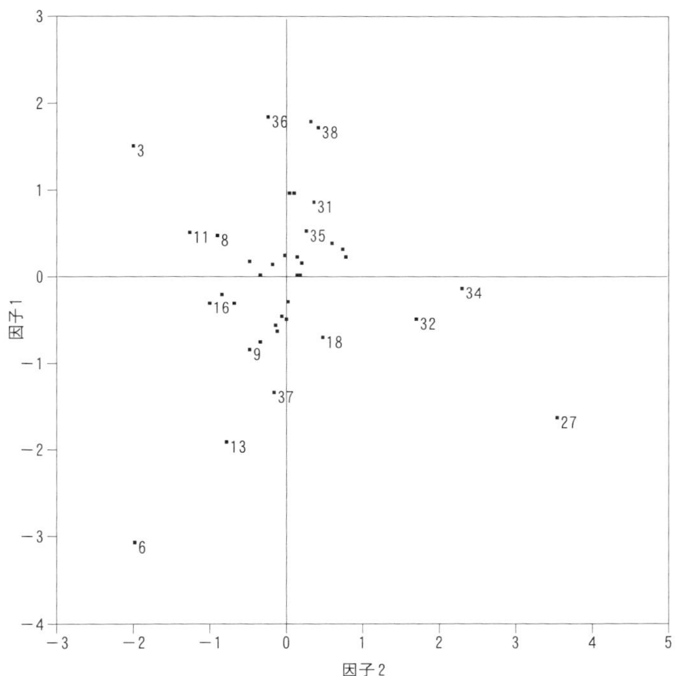

（Y＝Factor1：1990 年および 2000 年　X＝Factor2：1995 年）（JMP による作成）

［図 6-2-1］　労働生産性の価格効果因子分析：出力結果のプロット（A）

1 象限に属している産業は，1990 年代の価格の上昇の結果として価格競争力を弱めた産業である。具体的に列挙すると以下のようになる。

韓国：稲作（1），その他農業（2），林産物（4），その他鉱業（7）

日本：原油・天然ガス（25），その他鉱業（26），繊維製品・皮革製品（28），製材・木製品（29），パルプ・紙製品（30），化学製品（31），ゴム製品（33），金属製品（35），その他製造業（38）

そこで，韓国と日本を比べると，圧倒的に日本の産業が価格上昇となり，韓国に対して価格競争力を弱めていることが判明する。

B：第 2 象限

（第 1 因子：1990 年および 2000 年で価格上昇

第 2 因子：1995 年で価格下落）

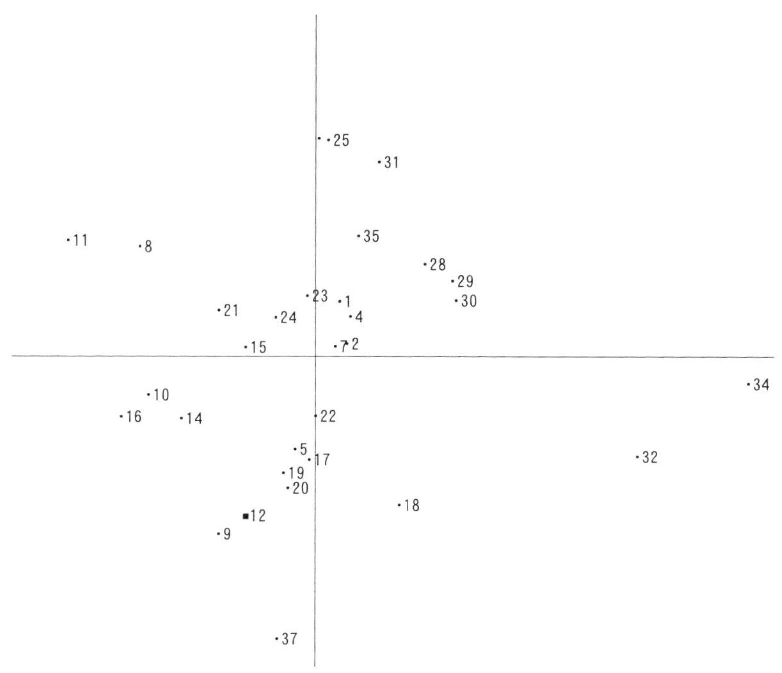

（Y＝Factor1：1990年および2000年　X＝Factor2：1995年）（JMPによる作成）

［図6-2-2］　労働生産性の価格効果因子分析：出力結果のプロット（B）

第2象限は，1990年および2000年で価格上昇し，1995年で価格下落した産業がプロットされている。この象限に属する産業は，1995年で価格下落して競争力を強化したが，1990年および2000年で価格上昇し，価格競争力を弱めていった産業であろうことが示唆される。

これらの産業を具体的に列挙すると以下のようになる。

韓国：畜産物（3），食料・飲料・タバコ（8），パルプ・紙製品（11），非金属鉱物製品（15）

日本：その他農業（21），林産物（23），水産業（24），機械（36）

C：第3象限

（第1因子：1990年および2000年で価格下落

第2因子：1995年で価格下落）

第3象限は，1990年および2000年で価格が下落し，1995年でも価格が下落した，すなわち，全期間で価格が下落した産業がプロットされている。この第3象限に属している産業は，1990年代を通じて価格が下落した結果，価格競争力を強化したものと思われる。

これらの産業を具体的に列挙すると以下のようになる。

韓国：水産業（5），原油・天然ガス（6），繊維製品・皮革製品（9），製材・木製品（10），化学製品（12），石油精製・製品（13），ゴム製品（14），金属製品（16），機械（17），その他製造業（19）

日本：稲作（20），輸送機械（37）

D：第4象限

（第1因子：1990年および2000年で価格下落

第2因子：1995年で価格上昇）

第4象限には，1990年および2000年で価格が下落し，1995年で価格が上昇した産業が属している。即ち，1995年で価格上昇した結果，価格競争力を弱めたが，1990年および2000年で価格が下落し，価格競争力を回復した産業が属している。具体的に示すと，以下の通りとなる。

韓国：輸送機械（18）

日本：畜産物（22），食料・飲料・タバコ（27），石油精製・製品（32），石油精製・製品（34）

以上の諸結果を「韓国の産業の水準における比較優位・比較劣位構造の検出の結果」，すなわち，「韓国の対日本比較優位産業は，繊維製品，石油・化学，ゴム・皮革，鉄鋼，電気機器の各産業である」とする結果とを照合すると，ここでの分析の第3象限に検出された価格競争力を有するとされる化学製品（12），石油精製および製品（14），繊維製品および皮革製品（9），金属製品（16），機械（電気機器を含む）（17）と対応している。

そうすると，第2章［表2-4］日韓総合労働生産性の国際比較数値に基づく本章第1節の「比較優位・比較劣位構造」の分析の結果と「日韓国際産業連関表」に基づく「労働生産性の変化の価格効果」の分析の結果は，論理的整合性を有していると判断される。

第4節　生産性変化による価格効果と輸出実績

前節では，日韓相対的労働生産性の変化が，日韓産業連関表を通じて，どのような価格変化をもたらすかについて考察してきた。

本節では，生産性の変化の価格効果が，現実の輸出実績とどのような関連性をもたらすのかを考察する。すなわち，生産性の変化の価格効果を説明変数(X)，輸出実績を目的変数（Y）として，回帰分析により検定を試みる。

データは，［表6-5］生産性の変化の価格効果および［表6-8］相対輸出額と相対輸出額成長率（韓国／日本）である。

［表6-8］　相対輸出額と相対輸出成長率（韓国／日本）

		相対輸出額（韓国／日本）				相対輸出額成長率		
		1985年	1990年	1995年	2000年	1990/1985	1995/1990	2000/1995
1	稲作	—	—	—	—	—	—	—
2	その他農業	1.1977	2.1818	2.4672	2.4719	1.8216	1.1308	1.0019
3	畜産物	0.9659	2.1311	0.8005	0.4516	2.2064	0.3757	0.5642
4	林産物	0.2529	0.4736	0.1605	0.2170	1.8726	0.3389	1.3517
5	水産業	2.5620	3.0753	2.9249	2.0388	1.2004	0.9511	0.6970
6	原油・天然ガス	0.3861	3.7775	8.0303	14.5946	9.7828	2.1258	1.8174
7	その他鉱業	0.4405	0.7626	0.3676	0.2676	1.7312	0.4821	0.7278
8	食料，飲料・タバコ	0.4235	0.6430	0.7665	0.8034	1.5183	1.1921	1.0481
9	繊維製品・皮革製品	1.4156	2.7338	2.5193	2.5585	1.9312	0.9215	1.0156
10	製材・木製品	0.8318	1.8484	2.0294	1.8303	2.2222	1.0979	0.9019
11	パルプ，紙製品・印刷	0.1123	0.2086	0.4490	0.7009	1.8582	2.1520	1.5610
12	化学製品	0.1050	0.1497	0.2796	0.3719	1.4257	1.8675	1.3299
13	石油精製・製品	1.6867	0.4997	0.8913	5.0592	0.2962	1.7838	5.6763
14	ゴム製品	0.2535	0.2818	0.2888	0.3126	1.1120	1.0246	1.0825
15	非金属鉱物製品	0.1597	0.1963	0.1193	0.1326	1.2294	0.6077	1.1113
16	金属製品	0.1865	0.2929	0.3522	0.4342	1.5703	1.2024	1.2326
17	機械	0.0740	0.1479	0.2252	0.3332	1.9980	1.5229	1.4796
18	輸送機械	0.1278	0.0891	0.1786	0.2429	0.6976	2.0031	1.3603
19	その他製造業	0.1552	0.2394	0.2849	0.1404	1.5422	1.1901	0.4930

（出所：野田容助編 改訂版『世界貿易マトリクス—国際産業連関表24部門分類にもとづいて』アジア経済研究所，2003年から計算）

この［表 6-5］および［表 6-8］のデータに基づいて，SAS により 1990 年について回帰分析を行った結果は，以下の通りである。

［表 6-9］ 生産性の変化の価格効果と相対輸出額成長率の回帰分析（出力結果）（1990 年）

分散分析					
変動因	自由度	平方和	平均平方	F 値	Pr > F
Model	1	2.08164	2.08164	16.73	0.0010
Error	15	1.86641	0.12443		
Corrected Total	16	3.94804			

誤差の標準偏差	0.35274	R2 乗	0.5273
従属変数の平均	0.34770	調整済 R2 乗	0.4957
変動係数	101.45096		

パラメータ推定値					
変数	自由度	パラメータ推定値	標準誤差	t 値	Pr > |t|
Intercept	1	0.72094	0.12508	5.76	<.0001
x	1	1.58734	0.38808	4.09	0.0010

Durbin-Watson の D	1.906
オブザベーション数	17
1 次の自己相関	0.045

以上の出力結果から，1990 年について，主な情報を纏めると，以下のようになる[16)]。

$$\ln Y = 0.721 + 1.587 \ln X \quad \text{F値} \quad 16.73^{**} \quad (N:17)$$
$$(5.76)^{**} \quad (4.09)^{**}$$

R2乗　0.5273　　調整済　R2乗　0.4957

Durbin－Watson の D　1.906

1 次の自己相関　0.045

回帰分析によれば，1990 年の「生産性の変化の価格効果（韓国）」を独立変数とし，「韓日相対輸出額成長率」を従属変数とする回帰式の係数は，1 %水準で有意である。言い換えると，生産性の変化の価格効果（韓国）」が「韓日相対

16)　原データを ln に変換した。その際，6 原油・天然ガスは「生産性の価格効果」が 0 なのでデータから外した。

輸出額成長率」の原因となり得るという関係が成り立つということである。また，決定係数が52.73％（調整済み決定係数49.57％）と十分の説明力を有している。さらに，DW係数が1.906で，1次の自己相関：0.045は検定の結果非有意である[17]。ただし，変数Xの係数が正であるために仮説に適合しない。

1995年について結果のみを示すと以下のようになる。

$$\ln Y = -0.272 - 0.989 \ln X \quad \text{F値} \quad 1.9631 \quad (N:17)$$
$$(1.09) \qquad (-1.40)$$

R2乗　0.116　　調整済　R2乗　0.056

Durbin－WatsonのD　1.324

1次の自己相関　0.3204

回帰分析によれば，1995年の「生産性の変化の価格効果（韓国）」を独立変数とし，「韓日相対輸出額成長率」を従属変数とする回帰式の係数は，非有意である。

2000年についても結果のみを示すと以下のようになる。

$$Y = -0.389 - 1.83X \quad \text{F値} \quad 14.81^{**} \quad (N:17)$$
$$(-2.43) \qquad (-3.85)^{**}$$

R2乗　0.4969　　調整済　R2乗　0.4633

Durbin－WatsonのD　2.295

1次の自己相関　-0.331

回帰分析によれば，2000年の「生産性の変化の価格効果（韓国）」を独立変数とし，「韓日相対輸出額成長率」を従属変数とする回帰式の係数は，1％水準で有意である。言い換えると，「生産性の変化の価格効果（韓国）」が「韓日相対輸出額成長率」を決定するという関係が成り立つということである。また，決定係数が49.69％（調整済み決定係数46.33％）と十分の説明力を有している。また，

---

17)　ダービン・ワトソンのd統計量のd_L（下限値），d_U（上限値）により，誤差項の系列相関Ho：$\rho=0$の検定を行う。そこで，本文での回帰分析結果はd＝1.906であり，ダービン・ワトソンのd統計量（有意水準5％の場合）によれば，データ数＝17，d_L（下限値）1.13，d_U（上限値）1.38であるので，d_U（1.38）$<$d（1.906）$<4-d_U$（2.62）となり，帰無仮説は棄却されず，本文の回帰分析結果には，誤差項の系列相関が認められない。

DW 係数が 2.295 で，1 次の自己相関：－0.331 は検定の結果非有意である[18)]。

以上の 1990 年，1995 年，2000 年の「生産性の変化の価格効果（韓国）」を独立変数（X），「韓日相対輸出額成長率」を従属変数（Y）とする回帰分析の結果は，2000 年において回帰関係が成立し，1990 年では仮説に適合せず，1995 年の時点では回帰関係は成立しなかった。

この検定結果により，韓国の 2000 年については，日韓国際産業連関表に基づく「生産性の変化の価格効果」と「相対輸出額成長率」との間には，回帰関係が存在することが判明した。したがって，労働生産性の国際比較数値を日韓国際産業連関表に接続した結果については，現実の「日韓相対的輸出額成長率」という貿易の現実と論理的整合性を有するということを示唆したものである。

本章のまとめ

本文でのリカードウ貿易理論の視角からする分析により，詳細は省略するにしても，大筋で，韓国の対日本比較優位産業は，繊維製品，石油・化学，ゴム・皮革，金属製品（鉄鋼），機械（電気機器を含む）の各産業であったこと，さらに日韓労働生産性の相対的変化の両国の産業の価格水準に及ぼす効果も，これら産業の 1990 年代の相対的国際競争力について，韓国側の産業の強化となって推移していったことが判明した[19)]。このことは，同時にコインの裏表

18)　ダービン・ワトソンの d 統計量の d_L（下限値），d_U（上限値）により，誤差項の系列相関 Ho：$\rho=0$ の検定を行う。そこで，本文での回帰分析結果は d＝2.295 であり，ダービン・ワトソンの d 統計量（有意水準 5％の場合）によれば，データ数＝17，d_L（下限値）1.13，d_U（上限値）1.38 であるので，d_U（1.38）＜d（2.295）＜4－d_U（2.62）となり，ゆえに帰無仮説は棄却されず，本文の回帰分析結果には，誤差項の系列相関が認められない。

19)　日韓国際競争力の分析に際して，第 4 章バラッサの英米国際競争力分析と同様に，労働生産性の較差のみならず，賃金較差も視野に入れた分析も必要とするが，ここでは果たされていない。しかし，各産業部門によって異なると思われるが，生産性較差／賃金較差＞1 であることが予測される。今後，日韓両国の経済水準が同水準に近ずくにつれて，賃金較差が縮小し，労働生産性の較差要因よってのみ，両国の国際競争力の相対水準が把握されるであろう。為替レートも賃金較差比に影響を与えるとともに，為替レートそのものが輸出の価格競争力に影響を与える。この点，1990－2000 年代は，ウォン安方向で推移してきたので，韓国の競争力に有利に作用したものと思われる。

の関係で日本の同諸産業が競争力を失っていったことを意味する。

この日・韓産業の1990年代の相対的競争力は，全般的に韓国の競争力の強化，日本の競争力の弱化と推移しているので，これは，両国の貿易収支に韓国の出超（黒字），日本の入超（赤字）となって現象することが予想される[20]。ところが，現実は，この予想に反して，［表6-10］韓国の対日本貿易収支によれば，韓国の入超（赤字），日本の出超（黒字）となって現れている。

［表6-10］　韓国の対日本貿易収支

	1980	1985	1990	1995	2000	2001
輸出	3,014,028	4,543,325	12,637,879	17,285,636	20,466,016	16,502,390
輸入	5,834,113	7,531,474	18,573,851	32,615,876	31,826,982	26,633,084
収支	−2,820,085	−2,988,149	−5,935,972	−15,330,240	−11,360,966	−10,130,694

（1000 US ドル）

（出所：野田容助編 改訂版『世界貿易マトリクス—国際産業連関表24部門分類にもとづいて』アジア経済研究所，2003年）

この予想に反する現実については，おそらく「韓国の産業構造（日本から部品・素材等の中間財および資本財を輸入し，完成品を輸出する）に起因するもので，韓国の全輸出が増えるにつれて日本からも輸入も増える傾向にある」[21]という指摘が，この年代のこの現象を説明するのに適切であると思われる。加えてこの指摘を支持する論拠は［表6-11］韓国の対日本の輸入額の割合にある。表によれば，2000年の輸入総額のうち，機械51.81%，化学製品15.05%，金属製品12.62%，その他の産業9.26%でこの4部門で88.74%を占めていることにある。この統計的事実は「韓国の産業構造（日本から部品・素材等の中間財および資本財を輸入し，完成品を輸出する）」[22]という指摘を裏付けるものであろう。しかもこの韓国の対日本輸入のタイプは1990年代を通じて同型でもある。

---

20)　序の注3)で述べているように，貿易収支の決定理論については，貯蓄・投資バランス・アプローチではなく，弾力性アプローチ理論に基づいている。すなわち，貿易・サービス収支の動きで，経常収支の動きを説明しようとする理論である。以下の章でも同じである。

21)　外務省北東アジア課「韓国経済の現状と日韓経済関係」平成19年1月。http://www.mofa.go.jp/mofaj/area/korea/pdfs/keizai.pdf

22)　同上。

［表 6-11］ 韓国の対日本の輸入額の割合（1985 年・1990 年・1995 年・2000 年）

		韓国⇒日本				輸入額の割合			
		1985 年	1990 年	1995 年	2000 年	1985 年	1990 年	1995 年	2000 年
1	稲作	—	—	—	—	—	—	—	—
2	その他農業	9,789	12,706	26,551	28,556	0.0014	0.0007	0.0008	0.0009
3	畜産物	3,568	4,991	5,226	1,810	0.0005	0.0003	0.0002	0.0001
4	林産物	7,331	5,533	2,058	715	0.0010	0.0003	0.0001	0.0000
5	水産業	16,384	29,756	37,409	154,384	0.0023	0.0016	0.0011	0.0049
6	原油および天然ガス	47	12	11,265	4,265	0.0000	0.0000	0.0003	0.0001
7	その他鉱業	39,338	62,306	10,694	192,064	0.0054	0.0034	0.0034	0.0060
8	食料，飲料およびタバコ	29,870	69,054	260,569	204,105	0.0041	0.0037	0.0080	0.0064
9	繊維製品および皮革製品	497,997	743,931	747,119	509,666	0.0689	0.0401	0.0229	0.0160
10	製材および木製品	4,572	7,905	29,607	20,721	0.0006	0.0004	0.0009	0.0007
11	パルプ，紙製品および印刷	71,360	171,790	240,413	268,430	0.0099	0.0092	0.0074	0.0084
12	化学製品	1,190,899	2,849,618	4,729,315	4,790,090	0.1647	0.1534	0.1450	0.1505
13	石油精製および製品	134,892	501,498	693,704	420,553	0.0187	0.0270	0.0213	0.0132
14	ゴム製品	25,719	74,408	109,011	117,431	0.0036	0.0040	0.0033	0.0037
15	非金属鉱物製品	164,278	256,609	662,956	897,342	0.0227	0.0138	0.0203	0.0282
16	金属製品	1,143,020	2,125,307	3,721,324	4,016,681	0.1581	0.1144	0.1141	0.1262
17	機械	3,242,629	9,793,599	16,797,024	16,490,047	0.4484	0.5273	0.5151	0.5181
18	輸送機械	114,780	516,862	1,044,689	762,407	0.0159	0.0278	0.0320	0.0240
19	その他製造業	535,000	1,347,968	3,383,053	2,947,870	0.0740	0.0726	0.1037	0.0926

（出所：野田容助編 改訂版『世界貿易マトリクス—国際産業連関表 24 部門分類にもとづいて』アジア経済研究所，2003 年）

そうすると，韓国経済は，1990 年代から 2000 年代にかけて自立的な経済に立ち至り，日・韓関係は同質の経済に到達したとする見解[23]は，基本的には正しいと思われるが，韓国側としては，外務省が指摘するような関係から脱却したときに，真の自立的経済の達成と日本との同質的経済の完成が実現するものと思われる。

23）第 10 章第 1 節。

第 7 章

日・台産業の相対的国際競争力の推移
—アジア国際産業連関表に相対的労働生産性数値を接続して (1990－2000 年)—

はじめに

1970 年代の後半から 80 年代にかけて韓国と共に台湾は新興工業経済地域 (NIEs) のメンバーとして，順調で急速な経済成長を実現した。1990 年代に入り，台湾経済は成長を持続し，1997 年のタイバーツの下落に端を発するアジア通貨危機の発生，これによるアジア全域に広がる通貨・経済危機への波及に際しても，豊富な外貨準備高を背景に打撃を回避し得た。この間，日本・米国との従来の経済関係をさらに深めるとともに，経済の次元で中国との関係をも深めていった。このことは台湾経済の軸足が，中国経済に傾斜していったことを示唆するものであろう。事実，アジア国際産業連関表によれば，台湾の中国への生産依存度は，2000 年度では，化学品 18.11%，機械 9.27%，金属製品 14.72%，繊維製品 10.92%であり [1)]，1990 年代を通じて，相対的にその比重を高めている。今後，この傾向を持続するであろうが，したがって，台湾の場合は，台・中経済関係が重要な要因として動向を左右するものと思われる。

しかし，本章では，台中経済関係を視野に入れながら，日台経済関係に主軸を置き，分析を試みることにする。

1）「台中地域別生産依存度」については，［終章表 3］台中地域別生産依存度（2000 年）を参照。

第1節　台湾の産業の水準における比較優位・比較劣位構造の検出

第1項　日・台労働生産性の総合指数をデータとする各年度の比較優位・劣位構造の分析

既に，われわれは第3章で日台労働生産性の国際比較作業の結果を［表3-5］で提示した。この［表3-5］は，産業の水準での「日台総合労働生産性の国際比較数値」を示している。この表から，両国の各年度・各産業の比較優位・比較劣位構造を分析することができる。すなわち，全産業の総合値[2)]を下回る産業が，台湾の日本に対する比較優位産業である。

たとえば，［表3-5］では，1982年について全産業の総合指数は452であるので，台湾の日本に対する比較優位産業は，機械部門（101），金属部門（181），石油化学部門（186），繊維・衣服部門（289），電気機器部門（293）の諸部門である。

1987年では，全産業総合指数が373であるので，台湾の日本に対する比較優位産業は，機械部門（46），石油・化学部門（136），電気機器部門（146），繊維・衣服部門（169），金属製品部門（177），窯業部門（331）の諸部門である。

1992年では，全産業の総合指数が215であるので，台湾の日本に対する比較優位産業は，繊維・衣服部門（25），機械部門（66），電気機器部門（86），石油・化学部門（118），金属製品部門（124）の諸部門である。

1997年では，全産業の総合指数が366であるので，台湾の日本に対する比較優位産業は，機械部門（44），繊維・衣服部門（56），金属製品部門（123），石油・化学部門（131），電気機器部門（171），窯業部門（260）の諸部門である。

こうして，各年度，すなわち1982年，1987年，1992年，1997年の各産業

2）　産業の総合値を国民的生産力水準と想定し，これを比較優位・劣位の基準値としている。

の比較優位構造が検出された。これにより，各年度について，台湾の日本に対する相対的競争力を有する産業は，繊維・衣服，石油・化学，金属製品，電気機器，機械の諸部門であることが判明した[3)]。

第2項　日・台総合労働生産性指数をデータとする全期間の比較優位・劣位構造の分析

本項では，1982－1997年の全期間を通じて，いずれの産業が比較優位を有しているかを把握するために因子分析を適用する。その際，日台総合労働生産性指数のデータに基づいてバリマックス法による因子分析を採用する。

［表7-1］　日・台総合労働生産性指数の因子分析（出力結果）〈バリマックス法〉

FACTOR プロシジャ			
回転後の因子パターン			
		Factor1	Factor2
X1	1982	0.91815	0.36936
X2	1987	0.89650	0.41819
X3	1992	0.43757	0.88622
X4	1997	0.35679	0.92348
因子の分散			
		Factor1	Factor2
		1.9654701	1.9495100
最終的な共通性の推定値：合計＝3.914980			
X1	X2	X3	X4
0.97941778	0.97859440	0.97685548	0.98011247

［表7-2］　日・台総合労働生産性指数因子分析：因子得点

CODE	FNAME	Factor 1	Factor 2	CODE	FNAME	Factor 1	Factor 2
1	a. 食料品	1.227211	0.15147	6	f. 窯業	0.57481	-0.45339
2	b. 繊維・衣服	-0.3502	-0.75626	7	g. 金属製品	-0.83622	-0.27097
3	c. 紙	-0.13896	2.76021	8	h. 機械	-1.40391	-0.23564
4	d. 石油・化学	-0.9446	-0.22793	9	i. 電気機器	-0.54721	-0.41211
5	e. ゴム製品	0.86803	-0.083	10	j. 輸送機械	1.55114	-0.47239

3）各年度の比較優位・劣位構造分析において，繊維・衣服産業を別とすると，石油・化学，金属製品，電気機器，機械は，いずれも重化学工業部門に属し，台湾の産業の高度化が進んでいる状況を示している。なお，比較劣位産業は，特に摘記していないが，比較優位産業の残余の産業である。

［表 7-1］と［表 7-2］は，SAS による因子分析の結果を，さらに，［図 7-1］は，［因子得点］のプロットを示している。

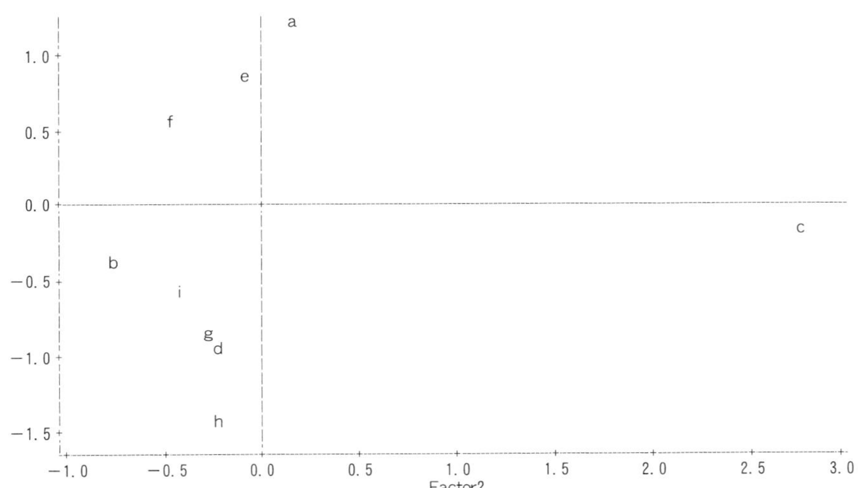

（Y＝Factor1：期間の前半　X＝Factor2：期間の後半）

［図 7-1］　日・台総合労働生産性指数因子分析：出力結果プロット

この諸結果から，台湾からの視点に傾斜して，若干の指摘がなされ得る。

A．第1象限

（第1因子：期間の前半で較差拡大

第2因子：期間の後半で較差拡大）

第1象限は期間の前半および期間の後半で較差が拡大し，すなわち全期間に亘って較差が拡大している産業で，この象限に属する産業は全期間において台湾の比較劣位産業であり，したがって国際競争力が弱い産業であると判定される。食料品産業（a）がこの象限に属する。

B．第2象限

（第1因子：期間の前半で較差拡大

第2因子：期間の後半で較差縮小）

第2象限は期間の前半で較差が拡大し，期間の後半で較差が縮小した産業がプロットされている。

この象限に属する産業は，台湾にとって，おそらく，比較劣位産業であろうが，もし，後半の期間で較差縮小の傾向が持続するならば，第3象限にシフトする可能性を有しており，そうすると比較優位産業へとシフトする潜在力を含むと考えられる。ゴム（e），窯業（f），自動車（j）がこの象限に所属している。

C．第3象限

（第1因子：期間の前半で較差縮小
第2因子：期間の後半で較差縮小）

第3象限は，期間の前半で較差縮小し，期間の後半でも較差縮小した産業がプロットされている。この象限に所属する産業は，台湾は日本に対して比較優位にある産業であり，繊維製品（b），石油・化学（d），金属製品（g），機械（h），電気機器（i）の各産業が，この象限に所属する。

D．第4象限

（第1因子：期間の前半で較差縮小
第2因子：期間の後半で較差拡大）

第4象限は期間の前半で較差縮小し，期間の後半で較差拡大した産業のプロットを示している。したがって，期間の前半で比較優位であったものが，期間の後半で比較劣位に転化した産業である。この象限には，紙部門（c）が属している。

以上の分析から，台湾の対日本比較優位産業は，第3象限に属する繊維製品（b），石油・化学（d），金属製品（g），機械（h），電気機器（i）の各産業であることが判明した。その特徴は，繊維・衣服を除くと，重化学工業部門であり，台湾の産業の重化学工業化，産業の高度化を反映するものである[4)]。

第3項　台湾比較優位・劣位構造の対日輸出額への反映

こうした台湾の比較優位・比較劣位構造の分析により検出された諸産業は，

4）　因子分析（バリマックス法）による全期間の比較優位・劣位構造の分析においても，各年度の比較優位・劣位構造の分析結果と同じ結論が得られている。なお，［図7-1］でj. 輸送機械が第2象限からはみ出している。

現実の貿易統計，とりわけ台湾の対日輸出額にどのように反映されているのか，もしくはいないのかを検証する5)。

[表 7-3]　台湾の対日輸出額と輸出額の割合（1985 年・1990 年・1995 年・2000 年）

		台湾⇒日本（輸出額）				各年度の輸出額の割合			
		1985 年	1990 年	1995 年	2000 年	1985 年	1990 年	1995 年	2000 年
1	稲作	—	—	—	—	—	—	—	—
2	その他農業	111,149	340,844	193,088	115,867	0.0320	0.0129	0.0141	0.0068
3	畜産物	32,708	57,025	15,661	13,729	0.0094	0.0022	0.0011	0.0008
4	林産物	10,569	33,045	12,110	3,797	0.0030	0.0012	0.0009	0.0002
5	水産業	338,617	10,914,342	1,185,738	1,035,524	0.0976	0.4118	0.0866	0.0610
6	原油および天然ガス	0	0	0	0	0.0000	0.0000	0.0000	0.0000
7	その他鉱業	4,023	21,991	13,654	6,916	0.0012	0.0008	0.0010	0.0004
8	食料，飲料およびタバコ	658,519	2,822,310	2,049,307	321,350	0.1897	0.1065	0.1497	0.0189
9	繊維製品および皮革製品	664,625	1,908,679	754,706	530,552	0.1915	0.0720	0.0551	0.0312
10	製材および木製品	147,348	765,572	347,970	227,394	0.0425	0.0289	0.0254	0.0134
11	パルプ，紙製品および印刷	16,998	182,676	69,809	62,019	0.0049	0.0069	0.0051	0.0037
12	化学製品	195,945	851,468	602,212	768,088	0.0565	0.0321	0.0440	0.0452
13	石油精製および製品	89,824	150,683	20,510	45,114	0.0259	0.0057	0.0015	0.0027
14	ゴム製品	6,231	69,992	48,045	57,142	0.0018	0.0026	0.0035	0.0034
15	非金属鉱物製品	44,914	247,419	117,132	96,222	0.0129	0.0093	0.0086	0.0057
16	金属製品	296,265	1,628,227	1,456,796	1,296,227	0.0854	0.0614	0.1064	0.0763
17	機械	446,609	3,392,609	4,606,809	1,0115,826	0.1287	0.1280	0.3364	0.5956
18	輸送機械	64,694	706,919	463,299	452,302	0.0186	0.0267	0.0338	0.0266
19	その他製造業	341,675	2,407,329	1,737,085	1,836,179	0.0984	0.0908	0.1269	0.1081

（単位：1000 U.S.ドル）

（出所：野田容助編 改訂版『世界貿易マトリクス—国際産業連関表 24 部門分類にもとづいて』アジア経済研究所，2003 年）

［表 7-3］台湾の対日輸出額と輸出額の割合 のデータによれば，まず，台湾の対日主力輸出産業は，8 食料，飲料およびタバコ，9 繊維製品および皮革製

5）　以下の論述で，「日台総合労働生産性指数」による比較優位・劣位構造は，1987 年，1992 年，1997 年が分析の対象年度であるが，国際産業連関分析による対象年度は 1990 年，1995 年，2000 年のデータをとっている。

品，12 化学製品，16 金属製品，17 機械となっていることが判明する。1985 年では，この 5 産業で全体の輸出額の 65.17%，1990 年では 40.01%，1995 年では 69.15%，2000 年では 76.73%を占めている。そこで，この諸産業の全体の中に占める輸出額の割合の推移に着目すると繊維・衣服（繊維製品および皮革製品）は，1985 年で 19.15%，1990 年で 7.2%，1995 年で 5.51%，2000 年で 3.12%とその割合が漸次低下傾向にある。このように，繊維・衣服は，比較優位産業ではあるが，現実には輸出のシェアは減少している。次に，機械（電気製品を含む）は，1985 年で 12.87%，1990 年で 12.80%，1995 年で 33.64%，2000 年で 59.56%と各年度高いシェアを維持しており，また金属製品（鉄鋼）は，1985 年で 8.54%，1990 年で 6.14%，1995 年で 10.64%，2000 年で 7.63%とこれも各年度相当のシェアを維持している。また，化学産業は 1985 年で 5.65%，1990 年で 3.21%，1995 年で 4.40%，2000 年では 4.52%でコンスタントに割合を維持しており，これら産業が全期間で比較優位産業であることに対応している[6]。

こうして，［表 7-3］台湾の対日輸出額と輸出額の割合によれば台湾の比較優位産業は，現実の貿易統計にかなり反映しているものと思われる。

第 2 節　日・台産業連関表の分析に基づくデータ

この節では，日本経済に対する台湾の相対的位置を把握するために，台湾の比較優位産業であり，主力輸出産業である繊維製品，石油・化学，金属，機械，電気機器の各産業に焦点を合わせる。

第 1 項　算定のための基礎データと年度

算定のための基礎データについては，“*Asian International Input-Output*

6）この瞥見により，比較優位・劣位構造を反映してはいるが，労働集約型軽工業である ① 繊維・衣服（繊維製品および皮革製品）が，次第に主力輸出産業から後退し，代わって，技術集約・資本集約型重工業が主力輸出産業の地位を占めつつあることが見て取れるであろう。すなわち台湾は，産業構造の転換に成功し，新興工業経済地域から卒業して，産業の高度化を達成していることのあらわれであろう。経済的な事情からすれば，すでに韓国に続いて OECD に加盟する条件が整っているものと思われる。

Tables (1990, 1995, and 2000)”[7] を参照。

第2項　算定結果

第2項－1　中間投入係数

日台中間投入係数は，各年度アジア国際産業連関表に基づいて算定される。

第2項－2　レオンチェフ逆行列係数

さらに，レオンチェフ逆行列係数表から1990年，1995年，2000年の台湾の影響力係数のデータを得る（製造工業)。これに基づき因子分析を行った結果，1990年－2000年において影響力係数が相対的に高い産業は，畜産物（c)，食料・飲料およびタバコ（h)，繊維製品および皮革製品（i)，金属製品（p)，その他製造業（s)，化学製品（l)，パルプ・紙製品および印刷（k)，輸送機械（r）であった。

以上の検定は，前節で検出した台湾の主力輸出産業である9.繊維製品および皮革製品，12.化学製品，16.金属製品と対応するものである。すなわち，台湾の主力輸出産業である9.繊維製品および皮革製品，12.化学製品，16.金属製品の各産業は，同時に台湾国内で影響力係数の高い重要な産業であることが判明した。

第3項　日・台地域別生産依存度[8]

［表7-4］日台地域別生産依存度（2000年)・左側によれば，台湾の日本に対する比較優位産業である繊維製品，石油・化学，金属製品，機械，電気機器の各産業部門の地域別生産依存度は，以下のとおりである。

7） “*Asian International Input-Output Tables*”（アジア国際産業連関表）Institute of Developing Economies Japan External Trade Organization Japan（1990, 1995, 2000).

8） 前掲 “*Asian International Input-Output Tables*” をデータにして，日台「国内生産誘発額」を求める。次いで日台各産業の項目別の生産誘発額の行和を求めて生産額を得る。さらにこの生産額で，日台各産業の項目別の生産誘発額を除して「最終需要項目別生産誘発依存度」を求める。そして，これを日・台・ROW（Rest of the World）の地域別に要約して「日台地域別生産依存度」を得る。この作業結果が<［表7-4］日・台地域別生産依存度（2000年)>である。算定手順については，前掲・中村著，第5章　空間的拡張：国際産業連関表の5.3.3日米表を用いた分析（p.152以降）にしたがっている。

[表 7-4]　日・台地域別生産依存度（2000 年）

		台湾	日本	ROW	日本	台湾	ROW
1	稲作	0.9085	0.0421	0.0495	0.9882	0.0015	0.0104
2	その他農業	0.9477	0.0215	0.0308	0.9910	0.0007	0.0083
3	畜産物	0.9272	0.0321	0.0408	0.9886	0.0013	0.0101
4	林産物	0.9068	0.0372	0.0560	0.9889	0.0009	0.0102
5	水産業	0.9012	0.0513	0.0474	0.9719	0.0014	0.0267
6	原油および天然ガス	0.5616	0.0505	0.3879	0.9209	0.0060	0.0731
7	その他鉱業	0.7817	0.0342	0.1841	0.9600	0.0049	0.0350
8	食料，飲料およびタバコ	0.9123	0.0393	0.0484	0.9897	0.0013	0.0089
9	繊維製品および皮革製品	0.2336	0.0260	0.7404	0.9258	0.0087	0.0655
10	製材および木製品	0.5307	0.1230	0.3463	0.9738	0.0020	0.0242
11	パルプ，紙製品および印刷	0.7559	0.0280	0.2161	0.9420	0.0052	0.0528
12	化学製品	0.3616	0.0636	0.5748	0.8528	0.0121	0.1352
13	石油精製および製品	0.6095	0.0292	0.3613	0.9460	0.0030	0.0510
14	ゴム製品	0.3675	0.0416	0.5909	0.7093	0.0120	0.2787
15	非金属鉱物製品	0.7697	0.0384	0.1919	0.9252	0.0079	0.0669
16	金属製品	0.3904	0.0868	0.5229	0.8652	0.0113	0.1235
17	機械	0.3267	0.1191	0.5542	0.7912	0.0232	0.1857
18	輸送機械	0.6933	0.0292	0.2775	0.7396	0.0077	0.2527
19	その他製造業	0.2719	0.0841	0.6440	0.8630	0.0133	0.1236
20	電気・ガス・水道	0.8073	0.0234	0.1693	0.9487	0.0038	0.0475
21	建設	0.9518	0.0049	0.0433	0.9946	0.0004	0.0050
22	商業・運輸業	0.6896	0.0375	0.2729	0.9242	0.0041	0.0717
23	サービス業	0.8599	0.0142	0.1259	0.9734	0.0014	0.0252
24	公務	1.0000	0.0000	0.0000	0.9995	0.0000	0.0005

（note: ROW⇒Rest of the World）

（〈“*Asian International Input-Output Tables*”（アジア国際産業連関表）Institute of Developing Economies Japan External Trade Organization, Japan（2000））〉をデータとする「日台国内生産誘発額」より作成）

台湾の繊維製品（繊維製品および皮革製品）は，台湾（23.36%），日本（2.60%），ROW（74.04%），石油（石油精製および製品）は，台湾（60.95%），日本（2.92%），ROW（36.13%），化学（化学製品）は，台湾（36.16%），日本

(6.36%)，ROW（57.48%），鉄鋼（金属製品）は，台湾（39.04%），日本（8.68%），ROW（52.29%），電気機器（機械）は，台湾（32.67%），日本（11.91%），ROW（55.42%）である。

以上のデータから，台湾の比較優位産業である繊維製品（b），石油・化学（d），金属製品（g），機械（h），電気機器（i）の各産業部門は，日本への生産依存度がかなり高いことが判明する。

同じく［表 7-4］日本地域別生産依存度（2000 年）・右側によれば，これに対して，日本の台湾への生産依存度は，全産業において低いのが特徴的であり，日本の場合は，ROW に依存する度合いが相対的に高いことが判明する。

そうすると，台湾の日本に対する比較優位産業である繊維製品（b），石油・化学（d），金属製品（g），機械（h），電気機器（i）の各産業部門は，国際競争力を有するが故に，日本市場に輸出され，同時に日本市場の需要に深く依存していることを示唆している。

第3節　労働生産性の相対的変化による産業部門の価格変化

本節では，日台労働生産性の相対的変化が両国の産業の価格水準に如何なる影響を与えるかについて考察する。

第1項　労働生産性による価格変化のデータ

ここでは中村教授の「部分要素生産性の相対的変化による産業部門の価格変化」の算定方法を採用する[9]。

この計算過程[10]の最終結果が得られ［表 7-5］のように示される。

9） 第5章 第3節を参照。前掲，中村愼一郎著。

10） 計算過程では，1987 年の日台労働生産性国際比較数値が，タイムラグを伴って，1990 年の日台産業連関表に適用されている。理由は，日台労働生産性国際比較と日台産業産業連関表の対象年度が異なるためである。したがって，同様に，1992 年の日台労働生産性の国際比較数値が，タイムラグを伴って，1995 年の日台産業産業連関表に適用され，1997 年の日台労働生産性の国際比較数値が，タイムラグを伴って，2000 年の日台産業産業連関表に適用されている。

[表 7-5]　労働生産性の変化による価格効果（出力結果）

	台湾（T）	1990	1995	2000		日本（J）	1990	1995	2000
NO.	産業	i+⊿	i+⊿	i+⊿	NO.	産業	i+⊿	i+⊿	i+⊿
1	稲作	0.9382	1.0339	0.9814	20	稲作	1.018	1.006	0.950
2	その他農業	0.9324	0.9305	0.9672	21	その他農業	1.023	0.983	0.938
3	畜産物	0.9135	1.1782	0.8379	22	畜産物	0.961	0.980	1.004
4	林産物	0.9660	1.4957	0.9670	23	林産物	0.990	1.035	0.969
5	水産業	0.9022	1.0103	0.8897	24	水産業	0.990	1.007	0.913
6	原油および天然ガス	0.8920	0.9511	0.9365	25	原油および天然ガス	0.957	1.272	0.965
7	その他鉱業	0.6991	0.7644	0.7928	26	その他鉱業	0.960	1.406	0.875
8	食料，飲料・タバコ	0.8768	1.0110	0.8678	27	食料，飲料・タバコ	0.952	0.929	0.943
9	繊維製品・皮革製品	0.6665	0.5790	1.5525	28	繊維製品・皮革製品	1.287	-1.325	0.785
10	製材および木製品	0.8211	0.9082	0.8280	29	製材および木製品	0.967	0.914	0.900
11	パルプ，紙製品・印刷	0.7956	1.2597	0.9630	30	パルプ，紙製品・印刷	1.015	0.804	0.844
12	化学製品	0.7007	0.8896	0.8200	31	化学製品	1.040	0.945	0.856
13	石油精製・製品	0.4663	0.5239	0.5139	32	石油精製・製品	0.594	0.698	0.559
14	ゴム製品	0.7845	0.7739	1.0086	33	ゴム製品	1.101	0.919	0.888
15	非金属鉱物製品	0.7630	0.8651	0.8428	34	非金属鉱物製品	1.018	1.045	0.927
16	金属製品	0.6937	0.7627	0.8356	35	金属製品	0.904	1.182	0.891
17	機械	0.6532	0.5616	0.9030	36	機械	0.723	1.073	0.928
18	輸送機械	0.7792	0.8880	1.0679	37	輸送機械	0.929	3.389	0.730
19	その他製造業	0.7491	0.8276	0.9523	38	その他製造業	1.002	0.973	0.908

（T：台湾，J：日本）

（計算式：〈"*Asian International Input-Output Tables*"（アジア国際産業連関表）Institute of Developing Economies Japan External Trade Organization, Japan (2000))〉より，日本・台湾のデータを抽出して以下の計算式を入力：＝MMULT（TRANSPOSE（MINVERSE（I_48-MMULT（MMULT（R_48, A_48), S_48))), (MMULT（TRANSPOSE（MMULT（A_R, S_48))_24)＋TRANSPOSE（MMULT（v_48, S_48))))〉（I_48：単位対角行列表，R_48,：ROWの単位対角行列，A_48：日台投入係数表，S_48：単位対角行列行列表に日台相対的生産性成長率を入力，A_R：ROWの投入係数表，v_48：剰余価値率）

第2項　労働生産性[11]による価格変化の因子分析—バリマックス法—

ここでは，［表 7-5］労働生産性の変化による価格効果（製造工業部門）をデータとして，バリマックス法による因子分析を行うことにする。これにより，日台の全期間に亘る価格変化の把握が可能となるであろう。

分析の結果は，以下の［表 7-6］に示される。

［表 7-6］ 労働生産性の変化による価格効果の因子分析（出力結果）

FACTOR プロシジャ			
回転後の因子パターン			
		Factor1	Factor2
X1	1990	0.72550	-0.14887
X2	1995	-0.02296	0.98492
X3	2000	0.77128	0.10988
因子の分散			
		Factor1	Factor2
		1.1217451	1.0042947
最終的な共通性の推定値：合計＝2.126040			
	X1	X2	X3
	0.54851277	0.97058572	0.60694126

［表 7-6］労働生産性の変化による価格効果の因子分析（出力結果）および［図 7-2-1］［図 7-2-2］[12] 労働生産性の変化による価格効果の因子分析：出力結果(A)(B) のプロットを分析すると，以下のようになる。

A：第 1 象限

（第 1 因子：期間の前半と後半で価格上昇

第 2 因子：期間の中期で価格上昇）

第 1 象限は，期間の前半と後半で価格が上昇し，期間の中期で価格が上昇した，即ち全期間について価格が上昇した産業のプロットを示している。この第

11）　ここでいう労働生産性は，筆者が算定した日台物的労働生産性比較数値を示している。具体的には，［表 3-5］日・台総合労働生産性指数 および［表 3-7］日台相対的労働生産性成長率に示した数値である。この数値を日台産業連関表の産業の項目に嵌め込むわけであるが，アジア産業連関表の 19 産業分類すべてをカバーしているものではない。したがって，［表 3-5］日・台総合労働生産性指数および［表 3-7］日・台相対的労働生産性成長率で入手できている日台産業の労働生産性の変化が，アジア産業連関表の 19 産業の価格に与える変化を測定しようとするものである。なお，ここでの労働生産性は，中村教授の部分要素生産性に代置している。したがって，両者の生産性概念の整合性が問題である。しかし，作業の結果は，日台産業の競争力の現実を反映して，十分の説明力があることが判明する。なお，中村教授の部分要素生産性についての詳細は，前掲，中村愼一郎著，p.32 を参照。

12）［図 7-2-1］では，原点付近のプロットが込み合っているので，［図 7-2-2］にプロットを拡大して示している。

[表7-7]　労働生産性の変化による価格効果の因子分析：因子得点

CODE	台湾	Factor 1	Factor 2	CODE	日本	Factor 1	Factor 2
1	稲作	0.5949	0.1542	20	稲作	0.7705	0.0190
2	その他農業	0.5036	-0.0279	21	その他農業	0.7396	-0.0345
3	畜産物	-0.1496	0.2823	22	畜産物	0.7899	0.0680
4	林産物	0.6573	0.8947	23	林産物	0.7507	0.1056
5	水産業	0.0339	0.0571	24	水産業	0.4925	0.0076
6	原油・天然ガス(f)	0.2029	0.0084	25	原油・天然ガス	0.6044	0.5245
7	その他鉱業	-1.2314	-0.2934	26	その他鉱業	0.2138	0.6633
8	食料，飲料・タバコ	-0.1676	0.0569	27	食料，飲料・タバコ	0.4758	-0.0673
9	繊維製品・皮革製品	2.0751	0.1208	28	繊維製品・皮革製品	1.0294	-4.2442
10	製材・木製品	-0.5755	-0.1106	29	製材・木製品	0.3353	-0.1430
11	パルプ，紙製品・印刷	-0.0543	0.6223	30	パルプ，紙製品・印刷	0.2759	-0.4149
12	化学製品	-1.0970	-0.0596	31	化学製品	0.4341	-0.1868
13	石油精製・製品	-3.4403	-0.7803	32	石油精製・製品	-2.7160	-0.5428
14	ゴム製品	0.0909	-0.1421	33	ゴム製品	0.8217	-0.2463
15	非金属鉱物製品	-0.7437	-0.1259	34	非金属鉱物製品	0.6696	0.0633
16	金属製品	-1.0590	-0.2527	35	金属製品	0.0560	0.3441
17	機械	-0.9231	-0.4976	36	機械	-0.5106	0.3313
18	輸送機械	0.3422	0.1079	37	輸送機械	-0.5028	3.8783
19	その他製造業	-0.3048	-0.0776	38	その他製造業	0.5160	-0.0622

(1-19 : Taiwan　　20-38 : Japan.)

1象限に属している産業は，1990年代の価格の上昇の結果として価格競争力を弱めた産業である。具体的に列挙すると以下のようになる。

台湾：1. 稲作，4. 林産物，5. 水産業，6. 原油および天然ガス，9. 繊維製品および皮革製品，18. 輸送機械

日本：20. 稲作，22. 畜産物，23. 林産物，24. 水産業，25. 原油および天然ガス，26. その他鉱業，34. 非金属鉱物製品，35. 金属製品

そこで，台湾と日本を比べると，ともに第一次産業の生産物の価格が上昇して，価格競争力を弱めていることが判明する。

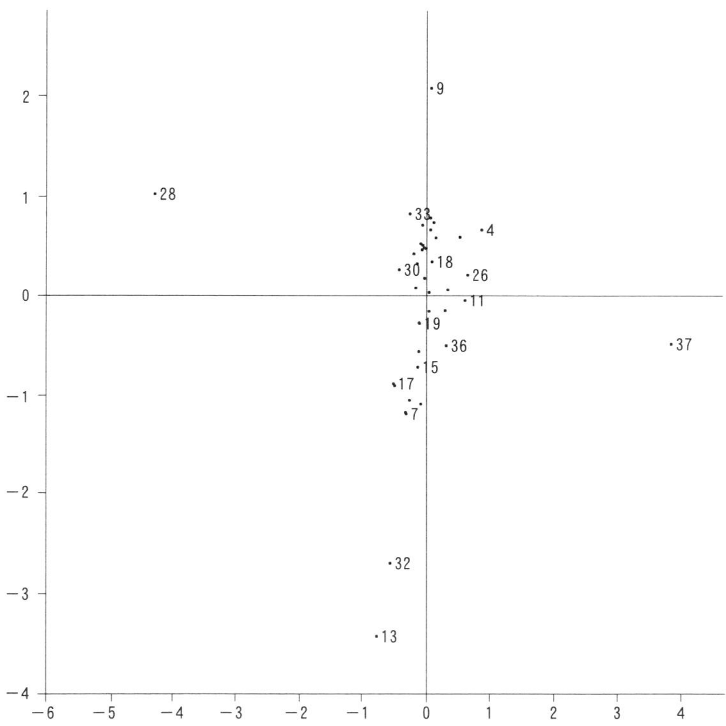

（Y＝Factor1：1990 年および 2000 年　X＝Factor2：1995 年）（JMP による作図）

［図 7-2-1］　労働生産性の変化による価格効果の因子分析：出力結果のプロット（A）

B：第 2 象限

（第 1 因子：期間の前半と後半で価格上昇

第 2 因子：期間の中期で価格下落）

第 2 象限は，期間の前半と前半で価格が上昇し，期間の中期で価格が下落した産業がプロットされている。この象限に属する産業は，90 年代の前半では，価格上昇のため価格競争力を弱めたが，90 年代の中期に入ると価格が下落し，価格競争力を回復したが，期間の後半では再び価格上昇のため価格競争力を弱めていった産業がプロットされている。

これらの産業を具体的に列挙すると以下のようになる。

台湾：2. その他農業，14. ゴム製品

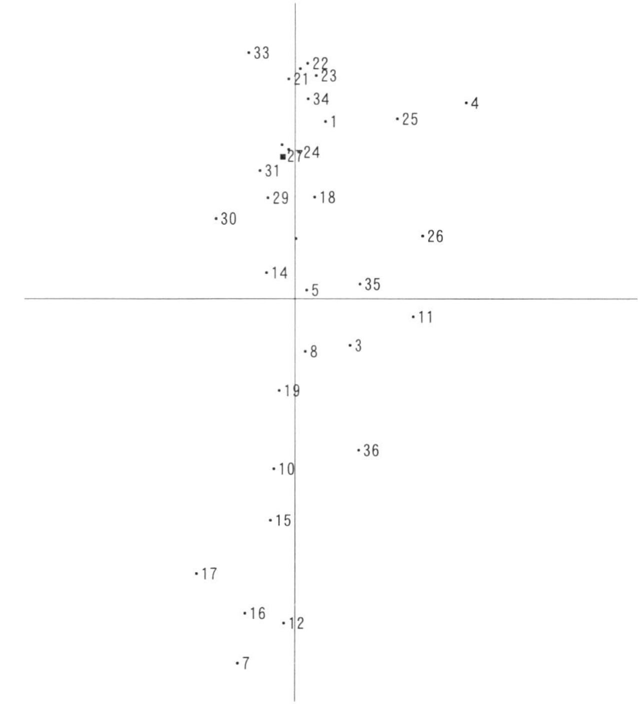

（Y＝Factor1：1990 年および 2000 年　X＝Factor2：1995 年）（JMP による作図）

［図 7-2-2］　労働生産性の変化による価格効果の因子分析：出力結果のプロット（B）

日本：27. 食料・飲料およびタバコ，28. 繊維製品および皮革製品，29. 製材および木製品，30. パルプ・紙製品および印刷

C：第 3 象限

（第 1 因子：期間の前半と後半で価格下落

第 2 因子：期間の中期で価格下落）

第 3 象限は，期間の前半と後半で価格が下落し，期間の中期でも価格が下落した，すなわち，全期間で価格が下落した産業がプロットされている。この第 3 象限に属している産業は，1990 年代を通じて価格が下落した結果，価格競争力を強化したものと思われる。

これらの産業を具体的に列挙すると以下のようになる。

台湾：7. その他鉱業，10. 製材および木製品，12. 化学製品，13. 石油精製および製品，15. 非金属鉱物製品，16. 金属製品，17. 機械，19. その他製造業

日本：32. 石油精製および製品

D：第 4 象限

（第 1 因子：期間の前半と後半で価格下落

第 2 因子：期間の中期で価格上昇）

第 4 象限には，期間の前半と後半で価格が下落し，期間の中期で価格が上昇した産業が属している。即ち，1990 年代の前半では価格下落の結果，価格競争力を強めたが 1990 年代の中期に入ると価格が上昇し，価格競争力を弱めた。しかし，期間の後半では価格下落のため，価格競争力を回復した産業が属している。具体的に示すと，以下の通りとなる。

台湾：3. 畜産物，8. 食料・飲料およびタバコ，11. パルプ・紙製品および印刷

日本：36. 機械，37. 輸送機械

以上の諸結果を第 1 節第 2 項「日台総合労働生産性指数をデータとする全期間の比較優位・劣位構造の分析」の結果，すなわち，「台湾の対日本比較優位産業は，繊維・衣服，石油・化学，金属製品，電気機器，機械の各産業であるとする結果とを照合すると，ここでの分析の第 3 象限に検出された価格競争力を有するとされる 7. その他鉱業，10. 製材および木製品，12. 化学製品，13. 石油精製および製品，15. 非金属鉱物製品，16. 金属製品，17. 機械（電気機器を含む），19. その他製造業　の諸産業が対応している[13)]。

そうすると，第 3 章［表 3-5］「日台総合労働生産性の国際比較数値」に基づく本章第 1 節での「比較優位・比較劣位構造」の分析の結果と「日台国際産業連関表」に基づく「生産性の変化の価格効果」の分析の結果は，論理的整合性を有していると判断される。

---

13)　9. 繊維製品および皮革製品は，第 1 象限にあって価格競争力を弱めている。

本章のまとめ

本文での分析の要点を箇条書きすると，① 台湾の対日本比較優位産業は，繊維・衣服，石油・化学，金属製品，電気機器，機械の各産業であったこと，② これら比較優位産業は，現実の貿易統計，とりわけ台湾の対日輸出額に多くの輸出シェアを獲得していることから主力輸出産業として反映していること，③ 日台地域別生産依存度（2000年）によれば，日本への生産依存度がかなり高いこと，④「生産性の変化の価格効果」の分析によれば，1990年代において価格競争力を強化していること，となる。

こうした分析の結果により，台湾の比較優位産業は，繊維産業を除き[14]，重化学工業部門に傾斜しており，すなわち産業の高度化を反映するものである。

そして，この日・台産業の1990年代の相対的競争力は，全般的に台湾の競争力の強化[15]，日本の競争力の弱化と推移しているので，これは，両国の貿易収支に台湾の出超（黒字），日本の入超（赤字）となって現象することが予想される。ところが，現実はこの予想に反して，［表7-8］台湾の対日本貿易収支によれば，台湾の入超（赤字），日本の出超（黒字）となって現れている。

この予想に反する現実については，おそらく前章での「韓国の産業構造（日本から部品・素材等の中間財および資本財を輸入し，完成品を輸出する）に起因するもので，韓国の全輸出が増えるにつれて日本からも輸入も増える傾向にある」[16]という指摘が，台湾についてもこの年代のこの現象を説明するのに適

---

14)　13)で指摘したとおり，すでに価格競争力を弱めている。

15)　日台国際競争力の分析に際して，第4章　バラッサの英米国際競争力分析と同様に，労働生産性の較差のみならず，賃金較差も視野に入れた分析も必要とするが，ここでは果たされていない。しかし，各産業部門によって異なると思われるが，生産性較差／賃金較差>1であることが予測される。今後，日台両国の経済水準が同水準に近ずくにつれて，賃金較差が縮小し，労働生産性の較差要因よってのみ，両国の国際競争力の相対水準が把握されるであろう。為替レートも賃金較差比に影響を与えるとともに，為替レートそのものが輸出の価格競争力に影響を与える。この点，1990－2000年代は，円高台湾元（NT$）安方向で推移してきたので，台湾の競争力に有利に作用したものと思われる。

16)　外務省北東アジア課「韓国経済の現状と日韓経済関係」平成19年1月。http://www.mofa.go.jp/mofaj/area/korea/pdfs/keizai.pdf

［表 7-8］　台湾の対日本貿易収支

	1980	1985	1990	1995	2000	2001
輸出	2,174,688	3,473,631	16,547,608	13,280,362	16,606,085	12,727,067
輸入	5,237,310	5,522,327	31,912,145	30,326,170	38,547,998	25,826,792
収支	−3,062,622	−2,048,696	−15,364,537	−17,045,808	−21,941,913	−13,099,725

（1000 US ドル）

（出所：野田容助編 改訂版『世界貿易マトリクス—国際産業連関表 24 部門分類にもとづいて』アジア経済研究所，2003 年）

［表 7-9］　台湾の対日本の輸入額（1985 年・1990 年・1995 年・2000 年）

		台湾⇒日本				台湾⇒日本			
		1985 年	1990 年	1995 年	2000 年	1985	1990	1995	2000
1	稲作	—	—	—	—	—	—	—	—
2	その他農業	19,091	64,639	20,310	33,451	0.003	0.002	0.001	0.001
3	畜産物	3,786	9,733	5,926	3,286	0.001	0.000	0.000	0.000
4	林産物	4,593	2,722	9,607	3,707	0.001	0.000	0.000	0.000
5	水産業	9,134	27,339	19,048	12,410	0.002	0.001	0.001	0.000
6	原油および天然ガス	13	64	11	12,371	0.000	0.000	0.000	0.000
7	その他鉱業	18,968	71,258	65,564	90,145	0.003	0.002	0.002	0.002
8	食料，飲料およびタバコ	120,198	556,120	299,425	366,777	0.022	0.019	0.010	0.010
9	繊維製品および皮革製品	245,755	967,234	586,383	474,625	0.044	0.033	0.019	0.012
10	製材および木製品	9,758	56,976	20,331	14,169	0.002	0.002	0.001	0.000
11	パルプ，紙製品および印刷	59,874	446,796	390,795	301,881	0.011	0.015	0.013	0.008
12	化学製品	780,353	4,284,447	4,487,284	5,535,600	0.141	0.145	0.146	0.144
13	石油精製および製品	52,552	559,830	357,394	152,375	0.010	0.019	0.012	0.004
14	ゴム製品	23,286	171,748	233,765	191,123	0.004	0.006	0.008	0.005
15	非金属鉱物製品	94,112	565,178	628,745	794,717	0.017	0.019	0.020	0.021
16	金属製品	806,172	3,329,156	3,840,520	2,984,462	0.146	0.113	0.125	0.077
17	機械	2,326,468	15,253,310	15,020,583	21,440,139	0.421	0.516	0.489	0.556
18	輸送機械	575,379	893,324	1,923,506	1,591,941	0.104	0.030	0.063	0.041
19	その他製造業	374,761	2,284,595	2,782,789	4,557,809	0.068	0.077	0.091	0.118

用され得るものと思われる。その論拠は［表 7-9］台湾の対日本の輸入の型にある。この［表 7-9］によれば，例えば，2000 年の総輸入額のうち，機械 55.6

%，化学14.4%，金属製品7.7%，その他製造業11.8%となっており，これを合計すると89.5%となる。つまり，台湾は日本から部品・素材等の中間財，資本財を輸入し，これを加工して，完成品を日本を含む米国・中国へ輸出していると推測する。この傾向は1990－2000年代を通じて同じと判断される。

そうすると，台湾経済は，1990年代から2000年代にかけて自立的な経済に立ち至り，日・台関係は同質の経済に到達したと思われるが，韓国と同様にこのようなタイプの日本との依存関係から脱却したときに，真の自立的経済の達成と日本との同質的経済の完成が実現するものと思われる。

しかし，日本の台湾に対する相対的競争力の弱化は進行している模様で［表7-8］台湾の対日本貿易収支 によれば，2000年を例外とすれば，台湾の貿易入超幅は漸次縮小しており，これを日本側からみると，日本の出超幅が漸次縮小していることを示している。

第 8 章

日・中産業の相対的国際競争力の推移

—アジア国際産業連関表に相対的労働生産性成長率数値を接続して(1990－2000 年)—

はじめに

1970 年代後半の改革開放後，中国は多額の対外直接投資を受けて 1980 年代に急速な経済成長と輸出を達成し，1990 年代には，対日貿易収支では，特徴ある収支変動を呈示していった[1)]。1980 年代の中国の貿易構造は相対的低賃金および為替レート人民元安による労働集約型産業の製品の輸出の特質を有していたが，本章では，1990 年代に入り，この貿易パターンがどのように推移し，あるいは変化もしくは変化しなかったのかを中心のテーマとして，統計的に分析することを目的とする。その場合に，日・中相対的労働生産性の成長率をアジア国際産業連関表[2)]に接続して，日・中価格効果の変化のデータを算定し，これによる日・中産業の相対的国際競争力について若干の解釈を行うであろう[3)]。

1） 貿易収支統計に関して，日本・中国の発表の数値が異なる。いくつかの事情はあるが，一つは，日中貿易に香港貿易を含めるかどうかによる。本章では，統計データ採用の統一性を考慮して，アジア産業連関表の分類基準に基づいて対香港を除外した中国のデータを採用している。具体的数値は，本章「むすび」で提示している。

2） “*Asian International Input-Output Tables*”（アジア国際産業連関表）Institute of Developing Economies Japan External Trade Organization Japan（1990 1995 2000).

3） 本来ならば，労働生産性の国際比較数値を採用したいところではあるが，日中の場合，このデータの算定に成功していないので，日中相対的労働生産性成長率数値を採用している。この場合，日本の産業の各期間の労働生産性成長率は算定してある（拙著『労働生産性の国際比較研究—リカードウ貿易理論と関連して—』文眞堂，2004 年，第 1 章)。中国の場合には，『中国統計年鑑』各年版 国家統計局編をデータにして，各期間の労働生産性成長率を算定している。期間に関しては，中国の場合，

第 1 節　日・中の産業の水準における比較優位・比較劣位構造の検出

第 1 項　日・中相対的労働生産性成長率数値をデータとする各年度の比較優位・劣位構造の分析

［表 8-1］は，日・中相対的労働生産性成長率を示している。この表から，両国の各期間の競争力強化産業および弱化産業を把握できる。すなわち，中国からみて，全産業の相対的成長率が 1 より大である産業がこの期間に競争力を強化し，1 より小である産業が競争力を弱化したと解釈する[4)]。

たとえば，［表 8-1］では，1985－1990 年の期間について，中国が，日本に対して競争力を強化した主な産業を順に挙げると，(h). 非鉄金属（2.319），(k). 自動車<機械と運輸設備>(1.868)，(l). 機械類（1.751），(f). 窯業<非金属鉱物>(1.660)，(j). 電気機器<電器機械と設備>(1.369) のようになる。

中国から見て日本に対して競争力を弱化した産業は，(a). 食料品<食品製造業>(0.414)，(b). 繊維・衣服<紡織工業>(0.947)，(d). 石油・化学<化学工業，全体>(0.901)，(e). ゴム・皮革<ゴムとプラスチック製品>(0.616)，(g).

1985－1990 年，1990－1995 年，1995 年－2000 年の期間を採用している。これに対して日本の場合は，日米労働生産性の国際比較が行われた 1982 年，1987 年，1992 年，1997 年のデータに基づき，1982－1987 年，1987－1992 年，1992－1997 年の期間が採用されている。したがって，日中の期間にタイムラグが生じている。中国の場合に 1985－1990 年，1990－1995 年，1995 年－2000 年の期間を採用した理由は，①「アジア国際産業連関表」［1990，1995，2000］の年度に対応するように考慮したこと，② アジア通貨危機と重なる 1997 年度を避けることを意図したことにある。このことにより，算定結果に若干の誤差が生じる可能性がある。また，産業の分類に関しても，日本と中国の分類とは完全に一致していない。緩やかな一致というところである。なお，藤川清史・渡邉隆俊「中国経済の産業別生産性上昇と外国資本」『甲南経済学論集』(第 43 号第 2 号，2002 年 9 月）によれば，中国の産業別 TFP 上昇率の推計で，全産業（上昇率）：1987－92 年平均＝－0.34，1992－97 年平均＝2.31，の数値が提示されている。本書での算定による全産業の労働生産性相対的成長率<基準年度＝100>：(1985－90 年＝1.01)，1990－95 年＝0.965, 1995－20 年＝2.247 と対応している。

4）「相対的労働生産性成長率が国際競争力を決定する」という命題は，拙著『労働生産性の国際比較と商品貿易および海外直接投資―リカードウ貿易理論の実証研究―』文眞堂，1994 年の「第 8 章　労働生産性成長率と輸出増加率」で肯定的に検証されている。

［表 8-1］　日・中相対的労働生産性成長率（中国／日本）

日本分類	中国分類	1985-90年	1990-95年	1995-20年
全部門（総合値）	工業全体	1.005	0.965	2.247
(a) 食料品	食品製造業	0.414	0.890	2.383
(b) 繊維・衣服	紡織工業	0.947	0.772	2.066
(C) 紙・パルプ	紙・紙製品と印刷	—	—	2.491
(d) 石油・化学	化学工業，全体	0.901	0.788	2.485
(e) ゴム・皮革	ゴムとプラスチック製品	0.616	0.363	1.808
(f) 窯業	非金属鉱物	1.660	1.240	2.128
(g) 鉄鋼	基本金属製品と加工金属製品	0.920	0.922	1.402
(h) 非鉄金属	左　同	2.319	1.180	1.508
(i) 金属製品	左　同	0.985	1.143	2.605
(j) 電気機器	電器機械と設備	1.369	0.758	2.320
(k) 自動車	機械と運輸設備	1.868	0.895	2.090
(l) 機械類	左　同	1.751	0.823	1.962

（出所：中国は『中国統計年鑑』各年版 国家統計局編に基づく算定，日本は柳田による算定）

鉄鋼＜基本金属製品と加工金属製品＞(0.920)，(i).金属製品（0.985）である。

次に，1990－1995年の期間では，中国は，日本に対して，(f).窯業＜非金属鉱物＞(1.240)，(h).非鉄金属（1.180)，(i).金属製品（1.143）の諸産業が競争力を強化したが，残りの産業は競争力が減退した。

第3の 1995－2000年の期間では，すべての産業において，中国は，日本に対して競争力を強化したと見られる。

これを中国からみた全部門（総合値）について言えば，1985－1990年の期間については，日中間の相対的競争力はほぼ互角であり，1990－1995年の期間では，中国は日本に対して競争力をやや弱化しており，1995－2000年の期間では，全体的に相対的労働生産性成長率が高く，したがって，競争力がかなり強化しているという状況である。

第2項　日・中相対的生産性成長率をデータとする全期間の比較優位・劣位構造の分析

1990－2000年の全期間を通じて，日・中いずれの産業が相対的に競争力を強化しているかを把握するために因子分析を適用する。その際，日・中相対的労働生産性成長率のデータに基づいてバリマックス法による因子分析を採用する。

［表8-2］　日・中相対的生産性成長率の因子分析（出力結果）〈バリマックス法〉

FACTOR プロシジャ			
回転後の因子パターン			
		Factor1	Factor2
X1	1985-90	0.77163	-0.48879
X2	1990-95	0.92266	0.17633
X3	1995-20	0.00867	0.96299
因子の分散			
		Factor1	Factor2
		1.4467966	1.1973613
最終的な共通性の推定値：合計＝2.644158			
	X1	X2	X3
	0.83432965	0.88239791	0.92743037

［表8-2］と［表8-3］は，SASによる日・中相対的生産性成長率の因子分析の結果を，さらに，［図8-1］は，日・中相対的労働生産性成長率因子分析：因子得点のプロットを示している。

［表8-3］　日・中相対的労働生産性成長率因子分析：因子得点

OBS	CODE	FNAME	FACTOR1	FACTOR2	OBS	CODE	FNAME	FACTOR1	FACTOR2
1	a	食料品	-0.63434	1.05881	7	g	鉄鋼	-0.4237	-1.30144
2	b	繊維・衣服	-0.61625	-0.05962	8	h	非鉄金属	1.55976	-1.58852
3	c	紙・パルプ	0.22062	1.07715	9	i	金属製品	0.65408	1.48909
4	d	石油・化学	-0.47735	0.88299	10	j	電気機器	-0.21124	0.22639
5	e	ゴム・皮革	-2.16161	-0.88302	11	k	自動車	0.53699	-0.40114
6	f	窯業	1.36371	0.18764	12	l	機械類	0.18935	-0.68833

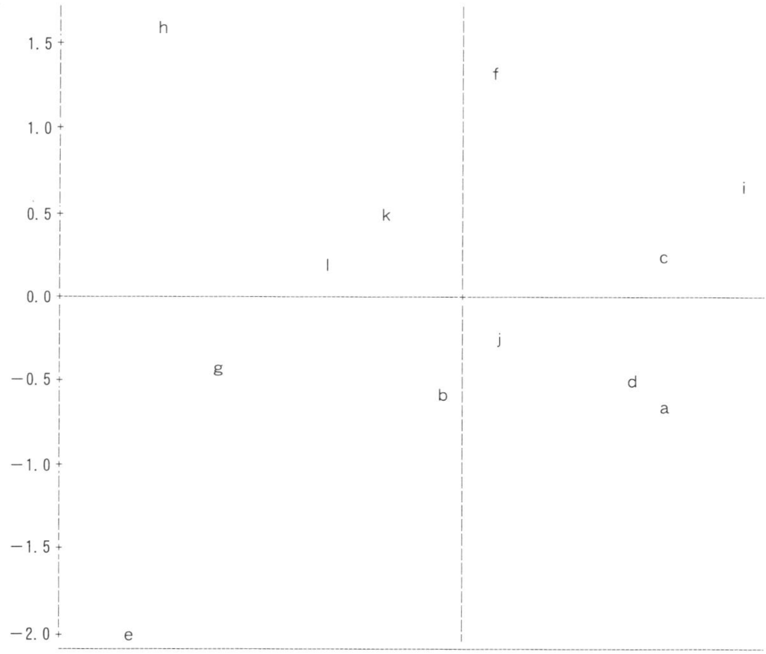

（Y＝Factor1：期間の前半　X＝Factor2：期間の後半）

［図 8-1］　日・中相対的労働生産性成長率因子分析：因子得点のプロット

そこで，［図 8-1］日・中相対的労働生産性成長率因子分析：因子得点のプロットの解釈によれば，以下のようになる。

A：第1象限

（第1因子：期間の前半で中国の相対的成長率上昇
第2因子：期間の後半で中国の相対的成長率上昇）

第1象限は全期間で中国の相対的成長率が上昇している産業で，この象限に属する産業は中国の比較優位産業であり，したがって対日国際競争力を強化しており（f）. 窯業，（i）. 金属製品および（c）. 紙・パルプがこの象限に属する。

B：第2象限

（第1因子：期間の前半で中国の相対的成長率上昇
第2因子：期間の後半で中国の相対的成長率低下）

第2象限は期間の前半で中国の相対的成長率が上昇し，期間の後半で中国の相対的成長率が低下した産業がプロットされている。

この象限に属する産業は，中国にとって，期間の前半で中国の相対的成長率が高かったが，期間の後半で中国の相対的成長率が低くなり，競争力が相対的に弱化したと思われる産業で，(h).非鉄金属，(k).自動車，(l).機械類の各産業が所属している。

C：第3象限

（第1因子：期間の前半で中国の相対的成長率低下
第2因子：期間の後半で中国の相対的成長率低下）

第3象限は，期間の前半で中国の相対的成長率が低下し，期間の後半でも中国の相対的成長率が低下した，つまり，全期間で，中国は，日本に対して競争力を弱化させた産業で，(b).繊維・衣服，(g).鉄鋼，(e).ゴム・皮革の各産業が，この象限に所属する。

D：第4象限

（第1因子：期間の前半で中国の相対的成長率低下
第2因子：期間の後半で中国の相対的成長率上昇）

第4象限は，期間の前半で中国の相対的成長率が低下したが，期間の後半で中国の相対的成長率が上昇した産業がプロットされている。この象限には，(a).食料品.(d).石油・化学，(j).電気機器の産業が属している。

以上の分析から，中国が日本に対して競争力を有しているであろうと判断される産業は，第1象限および第4象限に属する産業であり，(f).窯業，(i).金属製品，(c).紙・パルプ，(a).食料品，(d).石油・化学，(j).電気機器の各産業であることが判明した。

第2節　日・中国際産業連関表の分析に基づくデータ

この節では，日本経済と中国経済の相互関連性を把握するために，日中相対的労働生産性成長率のデータを日中国際産業連関表に接続して考察する。

第1項　算定のための基礎データと年度

算定のための基礎データについては，“*Asian International Input-Output Tables*（1990, 1995, and 2000)”を採用した[5]。

第2項　算定結果

第2項-1　中間投入係数

日中中間投入係数は，各年度アジア国際産業連関表に基づいて算定される。

第2項-2　レオンチェフ逆行列係数

さらに，レオンチェフ逆行列係数表から1990年，1995年，2000年の中国の影響力係数のデータを得る。紙幅の都合上ここでは中間投入係数と共に提示できないが，このデータに基づき，因子分析を行った結果，全期間において影響力係数が相対的に高い産業は，繊維製品および皮革製品（9)，パルプ・紙製品および印刷（11)，化学製品（12)，金属製品（16)，機械（17)，輸送機械（18)，その他製造業（19）であった。

そうすると，前節での分析と総合すると，中国の日本に対する相対的労働生産性成長率が高い，すなわち国際競争力があると判定される（f).窯業，(i).金属製品，(a).食料品，(b).繊維・衣服，(d).石油・化学，(j).電気機器と影響力係数が相対的に高い産業である皮革製品，パルプ・紙製品および印刷，化学製品，金属製品，機械，輸送機械，その他製造業は，金属製品，石油・化学（化学製品)，電気機器（機械）において対応する。

5）“*Asian International Input-Output Tables*（1990, 1995, and 2000)”は，日本，中国，米国，韓国，台湾，香港，タイ，フィリピン，インドネシア，マレーシア，シンガポールの12カ国の産業連関表が作成されているが，この内，日本・中国を抽出して，2国間産業連関表を再編成してデータとした。『日米国際産業連関表』経済産業省（1990年，1995年，2000年）との大きな違いは，産業分類にあり，『日米国際産業連関表』では，工業部門が，化学製品，石油・石炭製品，窯業・土石製品，鉄鋼・同一次製品，非鉄金属・同製品，その他金属製品，一般機械，民生用電子・電気機器，自動車，精密機械，その他製造業製品と細かく分類されてあるのに対して，アジア国際産業連関表では，同じく工業部門が，化学製品，石油精製および製品，ゴム製品，非金属鉱物製品，金属製品，機械，輸送機械，その他製造業と粗い分類になっているところにある。これに関連して，アジア国際産業連関表では，農業，鉱業，軽工業の分類が詳細である。これは，アジア諸国が依然として農業，鉱業，軽工業の生産の比重が大きいことを考慮したものであろう。また，日本・韓国・台湾・米国と他のアジア諸国との経済・産業の異質性を反映したものと思われる。

こうして，中国の比較優位産業は，対外的に中国の主力輸出産業であるばかりでなく，対内的に中国の経済成長に先導的役割を果たしている産業であるということになろう。

第2項－3　日中地域別生産依存度[6)]

［表8-4］日中地域別生産依存度（2000年）表の左側によれば，中国の日本に対する競争力が強いとされる窯業，金属製品，食料品，石油・化学，電気機器の各産業の地域別生産依存度は以下のとおりである。

［表8-4］　日・中地域別生産依存度（2000年）

			中国	日本	ROW	日本	中国	ROW
1	a	稲作	0.9176	0.0230	0.0594	0.9836	0.0013	0.0152
2	b	その他農業	0.8905	0.0281	0.0813	0.9881	0.0008	0.0111
3	c	畜産物	0.9281	0.0178	0.0541	0.9835	0.0018	0.0147
4	d	林産物	0.8204	0.0440	0.1357	0.9837	0.0022	0.0141
5	e	水産業	0.9375	0.0249	0.0376	0.9652	0.0013	0.0334
6	f	原油および天然ガス	0.7845	0.0457	0.1698	0.8932	0.0110	0.0957
7	g	その他鉱業	0.7675	0.0404	0.1921	0.9436	0.0085	0.0479
8	h	食料，飲料およびタバコ	0.9047	0.0341	0.0612	0.9859	0.0011	0.0130
9	i	繊維製品および皮革製品	0.5041	0.1152	0.3806	0.8775	0.0278	0.0947
10	j	製材および木製品	0.6401	0.0730	0.2870	0.9632	0.0027	0.0341
11	k	パルプ，紙製品および印刷	0.7911	0.0303	0.1786	0.9202	0.0076	0.0722
12	l	化学製品	0.7294	0.0399	0.2307	0.8134	0.0241	0.1624
13	m	石油精製および製品	0.7858	0.0320	0.1822	0.9302	0.0055	0.0643
14	n	ゴム製品	0.7410	0.0271	0.2319	0.6334	0.0152	0.3514
15	o	非金属鉱物製品	0.8831	0.0195	0.0974	0.8964	0.0127	0.0909
16	p	金属製品	0.7190	0.0349	0.2461	0.8117	0.0244	0.1638

6）　前掲 “*Asian International Input-Output Tables*” をデータにして，日中「国内生産誘発額」を求める。次いで日中各産業の項目別の生産誘発額の行和を求めて生産額を得る。さらにこの生産額で，日中各産業の項目別の生産誘発額を除して「最終需要項目別生産誘発依存度」を求める。そして，これを日・中・ROW（Rest of the World）の地域別に要約して「日中地域別生産依存度」を得る。この作業結果が＜［表8-4］日中地域別生産依存度2000年＞である。算定手順については，前掲・中村著，第5章　空間的拡張：国際産業連関表の5.3.3日米表を用いた分析（p.152以降）にしたがっている。なお，ROW（Rest of the World）については，アジア国際産業連関表の対象国12カ国のうち，日本と中国を除いた諸国およびその他の諸国の最終需要も含まれている。

17	q	機械	0.7085	0.0317	0.2598	0.7148	0.0248	0.2604
18	r	輸送機械	0.8352	0.0174	0.1474	0.6346	0.0053	0.3601
19	s	その他製造業	0.4661	0.0580	0.4759	0.7981	0.0129	0.1890
20		電気・ガス・水道	0.7990	0.0293	0.1718	0.9282	0.0059	0.0660
21		建設	0.9912	0.0011	0.0076	0.9924	0.0006	0.0070
22		商業・運輸業	0.7433	0.0455	0.2112	0.9016	0.0058	0.0926
23		サービス業	0.8966	0.0135	0.0899	0.9652	0.0020	0.0327
24		公務	0.9958	0.0000	0.0042	0.9993	0.0000	0.0006

(〈"*Asian International Input-Output Tables*"（アジア国際産業連関表）Institute of Developing Economies Japan External Trade Organization, Japan (2000))〉をデータとする「日中国内生産誘発額」より作成)

窯業（非金属鉱物製品）は，中国（88.31%），日本（1.95%），ROW（9.74%），金属製品は，中国（71.90%），日本（3.49%），ROW（24.61%），食料品は，中国（90.47%），日本（3.41%），ROW（6.12%），石油・化学（化学製品）は，中国（72.94%），日本（3.99%），ROW（23.07%），電気機器（機械）は，中国（70.85%），日本（3.17%），ROW（25.98%），比較優位ではないが構成比が高い産業として，繊維製品および皮革製品は，中国（50.41%），日本（11.52%），ROW（38.05%），その他製造業は，中国（46.61%），日本（5.80%），ROW（47.59%）が挙げられる。

以上のデータから，2000年の段階では，中国の対日国際競争力を有する諸産業は，日中地域別生産依存度にそれほど反映していない様に思われる。

同じく［表8-4］日中地域別生産依存度（2000年）の右側によれば，これに対して，日本の中国への生産依存度は，化学製品が日本（81.34%），中国（2.41%），ROW（16.24%），機械が日本（71.48%），中国（2.48%），ROW（26.04%），金属製品が日本（81.17%），中国（2.44%），ROW（16.38%）という数値を示しており，重化学工業製品部門に相対的に比率が高いが絶対的数値はそれほど高くはない。むしろ，中国および日本のいずれも，ROWに依存する度合いが相対的に高いことが判明する。これをどう解釈するかは，終章第2節で再説することにする。

第3節　労働生産性成長率の相対的変化による産業部門の価格変化

本節では，日中労働生産性成長率の相対的変化が両国の産業の価格水準に如何なる影響を与えるかについて考察する。

第1項　労働生産性成長率による価格変化のデータ

ここでは中村教授の「部分要素生産性の相対的変化による産業部門の価格変化」の算定方法を採用する[7)]。

この計算過程[8)]の最終結果が得られ［表8-5］以下のように示される。

［表8-5］　労働生産性の変化による価格効果

	中国	1990年	1995年	2000年		日本	1990年	1995年	2000年
	産業	i+⊿	i+⊿	i+⊿		産業	i+⊿	i+⊿	i+⊿
1	稲作	1.0003	1.0207	0.8263	20	稲作	1.0123	0.9498	2.2288
2	その他農業	1.0003	1.0203	0.8369	21	その他農業	1.0025	0.9426	2.2925
3	畜産物	1.2356	1.0283	0.8122	22	畜産物	0.8091	0.9089	2.9953
4	林産物	1.0459	1.0392	0.8941	23	林産物	1.0163	0.9509	1.6301
5	水産業	1.1401	1.0252	0.8355	24	水産業	1.0316	0.9080	2.5284
6	原油・天然ガス	0.9643	0.9894	0.8847	25	原油・天然ガス	1.0157	0.9686	1.7640
7	その他鉱業	0.9638	1.0581	0.8200	26	その他鉱業	1.2476	0.8871	3.1737
8	食料，飲料・タバコ	1.1171	0.9808	0.8007	27	食料，飲料・タバコ	0.8899	0.9177	2.3692
9	繊維製品・皮革製品	0.9725	1.0617	0.6715	28	繊維製品・皮革製品	0.9158	0.8421	3.3017
10	製材・木製品	0.9955	1.0492	0.7381	29	製材・木製品	0.9846	0.9104	2.2188
11	パルプ，紙製品・印刷	0.9975	0.9717	0.7382	30	パルプ，紙製品・印刷	0.9646	0.9309	3.4753
12	化学製品	1.0453	1.0261	0.7221	31	化学製品	0.8892	0.8515	3.8490
13	石油精製・製品	0.9683	0.9366	0.7198	32	石油精製・製品	0.6243	0.6774	0.7880
14	ゴム製品	1.1660	1.3621	0.6900	33	ゴム製品	0.9283	0.8776	3.7806
15	非金属鉱物製品	0.9553	1.0337	0.7225	34	非金属鉱物製品	1.0946	0.9612	2.4533

7）　前掲・中村愼一郎著。詳細は，第5章第3節第1項を参照されたい。

8）　計算過程では，日本の1982－1987年の生産性成長率と中国の1985－1990年の生産性成長率を元に中日相対的生産性成長率が算定されている。他の期間についても同様である。3）を参照されたい。

16	金属製品	0.9426	1.0258	0.6806	35	金属製品	0.8992	0.9896	3.4137
17	機械	0.8620	0.9553	0.7072	36	機械	1.2065	0.9160	3.5322
18	輸送機械	0.8849	1.0461	0.7594	37	輸送機械	2.4532	0.7216	9.7732
19	その他製造業	0.9275	1.0350	0.7349	38	その他製造業	0.9892	0.9028	3.1523

(1-19：中国，20-38：日本)

(〈*"Asian International Input-Output Tables"*（アジア国際産業連関表）Institute of Developing Economies Japan External Trade Organization，Japan (2000))〉より，日本・中国のデータを抽出して以下の計算式を入力：
計算式＝MMULT (TRANSPOSE (MINVERSE (I_48-MMULT (MMULT (R_48, A_48), S_48)))，(MMULT (TRANSPOSE (MMULT (A_R, S_48))，II _24)＋TRANSPOSE (MMULT (v_48, S_48)))))〉(I_48：単位対角行列表，R_48,：ROW の単位対角行列，A_48：日中投入係数表，S_48：単位対角行列行列表に日中相対的生産性成長率を入力，A_R：ROW の投入係数表，v_48：剰余価値率)

第2項　労働生産性の変化[9)]による価格効果の因子分析―バリマックス法―

ここでは，［表 8-5］から製造工業部門だけを選んで，バリマックス法による因子分析を行うことにする[10)]。これにより，1990年－2000年の全体の期間の日・中の労働生産性の変化による価格効果の把握が可能となるであろう。

分析の結果は，以下の［表 8-6］に示される。

［表 8-6］労働生産性の変化による価格効果の因子分析（出力結果)，［表 8-7］生産性の価格効果因子分析：因子得点，および［図 8-2-1］［図 8-2-2］[11)] 労働生産性による価格効果：因子分析出力結果のプロット(A)(B)を分析すると，以下のようになる。

9)　ここでいう労働生産性は，筆者が算定した日中相対的労働生産性成長率数値を示している。具体的には，［表 8-1］日中相対的労働生産性成長率（中国／日本）に示した数値である。この数値を産業連関表の産業の項目に嵌め込むわけであるが，アジア産業連関表の19産業分類すべてをカバーしているものではない。したがって，［表 8-1］日中相対的労働生産性成長率（中国／日本）で入手できている産業の相対的生産性成長率の変化が，アジア産業連関表の19産業の価格に与える変化を測定しようとするものである。なお，ここでの労働生産性は，中村教授の部分要素生産性に代置している。中村教授の部分要素生産性についての詳細は，前掲，中村愼一郎著，p.32を参照。

10)　輸送機械は，異常値として，算定から除外した。

11)　［図 8-2-1］では原点付近のプロットが込み合っているので，［図 8-2-2］でプロットを拡大して示している。

［表 8-6］ 労働生産性の変化による価格効果の因子分析（出力結果）

FACTOR プロシジャ			
回転後の因子パターン			
		Factor1	Factor2
X1	1990	0.97614	−0.02854
X2	1995	−0.08832	0.97990
X3	2000	0.74275	−0.59649
因子の分散			
		Factor1	Factor2
		1.5123200	1.3168044
最終的な共通性の推定値：合計＝2.644158			
X1	X2	X3	
0.95365827	0.96799602	0.90747011	

［表 8-7］ 生産性の価格効果因子分析：因子得点

CODE	FNAME（中国）	Factor 1	Factor 2	CODE	FNAME（日本）	Factor 1	Factor 2
1	稲作	−0.2006	0.5891	19	稲作	−0.0220	−0.1930
2	その他農業	−0.1992	0.5841	20	その他農業	−0.0529	−0.2716
3	畜産物	0.4867	0.9168	21	畜産物	−0.5289	−0.8739
4	林産物	−0.0114	0.7751	22	林産物	−0.1412	−0.0790
5	水産業	0.2116	0.7807	23	水産業	0.0009	−0.5515
6	原油および天然ガス	−0.3646	0.2916	24	原油および天然ガス	−0.0712	0.0375
7	その他鉱業	−0.2178	0.8441	25	その他鉱業	0.7124	−0.5814
8	食料，飲料およびタバコ	0.0330	0.4102	26	食料，飲料およびタバコ	−0.4165	−0.6079
9	繊維製品および皮革製品	−0.2175	0.9073	27	繊維製品および皮革製品	−0.3139	−1.3323
10	製材および木製品	−0.1665	0.8234	28	製材および木製品	−0.1967	−0.5334
12	化学製品	−0.0824	0.7000	30	化学製品	−0.2458	−1.3802
13	石油精製および製品	−0.5149	−0.0928	31	石油精製および製品	−2.0966	−2.5376
14	ゴム製品	1.0510	3.4929	32	ゴム製品	−0.0875	−1.1186
15	非金属鉱物製品	−0.3216	0.6584	33	非金属鉱物製品	0.2902	−0.0480
16	金属製品	−0.3859	0.5887	34	金属製品	0.0129	−0.2059
17	機械	−0.7773	−0.0630	35	機械	0.7432	−0.4601
18	その他製造業	−0.4852	0.6706	36	その他製造業	5.2351	−1.6386

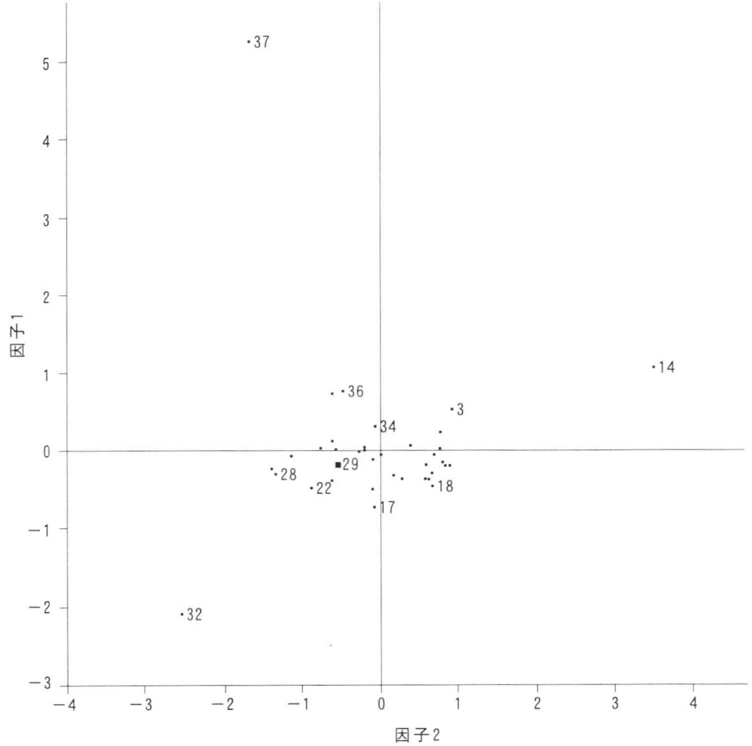

（Y＝Factor1：1990 年および 2000 年　X＝Factor2：1995 年）（JMP による作成）

［図 8-2-1］　労働生産性の変化による価格効果：因子分析出力結果のプロット（A）

A：第 1 象限

（第 1 因子：期間の前期および後期で価格上昇

第 2 因子：期間の中期で価格上昇）

A：第 1 象限は，期間の前期および後期の時点で価格が上昇し，期間の中期の時点でも価格が上昇した，すなわち，全期間で価格が上昇した産業のプロットを示している。この第 1 象限に属している産業は，1990 年代の価格の上昇の結果として相対的に競争力を弱めた産業である。具体的に列挙すると以下のようになる。

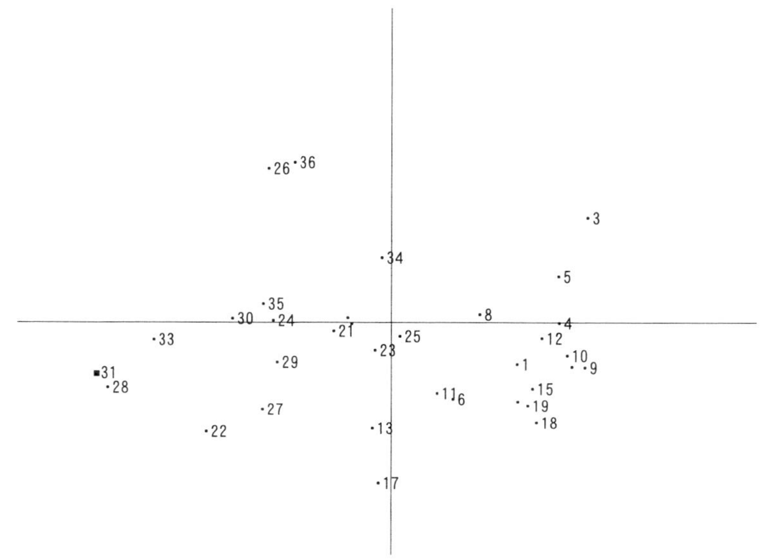

（Y＝Factor1：1990 年および 2000 年　X＝Factor2：1995 年）（JMP による作成）

［図 8-2-2］　労働生産性の変化による価格効果：因子分析出力結果のプロット（B）

中国：畜産物（3），水産業（5），食料，飲料およびタバコ（8），ゴム製品（14）

日本：該当産業なし。

B：第 2 象限

（第 1 因子：期間の前期および後期で価格上昇

第 2 因子：期間の中期で価格下落）

第 2 象限は，期間の前期の時点で価格が上昇したが，期間の中期の時点で価格が下落し，期間の後期では再び価格が上昇した産業がプロットされている。この象限に属する産業は，90 年代の前期で価格が上昇したため競争力が弱化したが，期間の中期では価格が下落して競争力を強化し，期間の後期では価格が再び上昇したため競争力が弱化した産業である。これらの産業を具体的に列挙すると以下のようになる。

中国：該当産業なし。

日本：水産業（23），その他鉱業（25），パルプ，紙製品および印刷（29），非金属鉱物製品（33），金属製品（34），機械（35），その他製造業（36）

C：第3象限

（第1因子：期間の前期および後期で価格下落

第2因子：期間の中期の時点で価格下落）

第3象限は，期間の前期および後期で価格が下落し，期間の中期の時点でも価格が下落した産業がプロットされてある。この象限は，したがって，全期間において価格が下落し，価格競争力が増強した産業である。

中国：石油精製および製品（13），機械（17）

日本：稲作（19），その他農業（20），畜産物（21），林産物（22），食料，飲料およびタバコ（26），繊維製品および皮革製品（27），化学製品（30），石油精製および製品（31），ゴム製品（32），製材および木製品（28）

D：第4象限

（第1因子：期間の前期および後期で価格下落

第2因子：期間の中期の時点で価格上昇）

第4象限は，期間の前期の時点では価格が下落したが，期間の中期の時点で価格上昇し，期間の後期で再び価格が下落した産業がプロットされてある。この象限は，期間の中期の時点で価格が上昇し，競争力が弱化したものの，期間の後半で価格が下落したため，競争力を回復した産業である。価格の逆V型を示している。

中国：稲作（1），その他農業（2），林産物（4），原油および天然ガス（6），その他鉱業（7），繊維製品および皮革製品（9），製材および木製品（10），パルプ・紙製品および印刷（11），化学製品（12），非金属鉱物製品（15），金属製品（16），その他製造業（18）

日本：原油および天然ガス（24）

翻って，前項で検出したように，中国の日本に対する相対的労働生産性高成長部門である窯業，金属製品，食料品，繊維・衣服，石油・化学，電気機器，の各産業部門は，中日国際産業連関分析による1990年代の日中の生産性の変化の価格効果の因子分析を通じて，概ね第3象限および第4象限にプロットされていることが判明した。再掲示すると，石油精製および製品（13），機械（17），稲作（1），その他農業（2），林産物（4），原油および天然ガス（6），その他鉱業（7），繊維製品および皮革製品（9），製材および木製品（10），パルプ・紙製品および印刷（11），化学製品（12），非金属鉱物製品（15），金属製品（16），その他製造業（18）である。この諸産業は，全期間に亘って，および期間の中期（1995年）で価格上昇があったものの，期間の後期（2000年）で価格が下落した産業で，したがって価格競争力を強化した産業である。

他方，これを日本側について検討すると，日本の産業は，全期間に亘って価格が下落した第3象限に属する産業：稲作（19），その他農業（20），畜産物（21），林産物（22），食料，飲料およびタバコ（26），繊維製品および皮革製品（27），化学製品（30），石油精製および製品，ゴム製品（32），製材および木製品（28），が認められるが，石油・化学産業を除いては，第1次産業に属する産業が多い。

こうして，本節での「日中労働生産性成長率の相対的変化」の因子分析の結果を総括すると，日中両国の産業の相対的競争力の推移は，その貿易パターンとして，全体的に，中国の重化学工業・資本集約産業の価格競争力の強化，逆に日本の同種産業の価格競争力の弱化として推移，変化しつつあるということになる。

第4節　生産性変化による価格効果と輸出実績

前節では，日中相対的労働生産性成長率の変化が，日中産業連関表を通じて，どのような価格変化をもたらすかについて考察してきた。

本節では，生産性の変化の価格効果が，現実の輸出額成長率とどのような関連性をもたらすのかを考察する。すなわち，生産性の変化の価格効果（価格競争力）を説明変数（X），輸出額成長率（Y）として，回帰分析により検定を試みる。

データは説明変数（X）として，［表8-5］生産性の変化の価格効果 からデータをとり，次に，目的変数（Y）として，［表8-8］中国の対日本輸出額および輸出額成長率から中国の対日本輸出額成長率のデータをとる。検定は，中国について行われている。

［表 8-8］　中国の対日本輸出額および輸出額成長率（1985 年 1990 年 1995 年 2000 年）

産業 ＼ 項目 年度		中国⇒日本				中国の対日本輸出額成長率		
		1985 年	1990 年	1995 年	2000 年	1990/1985	1995/1990	2000/1995
1	稲作	—	—	—	—	—	—	—
2	その他農業	3,115	693,293	969,857	1,007,537	222.57	1.40	1.04
3	畜産物	4,708	35,667	48,975	24,176	7.58	1.37	0.49
4	林産物	4,238	39,459	65,612	48,642	9.31	1.66	0.74
5	水産業	—	522,587	885,182	874,828	—	1.69	0.99
6	原油および天然ガス	473	2,122,478	1,448,601	1,027,806	4,487.27	0.68	0.71
7	その他鉱業	—	406,423	600,836	697,333	—	1.48	1.16
8	食料，飲料およびタバコ	46,089	784,800	2,550,418	3,437,006	17.03	3.25	1.35
9	繊維製品および皮革製品	342,671	2,260,002	9,831,459	14,389,668	6.60	4.35	1.46
10	製材および木製品	13,676	201,241	829,671	1,157,298	14.71	4.12	1.39
11	パルプ，紙製品および印刷	—	8,827	86,143	203,848	—	9.76	2.37
12	化学製品	83,038	510,545	1,265,821	1,592,533	6.15	2.48	1.26
13	石油精製および製品	158	349,817	141,375	474,928	2,214.03	0.40	3.36
14	ゴム製品	3,640	2,171	30,430	66,991	0.60	14.02	2.20
15	非金属鉱物製品	—	89,599	6,102,164	779,946	—	68.11	—
16	金属製品	28,246	489,251	2,122,016	1,994,463	17.32	4.34	0.94
17	機械	2,915	1828,26	4,091,568	9,058,205	62.72	22.38	2.21
18	輸送機械	201	157,562	324,190	708,004	783.89	2.06	2.18
19	その他製造業	31,856	154,423	2,564,437	4,109,133	4.85	16.61	1.60

（出所：野田容助編 改訂版『世界貿易マトリクス—国際産業連関表 24 部門分類にもとづいて』アジア経済研究所，2003 年）

上のデータに基づいて，2000 年度の中国の「生産性の変化の価格効果」を説明変数（X），中国の対日本輸出額成長率を目的変数（Y）として，SAS により回帰分析を行った結果[12)]は，以下の通りである。

12)　原データを ln に変換。

[表8-9]　**中国の生産性の変化の価格効果と相対輸出額成長率の回帰分析（出力結果）**

分散分析					
変動因	自由度	平方和	平均平方	F 値	Pr > F
Model	1	1.54693	1.54693	9.39	0.0079
Error	15	2.47038	0.16469		
Corrected Total	16	4.01732			

誤差の標準偏差	0.40582	R2 乗	0.3851
従属変数の平均	0.28843	調整済 R2 乗	0.3441
変動係数	140.69992		

パラメータ推定値					
変数	自由度	パラメータ推定値	標準誤差	t 値	Pr > |t|
Intercept	1	−0.63635	0.31739	−2.00	0.0634
X	1	−3.44288	1.12337	−3.06	0.0079

Durbin-Watson の D	2.340
オブザベーション数	17
1次の自己相関	−0.171

以上の出力結果から，主な情報を纏めると，以下のようになる。

$$\ln Y = -0.636 - 3.443\ln X \quad (N : 17)$$
$$(-2.00) \quad (-3.06)^{**}$$

R2乗　0.385　　調整済　R2乗　0.344

F値　9.39**

Durbin−Watson の D　2.340

1次の自己相関　−0.171

回帰分析によれば，2000年の「生産性の変化の価格効果（中国)」を独立変数とし，「中日相対輸出額成長率」を従属変数とする回帰式の係数は，1％水準で有意である。言い換えると，「生産性の変化の価格効果（中国)」が「中日相対輸出額成長率」を決定するという関係が成り立つということである。また，決定係数が38.5%（調整済み決定係数34.4%）とある程度の説明力を有している。さらに，DW係数が2.340，1次の自己相関−0.171と非有意である[13)]。

13)　ダービン・ワトソンのd統計量の d_L（下限値），d_U（上限値）により，誤差項の系列相関 $H_0 : \rho = 0$ の検定を行う。そこで，本文での回帰分析結果は d=2.340であり，ダービン・ワトソンのd統計量（有意水準5％の場合）によれば，データ数=17，d_L（下限値）1.13，d_U（上限値）1.38であるので，d_U (1.38) < d (2.340) < 4 − d_U (2.62) となり，帰無仮説は棄却されず，本文の回帰分析結果には，誤差項の系列相関が認められない。

次に，1995年の回帰分析[14]の結果をまとめると，以下のようになる。

$$\ln Y = 4.52 + 0.959 \ln X \quad (N:17)$$
$$\qquad (3.35) \quad (1.33)$$

R2乗　0.1052　調整済　R2乗　0.0455　F値　1.76

Durbin－Watson の D　1.563

1次の自己相関　0.124

回帰分析によれば，1995年の「生産性の変化の価格効果（中国）」を独立変数（X）とし，「中日相対輸出額成長率」を従属変数（Y）とする回帰式の係数は，非有意である。言い換えると，「生産性の変化の価格効果（中国）」が「中日相対輸出額成長率」を決定するという関係が成り立たないということである。また，決定係数が10.52％（調整済み決定係数4.55％）と説明力を有していない。さらに，DW係数が1.563，1次の自己相関0.124と非有意である[15]。

翻って，本章では，相対的労働生産性成長率が国際競争力を決定する要因の一つであるというリカードウ貿易理論の命題に基づいて，日・中の相対的労働生産性成長率を，日・中国際産業連関表に適用して，価格変化のデータを算定し，日・中価格競争力の推移および変化を判定しようとするのが，本旨であったが，この検定において，2000年では回帰式は有意であったという結果から，本章の論理の整合性は肯定されることを示唆するものであろう。

本章のまとめ

本文の「労働生産性の相対的成長率による価格変化の因子分析」によれば，

---

14)　原データをlnに変換。非金属鉱物製品を異常値として除外している。

15)　ダービン・ワトソンのd統計量のd_L（下限値），d_U（上限値）により，誤差項の系列相関Ho：$\rho=0$の検定を行う。そこで，本文での回帰分析結果は$d=1.563$であり，ダービン・ワトソンのd統計量（有意水準5％の場合）によれば，データ数＝17，d_L（下限値）1.13，d_U（上限値）1.38であるので，$d_U\ (1.38) < d\ (1.563) < 4-d_U\ (2.62)$となり，帰無仮説は棄却されず，本文の回帰分析結果には，誤差項の系列相関が認められない。

1990年代の中国の日本に対する比較優位諸門は[16)]，1990年代の初期では中国は日本に対して価格競争力を有していたが，1990年代の中期の相対的生産性成長率低下により一時価格上昇を通じて価格競争力が弱化し，1990年代の後半には，再び相対的に生産性成長率を上昇させて再び価格下落を招き，価格競争力を回復，強化させたものと思われる。そこで，その根拠は，［表8-1］日中相対的労働生産性成長率（中国／日本）にあり，具体的には，全産業部門の水準で，1985－1990年の期間は1.005，1990－1995年の期間は0.965，1995－2000年の期間では2.247という数値に示される。そこで，この1990年代における相対的労働生産性成長率の価格変化の視角からする中日の国際競争力の相対水準の推移あるいは変化は，中国の対日貿易収支に反映されるであろう。

［表8-10］　中国の対日貿易収支

	1989年	1990年	1991年	1992年	1993年
輸出	83.9	90.1	102.2	117.0	157.8
輸入	105.4	75.9	1,000.3	136.8	232.9
収支	-21.5	14.2	1.9	-19.8	-75.1

	1994年	1995年	1996年	1997年	1998年
輸出	215.7	251.8	308.7	318.2	296.9
輸入	263.2	249.9	291.8	289.9	282.7
収支	-47.5	1.9	16.9	28.3	14.2

	1999年	2000年	2001年	2002年	2003年
輸出	324.0	416.5	450.8	484.4	594.2
輸入	337.7	415.1	428.1	534.7	741.5
収支	-13.7	1.4	22.7	-50.3	-147.3

	2004年	2005年
輸出	735.0	839.9
輸入	944.0	944.0
収支	-209.0	-209.0

（億：USドル）

（出所：中国研究所編『中国年鑑』2006年版 創土社　p.328）

16）　窯業，金属製品，繊維・衣服，石油・化学，電気機器等。

まず，① 全産業部門で，日・中相対的労働生産性成長率は，1985－1990 年の期間で 1.005 であったので，この期間のデータを適用した 1990 年前後の日中間の相対的競争力は中国側のやや競争力優位か互角であったと見られる。そこでこの日中貿易の基礎的状況を反映すると思われる［表 8-10］中国の対日貿易収支によれば，1990 年では，中国の対日本貿易収支は，出超（黒字）となっている。② 次に，日・中相対的労働生産性成長率は，1991－1995 年の期間で 0.965 であり，この期間のデータを適用した期間の中期の日中間の相対的競争力は，中国側の弱化があったことを示しており，［表 8-10］によれば，1992－1994 年では，中国の対日本貿易収支は，入超（赤字）となってやや年度にタイムラグがあるものの状況を反映しているものと思われる。最後に ③ 日・中相対的労働生産性成長率は，1995－2000 年の期間で 2.247 であり，この期間のデータを適用した 2000 年前後の日中間の相対的競争力は，中国産業の競争力の強化を示すであろうことが示唆され，そこで［表 8-10］によれば，1999 年を例外として，それを反映して，2000 年前後は，中国の対日貿易収支は中国の出超（黒字）となって現れている。

以上の分析から，中国は，1980 年代の相対的低賃金[17)]および為替レート人民元安[18)]による労働集約型産業の製品の輸出という貿易構造から，リカードウ貿易理論に基づく相対的労働生産性成長率による比較優位・比較劣位構造型輸出の貿易構造へと転換期にあり，今後中国がどのように国内産業を技術集約・資本集約型産業へと高度化していくかによって，主力輸出産業も変動していくものと思われる。

事実，「第 3 節　労働生産性成長率の相対的変化による産業部門の価格変化」で総括したように，日中両国の産業の相対的競争力の推移は，中国の産業の国際競争力の強化，逆に日本の産業の国際競争力の弱化として推移しつつあるの

17)　日中国際競争力の分析に際して，労働生産性の較差あるいは相対的成長率のみならず，賃金較差も視野に入れた分析も必要とするが，ここでは果たされていない。しかし，各産業によって異なると思われるが，生産性較差／賃金較差＞1 であることが予測される。今後，中国の賃金上昇に伴い，賃金較差が縮小し，相対的低賃金による輸出競争上の優位性を失うにつれて，ますます，相対的生産性上昇要因によって，日中間の国際競争力が決定される側面が強くなるでろう。

18)　為替レートは，日中国際競争力に関連する。注 17)の賃金較差比は，為替レートによる介在があり，ドルペッグ制による 1980 年代の後半から 90 年代を通じて人民元安傾向が持続していたので，中国の競争力を強化する要因として作用した。

で，今後，中国の対日本相対的労働生産性成長率が持続的に維持されるという前提条件のもとで，中国の対日本貿易収支は，現下のように多少の出超・入超を繰り返しながら，長期的には中国側の出超（黒字）として現象する可能性はあるものと思われる。

第9章
産業の相対的競争力変化と海外直接投資

前章までの分析によれば，東アジア諸国の日本・韓国・台湾・中国，および米国は，1990年から2000年に近づくにつれて，相互連関・相互依存関係を深めながらも，そのなかで日本の相対的競争力が低下してきていることが判明した[1)]。そこで，問題は，この原因がどこにあるかという点である。

この問題は，商品貿易と海外直接投資とをどのように把握するかという問題と関連する。そしてそれはすでに理論的水準で，先駆的に柳田侃教授と小島清教授によって解明されていることは周知の通りである[2)]。そこで，本章では，理論的系譜が異なる柳田侃理論と小島理論との共通項を探り，この共通項を本章のメインテーマである日・米・韓・台の「産業の相対的競争力変化と海外直接投資」の現実に適用したときに，どのようなことが言えるかを検討することにしたい。そこで，両教授の理論を要約することから始めたい。

1） 各国の2国間「地域別生産依存度」という視点からすれば，不均衡的相互依存関係であるが，日本・韓国・台湾・中国，および米国を総合して，これを全体的にみれば，相互連関・相互依存関係を深めているといえるであろう。

2） 日本国際経済学会『IT時代と国際経済システム—日本国際経済学会の成果を踏まえて—』有斐閣，2002年のChap.16－Ⅰ国際貿易と直接投資［理論の潮流］1.Sec.2 国際資本移動論「世界市場における価値法則と資本輸出」で柳田侃教授の業績が掲載されており，また，Chap.16－Ⅱ国際貿易と直接投資［理論の潮流］Ⅱ.Sec.4 国際資本移動と海外直接投資で小島清教授の業績が掲載されている。この諸章は，「日本国際経済学会活動を背景にした国際経済の動向に関する学術的視座が集約されている」（同書はしがき）と記されている。柳田侃理論と小島清理論は，［理論の潮流］は異なるが，日本国際経済学会の共有の財産という位置にある。なお，筆者は，［理論の潮流］あるいは「理論的系譜」としては，柳田侃教授に傾斜するものであるが，厳密にいえば，異なる部分もある。しかし，ここでは「労働価値説」に立脚する「国際価値論」を肯定するという点において「理論的系譜」を同じくすると定義しておく。さらになお，「国際貿易と直接投資」に対する分析理論の諸潮流として，ミクロの視点から，プロダクト・サイクル論や産業組織論からする「企業の競争優位」理論があるが，ここではマクロの視点から柳田侃理論および小島清理論を取り上げている。

第1節　商品貿易と海外直接投資との総合理論

第1項　柳田侃理論

柳田侃教授は，その著書『資本輸出論と南北問題』[3]において，従来の資本輸出論の分野の係争点であった諸点に反省と再検討を加えられ，資本輸出の一般理論の構築という画期的な研究を果たされた。その全貌をここで示すことはできないが，その核心部分を要約して示すと以下のようになる。

「われわれが資本制生産様式のもとでの資本輸出の基本形態と考える産業資本の輸出は，産業資本の循環過程そのもの—とりわけその一部としての生産過程—の海外への移転と規定され，それは商品輸出と並んで資本の世界市場運動の一部を構成するものである。したがって，その運動法則の解明には，商品輸出すなわち国際商品交換を規制する法則＝世界市場における価値法則が前提となる。」[4]

つまり，ここでは商品輸出と資本輸出（海外直接投資）とを価値法則を前提として統一的に把握しようとする視角が明示されているのである。こうしたうえで，教授は産業資本の輸出を導く前提としての世界市場における価値法則の要諦について語られた後，「このような世界市場における価値法則は，国民的労働強度と生産性を異にする諸国間での国際価格の高低を通じての貿易を可能にし，国際分業をもたらす。」[5]と述べられ，その理由として，「より進んだ国の国民的労働は，より遅れた国の国民的労働にくらべて，世界市場では同一時間に，より多くの国際価値を生産し，それに応じてより大きい貨幣額で表現されるが，いま労働強度を一応捨象して考えると，諸国間での個々の生産部門の労働生産性格差は，国民的労働の生産性格差を中心に，それぞれの程度において背離して存在しており，したがって，より進んだ国の国民的生産性水準より低い部門（相対的劣位部門）の商品は，より遅れた国の同じ種類の商品よりも

3）　柳田侃『資本輸出論と南北問題』日本評論社，1976年。
4）　同上書，p.97。
5）　同上書，p.98。

高い国際価格をもち，逆により遅れた国の国民的生産性水準より高い部門（相対的優位部門）の商品は，進んだ国の同じ種類の商品より低い国際価格をもつからである。」[6)] とされる。

［表 9-1］ モデル［生産性と国際価格］

各国産業部門の生産性（人）[1)]					国民的生産性格差[2)]	国際価値生産性	各国商品の国際価格（ドル）[3)]		
		I	II	III			I	II	III
①	A国	10	8	6	3.4	1人＝8ドル	80	64	48
	B国	20	32	48	1	1人＝2.3ドル	46	74	110
②	A国	10	8	6	2.4	1人＝8ドル	80	64	48
	B国	20	16	24	1	1人＝3.3ドル	66	53	79

（注1） A国，B国がI，II，III商品の1単位を生産するのに要する労働量を表す。
2） I，II，III商品のそれぞれの2国間での生産性格差を同じウェイトで平均したもの。
3） A国，B国のI，II，III商品の1単位の国際価格をあらわす。）（注は原注）
（出所：柳田侃著『資本輸出論と南北問題』日本評論社，p.9。）

教授はこの関係を［表 9-1］[7)] のモデルで示され，論を展開される。そうすると，この表の①の局面では，B国に対してA国はII，IIIの商品を輸出し，Iの商品を輸入するという貿易関係が成立するであろう。両国において，相対的優位商品が輸出商品となり，相対的劣位商品が輸入商品となる，という比較生産費にしたがって貿易関係が形成されるという命題が基底にあることはいうまでもない。

ところで，いまB国IIおよびIIIの産業部門の生産性が①の局面から②の局面に変化したとする。この局面の変化は，従来の両国の貿易パターンを変化させる。

即ち，

①の局面：A国では，II，IIIが輸出商品，Iが輸入商品

②の局面：A国では，IIIが輸出商品，I，IIが輸入商品

となり，商品IIがA国にとって輸出商品から輸入商品となっている。（いうまでもなく，B国は逆）

6） 同上書，p.98。
7） 同上書，原著では［表III－1 生産性と国際価格］という表示になっている，p.99。

そこで教授は述べられる。「このような状況に直面してA国の個別資本がとる対応策の一つが生産の場所をB国に移転する産業資本の輸出ないし直接投資である。なぜなら［表Ⅲ-1］＊の左欄②からあきらかなように，A国のⅢ部門の資本はもちろんのこと，Ⅱ部門の資本も，B国の当該部門の資本に比してなお生産性水準は絶対的に高いのであるから，その資本が自らの進んだ技術と生産方法を携えてB国に生産過程を移転し，B国での安い労働力—その低労賃が低い労働力の質を伴わない場合—その他の生産要素との有利な結合を見いだすならば，輸出における実現条件の悪化による利潤率の低下を埋め合わせ，より高い利潤率の実現が可能となるからである。そのうえ，Ⅱ部門の資本にとっては，B国に生産過程を移すことによって，B国の得た国際競争上の条件の有利性を享受することができ，輸出による超過利潤獲得の可能性を再び手に入れるのである」[8]と。（＊本書では［表9-1］モデル［生産性と国際価格］）

みられるとおり，B国の産業資本Ⅱ（およびⅢ）の生産性の改善（変化）によって開始された両国の各産業部門の生産性の相対的比率の変化が，A国の産業部門Ⅱを商品輸出から資本輸出へと転化させる論理の道筋が示されている。

こうして教授は次のように纏められている。「産業資本の輸出（直接投資）をより一般的に規定すれば，世界市場における価値法則の作用によって，商品実現条件を悪化させ，利潤率の低下にみまわれた相対的に生産性の高い国の産業資本が，その循環の前段階たる生産過程を生産性の低い国に移転することによって有利な価値増殖の条件を確保し，より高い利潤率を実現しようとするものである。」[9]と述べられている。

第2項　小島清理論

商品貿易と海外直接投資とを統一的にとらえようとする試みは，小島清教授によって先駆的に取り組まれ，その数々の優れた業績[10]は周知のとおりである。

そこで，小島清教授は，次のように述べておられる。

8）　同上書，p.100。

9）　同上書，p.101。

10）　小島清『日本の海外直接投資』文眞堂，1985年，『海外直接投資のマクロ分析』文眞堂，1989年，その他。

「商品貿易と海外直接投資とを同じ比較生産費説によって統一的に基礎づけることは極めて重要である。<中略> このような貿易・投資の総合理論によってはじめて，海外直接投資問題へのマクロ経済学的解明が果たされうるし，その投資国，受入国双方への厚生的効果分析も可能になるのである。」[11]

このように小島教授は前置きされ，自らの海外直接投資論は二つの基本命題に立脚していることを明示される。

第1命題－自由貿易の原理

「諸国は，比較生産費に従って，自国の比較優位品を輸出し，代わりに比較劣位品を輸入すれば，貿易利益が獲得でき，国民経済の厚生を極大化することができる。」[12]

第2命題－海外直接投資（DFI）の原理

「（直接投資を両産業に導入したならば生じるであろう）潜在的比較生産費を目途として，ホスト国の比較優位産業（＝投資国の比較劣位産業）を選び，投資国の比較劣位産業の企業から経営資源がホスト国の潜在的比較優位産業へ移転され（つまり直接投資がなされ）れば，後者に生産性改善効果が生じるので，比較生産費は拡大され，より利益の大きい貿易が創造される。」[13]

このような投資国の比較劣位産業から，投資受入国（ホスト国）の比較優位産業へ投資される直接投資のタイプを，小島教授は，『順貿易志向型DFI』と名づけられたのである。この『順貿易志向型DFI』は，二重の利益，すなわち，a）DFIによるホスト国の企業能力，生産関数，生産性の改善という利益，b）生産性の指示する方向に従う貿易の利益，を実現することになる[14]，と教授は述べられる。

逆に，投資国の比較優位産業から，投資受入国（ホスト国）の（潜在的）比較劣位産業へ投資される直接投資のタイプを『逆貿易志向型DFI』と名付けられた。このタイプの海外直接投資は，a）投資受入国の生産性を若干改善してDFI効果を生み出すが，b）貿易方向とは相反する方向に生産性が改善する

11）　小島清「順貿易志向型直接投資―小島理論の骨格―」『世界経済評論』1986年1月，p.31。
12）　同上書，p.32。
13）　同上書，p.32。
14）　同上書，p.32。

ので，その輸入と輸出とがともに減少して，二つの利益は相反する方向に作用するのである。『逆貿易志向型 DFI』と言われる所以である[15]。

以上が，小島清教授の対外直接投資理論の骨子である。

第3項　本章の視角

第1項 第2項で柳田侃理論および小島理論を要約したが，両理論は理論的系譜が異なり，本来かみ合わぬ次元の違う論理のような印象を持つであろう。しかし，両理論に，古典派リカードウ貿易理論を基礎に据えた「商品貿易と対外直接投資との統合理論」として共通点ないし共通項を見いだすことはできないのであろうか。

ここで，両理論のエッセンスを併記すると，以下のようになる。

a）　柳田侃理論：国際価値法則に基づいて，相手国の生産性の変化によって，競争力を失ったA国産業がとる対応策の一つが生産の場所をB国に移転する産業資本の輸出ないし直接投資である。その理由は，A国資本が自らの進んだ技術と生産方法を携えてB国に生産過程を移転し，輸出における実現条件の悪化による利潤率の低下を埋め合わせ，より高い利潤率の実現が可能となるからである。(資本輸出の一般理論)

b）　小島清理論：比較生産費の原理を前提として，海外直接投資には，二つのタイプがある。

① 順貿易志向型海外直接投資⇒投資国の比較劣位産業が投資受け入れ国の比較優位産業に直接投資されるタイプ。(両国の貿易を拡大する)

② 逆貿易志向型海外直接投資⇒投資国の比較優位産業が投資受け入れ国の比較劣位産業に直接投資されるタイプ。(両国の貿易を縮小する)

そうすると，柳田侃教授の資本輸出の一般理論は，小島清教授の ① 順貿易志向型直接投資に対応する。

次に，小島教授の ② 逆貿易志向型直接投資は，柳田侃教授の資本輸出の一般理論からすると，比較生産費の構造に「逆行」するタイプであると位置づけられる。

15）　同上書，p.32。

こうしてみると，両理論は，登り口は違うものの，同じ頂きに立って，対外直接投資の現象を見ておらえるように思われる。

そこでまず，こうした両理論の共通項の検討にとりかかる際に，柳田侃教授が，小島清理論に言及されている記述がある。

柳田侃教授はまず次のように述べておられる。「国際価値論は外国貿易を通じて国際分業が形成される一般的根拠を明らかにするが，同じく国際価値論によってその出発点を与えられた資本輸出は，貿易を通じて形成される国際分業とどのようにかかわってくるのであろうか。従来，資本輸出論においては，このような点の一般理論的考察はほとんどおこなわれてこなかった。たしかに，国際価値論だけでは，〈国際分業の単なる抽象的可能性を示唆するにとどま〉り，資本主義国際分業の具体的な姿を明らかにすることができず，資本輸出の後者とのかかわりは，国際価値論の次元ではなく資本蓄積論の次元でとらえることが必要であろう。しかし，その前提として，まず資本輸出と国際分業の関連を一般論的に把握しておくことは無意味ではないものと思われる。というのは，最近，アメリカの海外直接投資あるいはいわゆる多国籍企業の活動と関連して，比較生産費の構造に〈逆行〉する，あるいはそれにもとづく国際分業を〈分断〉する資本輸出が問題とされているからである」[16]

「その手がかりとして，海外直接投資の二類型に関する小島清教授の見解にふれてみたい。教授による直接投資の二類型とは，「アメリカ型」と「日本型」であるが両者を分ける理論的基準は，端的にいえば，後者が「比較生産費の構造と変化に即応する」ものであるのにたいして前者はそれに「逆行する」という点にある。すなわち，前者は比較優位構造のトップにある先端成長産業から先を争って進出し，本来伸びるべき輸出は直接投資にとって代わられ，やがて逆輸入せざるを得なくなるという点から貿易破壊的な直接投資である。それにたいして，後者は，比較優位を劣位化しつつある労働集約財産業から順次進出し，開発途上国の産業構造を多様化・高度化すると同時にその製品の輸出を促進するという貿易志向的ないし貿易再編成志向的な直接投資である。このよう

16)　同上書，p.103。この引用文の中で，〈 〉の部分は，木下悦二論文，村岡俊三論文，山田隆論文，小島清論文，宮崎義一論文を参照，引用されている。詳細は原文を参照されたい。

に小島教授は，「日本型直接投資」は比較優位にもとづく国際分業，貿易を促進し高度化する好ましい型として把握し，「アメリカ型」はそれを圧殺し破壊するものとして，その弊害を指摘されるのである。」[17]

見られるとおり，ここでは小島教授の「対外直接投資の二類型」について正確な把握を示されている。

「ある国の比較劣位部門から外国での比較優位部門へ向かう直接投資が国際分業・貿易促進的であり，ある国の比較優位部門からの海外直接投資が国際分業・貿易破壊的であるのは当然であろう。問題は比較優位にもとづく国際分業・貿易と矛盾するような直接投資がなにゆえに敢行されるのか，ということである。この点について小島教授は，それを〈寡占的大企業の利潤追求のための世界市場におけるシェア競争〉としてとらえるS・ハイマーの説に同意される。そしてアメリカ型直接投資は独占的である以上，世界資源の最適配分・最適利用を実現できず，したがって，そのアメリカ経済に与える弊害と世界諸国に与える撹乱を是正する方策は，寡占体制の打破でなければならない，という政策論を提示されるのである。小島教授の分析はもっぱら直接投資企業のミクロ的行動を問題にする一般的見解にたいして，マクロ的，国民経済的視点から海外直接投資の効果を評価され，その立場から〈望ましい直接投資に新形態〉を案出するというきわめて積極的な意図を含むものである。しかし，外国直接投資が受け入れ国にとっても望ましいものになるためには，教授も指摘されるように，技術移転と〈段階的移譲〉が前提となる。しかも直接投資の新形態がその〈延長線上にある〉日本型すなわち先進国の比較劣位部門からの直接投資が，寡占的大企業によって担われないという論理的必然性は存在しない。とするならば，比較優位による国際分業・貿易を促進・高度化する先進国の比較劣位産業の投資がとりわけ後進国の立場から〈望ましい〉ものである，という結論には，きわめて重要な留保条件が必要であろう。」[18] と述べられている。

---

17)　同上書，p.103。ここで，柳田侃教授が「アメリカ型直接投資」＝逆貿易志向型直接投資として把握されているのは，教授の著書である『資本輸出論と南北問題』日本評論社 が発刊された1976年，すなわち，1970年代中期のアメリカの対外直接投資のタイプである。同じ「逆貿易志向型直接投資」と把握される1985年以降の日本の対米直接投資とは区別される。なお，引用文中の〈 〉は小島教授の表現。

18)　同上書，pp.103-104。

この最後の引用文から把握できることは，柳田侃教授は，小島理論に対して，「小島教授の分析はもっぱら直接投資企業のミクロ的行動を問題にする一般的見解にたいして，マクロ的，国民経済的視点から海外直接投資の効果を評価され，その立場から「望ましい直接投資に新形態」を案出するというきわめて積極的な意図を含むものである。」[19]として，一定の評価をされているということである。

そのうえで，問題なのは，とりわけ，「アメリカ型直接投資」（＝逆貿易志向型直接投資）がなぜ行われるのかという点であると指摘される。小島教授はこの点に関して，S・ハイマーの「寡占的大企業の利潤追求のための世界市場におけるシェア競争」という説に同意され，その寡占体制の打破を主張されている[20]が，そうであれば，「日本型直接投資」（＝順貿易志向型直接投資）も寡占的大企業によって担われないという論理的必然性はないと主張されているのである。しかも，「外国直接投資が受け入れ国にとっても望ましいものになるためには，技術移転と〈段階的移譲〉が前提となる」[21]が，このような寡占的大企業による直接投資は，その前提を保証するものではなく，「きわめて重要な留保条件が必要であろう」[22]と見解を述べておられる。

ここで，柳田侃教授が小島清理論に対して留保された条件が3点ある。すな

19)　同上書，p.104。

20)　多国籍企業（＝寡占的大企業）を中心とする企業の対外直接投資の動因は，「利潤追求のための世界市場におけるシェア競争」であり，その条件は企業の有する競争優位であるとするミクロ視点からの理論は，小島教授によるマクロ視点からの理論からすれば，逆貿易志向型の直接投資であり，それ故に，小島教授は「その寡占体制の打破を主張」されたのであろう。柳田侃教授は，この多国籍企業（＝寡占的大企業）の利潤追求がもたらす問題点を懸念し，指摘されている。こうした両教授の主張の含意は，今日，ミクロ視点における多国籍企業論の対外進出の動因と条件の膨大な研究の成果があるが，しかし，この研究成果を含めてミクロ視点における研究成果の意味を，マクロ視点（マクロ経済学）から捉えなおす必要性を示唆するものである。すなわち，マクロ経済学における海外直接投資理論と，その現実的担い手であるミクロ経済における多国籍企業の理論とは，総合的・統一的に把握されなければならないのではなかろうかと思われる。実際のところ，ミクロ視点における「利潤追求のための世界市場におけるシェア競争」の（多国籍）「企業の論理」とマクロ視点における「経済の論理」とは，相互肯定的側面もあれば，むしろ相互否定的側面もある。本書のようなマクロ経済学的視点からする対外直接投資分析は，ミクロ経済学的視点からする多国籍企業分析からすれば，現実の説明力において弱いとする評価もありえようが，しかし，必要なことではある。

21)　同上書，p.104。

22)　同上書，p.104。

わち，① 比較優位にもとづく国際分業・貿易と矛盾するような直接投資がなにゆえに敢行されるのか，言い換えると，「アメリカ型直接投資」（＝逆貿易志向型直接投資）がなぜ行われるのか，② 外国直接投資が受け入れ国にとっても望ましいものになるためには，「技術移転と〈段階的移譲〉が前提となる」が，果たしてこの点はどうなのか，③ 順貿易志向型，逆貿易志向型いずれにせよ，寡占的大企業によって担われないという論理的必然性は存在しない，という3点である。

この柳田侃教授の指摘に対して，小島教授がどのように回答されたかについては，筆者は把握していない。しかし，この点についての柳田侃教授の納得される回答がないかぎり，両理論は噛み合わず，したがって，両理論の共通項を見いだされないものと思われる。

以下の節では，現実のデータを提示し，分析を行いながら，両理論に共通項を見い出したいと考えている。そして，この両理論を分析のツールとして，1980年代の後半および1990年から2000年の相互連関・相互依存関係を深めてきた東アジア諸国（日本・韓国・台湾・中国，および米国）のなかで，なぜ日本の産業の相対的競争力が低下してきているかを解明することとしたい[23)]。

第2節　日・米商品貿易と海外直接投資—逆貿易志向型DFI—

本節では，現実の日米商品貿易（貿易構造）および対米直接投資に，前節で提

23)　ここで用語の整理をしておきたい。小島清理論については，教授が比較優位，比較劣位といわれる場合，何を基準とされるか，つまりその概念の基準は何かということが問題である。この点，小島教授によれば比較生産費（比較優位）は，「要素賦存比率と要素価格比率というマクロ要因と，企業能力と採用する生産関数というミクロ要因とがともに異なる2国の間で」，「その両要因の複合作用によって」決まる，とされる。（小島清『日本の海外直接投資』文眞堂，1987年，p.44。）他方，柳田侃教授は，比較優位・比較劣位の基準を労働生産性概念で把握されている。

そうすると，等しく比較優位，比較劣位といわれる場合，小島教授と柳田侃教授とは，その概念・内容において異なり，両理論は噛み合わないのである。この点にこそ，両教授の理論的立脚点の相違があり，共通項を見いだしえない相違点である。筆者は，リカードウ労働価値論⇒国際価値論の理論的系譜にある柳田侃理論に傾斜するものであるが，小島理論に労働生産性概念を導入したうえで，どのようなことが言えるかというスタンスをとっている。

起した柳田侃教授および小島教授の海外直接投資（Direct Foreign Investment ⇒DFI）へのアプローチの理論（モデル）が，どのように反映しているかを，第1章「日米労働生産性の国際比較」で提示したデータを基礎資料として，統計的に検討し，これが日本の対米相対的競争力の低下にどのように影響しているかを考えることにある。

第1項　日・米比較生産性と日本（対米）貿易構造

［表 9-2-1］は，日米比較生産性数値を相対的に日本の生産性が高い順に並べられている。その意図は，日米両国の比較優位・比較劣位構造を検出しようとすることにある。

［表 9-2-1］　日米比較生産性数値（1987 年）

(1) 機械類	63	(7) 鉄鋼	106
(2) 電気機器	64	(8) 紙・パルプ	107
(3) ゴム・皮革	70	(9) 繊維・衣服	128
(4) 窯業	75	(10) 化学	137
(5) 金属製品	76	(10) 非鉄金属	137
(6) 自動車	91	(11) 食料品	229

（日本＝100）　（総合値 105）

（出所：本書 第1章［表 1-3］国際総合生産性指数の 1987 年の（C）欄）

［表 9-2-1］によれば，総合値が 105 であるから，この数値を基準として，比較生産費理論にしたがうと，日本の比較優位部門は，(1) 機械類，(2) 電気機器，(3) ゴム・皮革，(4) 窯業，(5) 金属製品，(6) 自動車ということになり，比較劣位部門は，(9) 繊維・衣服，(10) 化学，(10) 非鉄金属，(11) 食料品ということになる。なお，(7) 鉄鋼，(8) 紙・パルプは，比較劣位部門にやや傾いている。そうすると，日本は，この比較優位部門において輸出競争力を持ち，比較劣位部門において輸出競争力を持たない，ということになる。

そこで，この仮説を［表 9-2-2］日本（対米）貿易構造 によって検証することにする。すなわち，もし，日本の比較優位部門が輸出競争力を持つならば，現実の「日本の対米貿易構造・輸出」の項目に主力輸出商品として現れてくるであろう。

[表 9-2-2]　日本（対米）貿易構造（1987 年）

輸出総額	83,579,939	輸入総額	31,490,462
食料品	404,093(0.5)	食料品	6,778.875(21.5)
原燃料	167,333(0.2)	原料品	5,645,197(17.9)
軽工業品	6,465,504	鉱物性燃料	1,394,615(4.4)
繊維品	1,061,679(1.3)	加工製品	17,049,283
非金属鉱物製品	822,835(1.0)	化学品	4,035,346(12.8)
その他軽工業製品	458,3011(5.5)	機械機器	9,075,425
重化学工業製品	75,676,510	＜一般機械	3,591,642(11.4)
化学品	2,080,811(2.5)	電気機械	3,008,908(9.6)
金属製品	4,101,821(4.9)	輸送機械	1,854,739(5.9)
＜鉄	2,360,503(2.8)	精密機械＞	620,135(2.0)
非鉄金属	508,344(0.6)	その他の製品	3,938,512
金属製品＞	1,232,973(1.5)	＜繊維製品	296,437(0.9)
機械機器	69,493,879	金属品	260,751(0.8)
＜一般機械	16,068,452(19.2)	非鉄金属	640,207(2.0)
電気機械	17,050,060(20.4)	金属製品	260,751(0.8)
輸送機械	32,050,318(38.3)	その他＞	2,480,366(7.9)
その他の機械	4,325,049(5.1)		
再輸出・特殊取扱品	813,391	再輸出・特殊取扱品	622,496

（単位：1,000 ドル）

（出所：通商産業省『通商白書』1987 年版[24)]）

そこで，[表 9-2-2] の「日本（対米）貿易構造・輸出」の項目から，輸出総額のうち，その品目が占める輸出額の構成比の高い品目，すなわち，主力輸出商品から順に拾い上げると，輸送機械（38.3%），電気機械（20.4%），一般機械（19.2%）で，この 3 部門の輸出総額に占める割合は，77.9% に達している。そして，この主力輸出商品 3 部門は，すでに指摘しているように日本の比較優位部門である。なお，残余の比較優位部門であるゴム・皮革，窯業部門は

24)　通商産業省『通商白書』1987 年版，第 4 章 北アメリカ 第 2 節 アメリカ，第Ⅲ-4-8 表 我が国のアメリカとの貿易，pp.548-554 より作成。

該当項目がなく，金属製品は，わずか4.9%の輸出構成比で微小であり，主力輸出商品となっていない。こうして，若干の例外はあるものの日本の比較優位部門は輸出競争力を持ち，日本の対米貿易構造・輸出の項目に反映しているものと思われる。

第2項　日本の対米直接投資—逆貿易志向型直接投資—

A：1987年について

a）統計的検証1

［表9-2-3］は，1987年の日本の対米直接投資について，総投資額のうち構成比の高い産業から順に並べてある。

［表9-2-3］　日本の対米直接投資（1986年）

(1) 電機	564,203(26.4)	(6) その他	218,763(10.2)
(2) 機械	460,342(21.5)	(7) 食料	65,957 (3.1)
(3) 化学	292,597(13.7)	(8) 木材・パルプ	44,980 (2.1)
(4) 輸送機	250,203(11.7)	(9) 繊維	19,975 (0.9)
(5) 鉄・非鉄	220,614(10.3)	製造業合計	4,377,893

（単位：1,000ドル）

（出所：財務省『財政金融統計月報－対内外民間投資特集』25)）

これを順に再び示すと，(1) 電機26.4%，(2) 機械21.5%，(3) 化学13.7%，(4) 輸送機11.7%，(5) 鉄・非鉄10.3%，とこの5部門で83.6%を占めている。つまり，この5部門が日本の対米主力投資部門であるといえる。そうすると，(3) 化学，(5) 鉄・非鉄を除く，上位(1)(2)(4)部門は，日本の比較優位部門の(1) 電機，(2) 機械，(4) 輸送機で，59.6%を占めている。ゆえに，日本の比較優位産業が，アメリカの比較劣位産業へ直接投資がなされている。

b）統計的検証2

［表9-2-4］は，［表9-2-1］日米比較生産性数値（1987年）と［表9-2-3］

25）『財政金融統計月報第452号』(1989.12)「対外民間投資特集」Ⅰ　対外直接投資　5.直接投資国別・年度別・業種別の推移(1)　アメリカ61年（1986年） http://www.mof.go.jp/kankou/zaikingedl.htm

日本の対米直接投資（1986年）の数値を対応させて提示している。検定の狙いは，各産業の比較生産性の順位と対米直接投資額の順位がどのような関係を有するか，言い換えると，比較生産性と対米投資額にどのような順位相関が存在するかどうかにある。

［表 9-2-4］ 比較生産性（1987年）と直接投資（1986年）

産業	比較生産性(Y)	直接投資額(X)	産業	比較生産性(Y)	直接投資額(X)
機械類	63	460,342	繊維・衣服	128	19,975
電気機器	64	564,203	化学	137	292,597
自動車	91	250,203	非鉄金属	137	1
鉄鋼	106	220,614	食料品	229	65,957
紙・パルプ	107	44,980			

（単位：1,000ドル）

（出所：(Y欄)［表 9-2-1］日米比較生産性数値（1987年），(X欄）財務省『財政金融統計月報ー対内外民間投資特集』[26]）

検定の出力結果は，Spearmanの相関係数：−0.63599（P値：0.0656），Kendallの tau-b相関係数：−0.53526（P値：0.0464）（いずれもN（データ数)＝9）で，Spearmanの検定結果において10％水準で，およびKendallの検定結果において5％水準で有意で，負の相関が認められた。すなわち，日本の比較優位産業が対米投資額において，シェアの大きい順に並んでいるということである。ということは，日本の比較優位産業が対米主力直接投資部門となっていることを示している。

以上の1987年のa）統計的検証1，b）統計的検証2により，日本の対米直接投資は，柳田侃教授の「A国の比較優位産業部門が輸出産業部門として商品輸出となり，比較劣位部門が資本輸出される」という命題（モデル）の後半部分と逆行する事態が検出された[27]。同時に，小島理論による逆貿易志向型直接投資のタイプを示していることも検出された。

26）同上。

27）国際価値法則，比較生産費に逆行するタイプ。

B：1997年について

a）　統計的検証1

［表9-2-5］の（X）の欄は，1996年の日本の対米直接投資額と各産業の総投資額に占める比率を表している。

［表9-2-5］　比較生産性（1997年）と直接投資（1996年）[28]

産業	比較生産性(Y)	直接投資額(X)	産業	比較生産性(Y)	直接投資額(X)
機械	39	48,364 (5.9)	化学	122	71,891(8.8)
電機	82	363,814(44.7)	繊維	187	2,673(0.3)
木材・パルプ	85	22,025 (2.7)	食料	235	16,511(2.0)
輸送機	98	220,134(27.0)	非鉄金属	283	10 (0)
鉄鋼	103	69,285 (8.7)		総合値115	

（単位：1,000ドル）

（出所：(Y欄) 本書 第1章［表1-3］国際総合生産性指数の1997年の（C）欄，（X欄）PRI財務総合研究所財政金融統計月報ダウンロード対内外民間投資560（1998. 12）国別・年度別・業種別投資額(1)アメリカ http://www.mof.go.jp/kankou/hyou/g560/560.htm）

そこで総投資額のうち構成比の高い産業から順に並べて示すと，(1)電機44.7%，(2)輸送機27.0%，(3)鉄・非鉄8.7%，(4)機械5.9%，とこの4部門で86.3%を占めている。つまり，この4部門が日本の対米主力投資部門であるといえる。そうすると，上位(1)(2)(3)(4)部門は，日本の比較優位部門の(1)電機，(2)輸送機，(3)鉄，(4)機械に対応している。ゆえに，日本の比較優位産業が，主力対米直接投資産業として，アメリカの比較劣位産業へ直接投資がなされている。すなわち，逆貿易志向型直接投資である。

b）統計的検証2

1987年と同じの手法で1997年について検定する。

［表9-2-5］は，日米比較生産性数値（1997年）と日本の対米直接投資（1996年）の数値を対応させて提示している。検定の狙いは，各産業の比較生産性の順位と対米直接投資額の順位がどのような関係を有するか，言い換えると，比較生産性と対米投資額にどのような順位相関が存在するかどうかを把握

28）　日本の対米直接投資（1997年）と日米比較生産性数値（1996年）の年度が異なる。

することにある。

検定の出力結果は，Spearman の相関係数：－0.65（P 値：0.0581），Kendall の tau-b 相関係数：－0.50（P 値：0.0606）（いずれも N（データ数）＝9）で，Spearman および Kendall の検定結果においていずれも 5％水準をわずかに超えて非有意である。しかし，10％水準では有意で，負の相関が認められる。すなわち，微妙な判定であるが，日本の比較優位産業が対米投資額において，シェアの大きい順に並んでいるということが示唆されるであろう。ということは，日本の比較優位産業が対米主力直接投資部門となっていることを示唆するものである。

以上の 1997 年の a）統計的検証 1，b）統計的検証 2 により，日本の対米直接投資は，柳田侃教授の「A 国の比較優位産業部門が輸出産業部門として商品輸出となり，比較劣位部門が資本輸出される」という命題（モデル）の後半部分と逆行する事態が検出された。同時に，小島理論による逆貿易志向型直接投資のタイプを示唆していることも検出された。

第3項　日本の対米直接投資―逆貿易志向型直接投資の原因―

では，なぜ，1980 年代および 1990 年代において，日本の対米直接投資が逆貿易志向型直接投資となったのか，という問題が提起されるであろう。そして，それは，「本章の視角」での柳田侃教授の「問題は比較優位にもとづく国際分業・貿易と矛盾するような直接投資がなにゆえに敢行されるのか，ということである。」[29] という問題提起を検討することでもある。

この問題提起に対して，前節第3項の柳田侃教授の指摘によれば，小島教授はS・ハイマーの「寡占的大企業の利潤追求のための世界市場におけるシェア競争」という説に同意されているとされている。この小島教授の見解は，ミクロの視点における「産業組織論からする『企業の競争優位』理論」と同系列にある。ここで，この『企業の競争優位』理論において，「企業の競争優位の一つを生産性の高低」と解釈するならば，すなわち，投資国における企業が投資

29）柳田侃，前掲書，p.103。

受け入れ国における企業に対して，何らかの（ここでは生産性の高低という）競争上の優位性を有している場合に，投資が行われるとすれば，一般的に企業の競争優位性を有している産業は自国内で比較優位産業と重なる場合が多いであろうと思われる。したがって，「産業組織論からする『企業の競争優位』理論」は，基本的にはいわゆる小島教授の「逆貿易志向型直接投資」ということになる。こうして，「逆貿易志向型直接投資」の背後には，S・ハイマーの「寡占的大企業の利潤追求のための世界市場におけるシェア競争」の法則が貫徹していることを意味している。

他方では，こうした「逆貿易志向型直接投資」を促した要因として，マクロ水準における日米貿易政策上の問題がある。

第1章［表 1-3］国際総合生産性指数 によれば，1970 年代から 1980 年代中期まで，アメリカの絶対的および相対的労働生産性成長率は低調であり，この基礎的要因により，アメリカは日本に対して国際競争力を失い，対日経常収支の大幅な赤字を生み出し，それが政治化して，とりわけ 1980 年代に入って，日米貿易摩擦を現象させたことは周知の歴史的経過であった。アメリカは，当面の問題である日米貿易摩擦を解消し，経常収支の不均衡を是正するために，自国産業への保護貿易政策をとるとともに，他方ではフェアな日米貿易取引関係を求めて，日本への市場開放およびさまざまな規制を取り払うように激しく要請した。日本はこの要請に応じるかのように対応したが，実質的には，アメリカの要請に対応するには不満足な状態であった。

実は，この時点での日米貿易摩擦を解消するための本質的・根本的な解決策は，バランスのとれた日米貿易関係が取り結べるように，この数年来の低調なアメリカの製造業の絶対的および相対的労働生産性成長率を回復し，アメリカが日本に対して国際競争力を取り戻すことにあったのである。

しかし，アメリカは，眼前の問題の早急な解決のためには，生産性の回復・上昇の問題は，ひとまずおいて，短期的に，また即効性のある政策をとらざるを得なかった。それは，円・ドル為替相場への政策的介入・操作であった。

当時，アメリカはレーガン政権下で「強いアメリカ・強いドル」を目指して

「高金利政策」をとっていた。このためドルは市場の趨勢から乖離して為替市場ではドル高趨勢で推移していた。言うまでもなく，このドル高は国際市場でアメリカの製品を高価格に定めるであろうし，したがってアメリカ製品の国際競争力を弱化させることになるだろう。

こうして，アメリカは自国製品の国際競争力の回復のため，短期的・即効的政策として，ドル高是正に取り組んだという次第である。それが1985年のプラザ合意であったことは良く知られている。

1985年9月，ニューヨークのプラザ・ホテルで開催されたプラザ合意（先進5カ国蔵相会議）は，当時1ドル＝238.54円であったが，米・日・西独の通貨当局により，1987年では144.64円とドル安・円高是正の方向で協調・介入された。そして，これ以後劇的なドル安・円高方向に為替レートは修正されていった。

こうしたプラザ合意によるドル高是正政策は，日本に影響を与えたところが大であったといえる。日本はドル高是正政策，すなわち，円高・ドル安により，日本の製品のコスト高に見舞われ，併せて日米貿易摩擦障壁により，製品として，アメリカに輸出することが困難になった。製品輸出としての国際競争力の低下は，日本の産業を直撃したといえるであろう。

そこで，この問題の解決策として，浮上してきたのが現地生産方式，すなわち，日本の比較優位産業の対米直接投資の促進であった。従来も対米直接投資は行われていたとはいえ，本格化したのは，プラザ合意以降であった。

こうして日米間では，日本の比較優位産業の製品が輸出されると並行して日本の比較優位産業が対外直接投資されるという事態が発生したものと思われる[30)]。

本項冒頭における柳田侃教授の「比較優位にもとづく国際分業・貿易と矛盾するような直接投資がなにゆえに敢行されるのか」[31)]という問題提起に対しては，資本主義的市場経済において不可避である不均等発展の法則が貫徹している状況下で，柳田侃教授の「資本輸出の一般理論」における命題を変更させる

30）　拙著『労働生産性の国際比較研究―リカードウ貿易理論と関連して―』文眞堂，2002，pp.187-189。

31）　柳田侃，前掲書，p.103。

ような日米貿易政策上の理由が，世界経済のそれぞれの時代的背景の下に逆貿易志向型直接投資を発生せしめたものと思われる[32)]。これは当然「資本輸出の一般理論」の命題，あるいは国際価値法則に逆行するものであり，矛盾を内包しているし，貿易破壊の道を避けることはできないのである。

以上が，「なぜ，1980年代および1990年代において，日本の対米直接投資が逆貿易志向型直接投資となったのかという問題提起」に対する筆者なりのマクロ水準での説明である。

第4項　日本の対米直接投資とアメリカの産業の生産性上昇

しかし，小島理論によれば，「逆貿易志向型海外直接投資は両国の貿易を縮小する」ものであり，柳田侃理論によれば，「比較生産費の構造に「逆行」するタイプ」であり，それならば，何故に前項での逆貿易志向型直接投資のもとで，アメリカは，対日本相対的競争力を回復したのであろうか。

a）　統計的検証1（1983－1991）

［表9-2-6］は，（X）欄に日本の対米直接投資額を，（Y）欄にアメリカの産業の生産性指数を採っている。期間は，日本の対米逆貿易志向型直接投資が展開したと思われる1983年以降1991年を対象としている。

［表9-2-6］　対米直接投資と生産性上昇（1983－1991年）

年度	（X）対米直接投資額	（Y）生産性指数	年度	（X）対米直接投資額	（Y）生産性指数
1983	968,570	115.6	1988	2,137,637	143.4
1984	1,144,591	124.3	1989	8,874,194	140.5
1985	1,203,236	129.3	1990	8,836,100	141.2
1986	2,137,637	127.6	1991	5,558,525	141.3 or 5
1987	4,877,893	138.1			

（単位：1,000ドル，1975年＝100）

（出所：（X）欄　財務省『財政金融統計月報－対内外民間投資特集』（Y）欄　社会経済生産性本部『労働生産性の国際比較（2002年版）』[33)]）

32)　31)の柳田侃教授のこの指摘は，1970年代中期のアメリカの対途上国向けの対外直接投資に対して行われたのであり，ここでの日本の対米直接投資について述べられたのではない。しかし，時代が1980

そこで，日本の対米直接投資額を独立変数（X），アメリカの産業の生産性指数を従属変数（Y）として回帰分析を試みる[34]。

出力結果は以下の通りである。

［表9-2-7］　対米直接投資と生産性上昇の回帰分析結果（1983-1991）

分散分析

変動因	自由度	平方和	平均平方	F 値	Pr > F
Model	1	0.02816	0.02816	13.39	0.0097
Error	7	0.01591	0.00227		
Corrected Total	8	0.04408			

誤差の標準偏差	0.04768	R2 乗	0.6390
従属変数の平均	4.89153	調整済 R2 乗	0.5874
変動係数	0.97471		

パラメータ推定値

変数	自由度	パラメータ推定値	標準誤差	t 値	Pr > |t|
Intercept	1	3.89040	0.28487	13.66	<.0001
X	1	0.06734	0.01913	3.52	0.0097

Durbin-Watson の D	1.987
オブザベーション数	9
1次の自己相関	-0.146

年代，1990年代，2000年代と経過すると，状況が変わり，日本の対米直接投資に柳田侃教授が指摘したような現象が生じている。ここでは，日本の対米直接投資が，なぜ逆貿易志向型直接投資という形をとったのかを説明している。また，第4項での検証も，柳田侃教授は1970年代の先進国と途上国を対象にし，念頭におかれていたものであるが，これを1980年代の日米に対象を移して検討している。

33）　社会経済生産性本部『労働生産性の国際比較（2002年版）（付表42, 43）米国労働生産性指数（1979－87年，1988－96年）pp.89-90。

34）　SASにデータ入力の際に，対米直接投資額（X）およびアメリカの産業の生産性指数（Y）を対数（ln）に数値を変換している。また，データの定常性を確認するために，EViewsによりDF－GLS単位根検定をおこなう。変数X（日本の対米直接投資額）DF－GLS検定の検定統計量の値（Elliot－Rothenberg－Stock DF－GLS test statistic）は階差方式で－3.877314で，Test critical valuesが1％ level －3.007406, 5% level －2.021193, 10% level －1.597291であるので，単位根が存在するという帰無仮説は，1％水準で棄却される。同時に，変数Y（アメリカの産業の生産性指数）DF－GLS検定の検定統計量の値は－2.0447093で，Test critical valuesが1％ level －2.886101, 5% level －1.995865, 10% level －1.599088であるので，単位根が存在するという帰無仮説は，5%水準で棄却される。故に，変数の定常性が確認され，単位根があり，変数が非定常な場合においては，変数間に関係がなくても，R2乗やt値の絶対値が大きくなるみせかけの回帰となる問題は生じない。ただし，検定のためのデータ数が9と少なく，正確ではないという難点がある。

以上の出力結果から，主要な情報をまとめると以下のようになる。

lnY ＝ 3.89 ＋ 0.067lnX　(data 9)
(13.66)**　(3.52)**

R2乗　0.6390　ADJ R2乗　0.5874
F値　13.39**　DW　1.987

分析によれば，1983－1991年について，日本の対米直接投資額を独立変数(lnX)とし，アメリカの産業の生産性指数を従属変数(lnY)とする回帰分析は，1％水準で有意であるという結果が得られた。つまり，日本の対米直接投資(lnX)が原因で，アメリカの産業の生産性指数＝生産性成長率(lnY)を結果として生じさせたということである。言い換えると，日本の対米直接投資の1％変化は，アメリカの産業の生産性指数＝生産性成長率のほぼ0.067％を導くということである。なお，決定係数は，0.6390（ADJ R2乗 0.5874）で十分の説明力を有すると判定される。また，DW係数は1.704で，1次の自己相関は－0.116で非有意である[35)]。

b）統計的検証2（1992－1999）

次に同じ手法で［表9-2-8］に基づき，1992－1999年，すなわち90年代の日本の対米直接投資（X）と米国の製造業生産性指数（Y）との回帰分析を試みる[36)]。

35）ダービン・ワトソンのd統計量のd_L（下限値），d_U（上限値）により，誤差項の系列相関Ho：$\rho=0$の検定を行う。そこで，本文の回帰分析結果はd＝1.704であり，ダービン・ワトソンのd統計量（有意水準5％の場合）によれば，データ数＝9，d_L（下限値）0.824，d_U（上限値）1.32であるので，d_U (1.32) ＜ d (1.987) ＜ 4－d_U (2.68) となり，帰無仮説は棄却されずに，本文の回帰分析結果には，誤差項の系列相関が認められない。

36）SASにデータ入力の際に，対米直接投資額（X）およびアメリカの産業の生産性指数（Y）を対数(ln)に数値を変換している。また，注34)と同じく，データの定常性を確認するために，EViewsによりDF-GLS単位根検定をおこなう。変数X（日本の対米直接投資額）DF-GLS検定の検定統計量の値(Elliot-Rothenberg-Stock DF-GLS test statistic)は階差方式で－3.532297であり，Test critical valuesが1％ level －3.007406, 5％ level －2.021193, 10％ level －1.597291であるので，単位根が存在するという帰無仮説は，1％水準で棄却される。同時に，変数Y（アメリカの産業の生産性指数）DF-GLS検定の検定統計量の値は－3.929846で，Test critical valuesが1％ level －3.007406, 5％ level －2.021193, 10％ level －1.597291であるので，単位根が存在するという帰無仮説は，1％水準で棄却される。ただし，検定のためのデータ数が8と少なく，正確ではないという難点がある。

［表 9-2-8］　対米直接投資と生産性上昇（1992－1999 年）

年度	(X) 対米直接投資額	(Y) 生産性指数	年度	(X) 対米直接投資額	(Y) 生産性指数
1992	492,520	146.5	1996	918,106	190.7
1993	463,242	154.8	1997	956,720	212.7
1994	479,332	164.9	1998	496,453	222.9
1995	698,675	177.4	1999	1,913,295	244.3

（単位：100 万円，1975 年＝100）

（出所：(X) 欄　財務省『財政金融統計月報－対内外民間投資特集』37)　(Y) 欄　社会経済生産性本部『労働生産性の国際比較（2002 年版）』38)）

出力結果は以下の通りである。

［表 9-2-9］　対米直接投資と生産性上昇の回帰分析結果（1992-1999 年）

分散分析

変動因	自由度	平方和	平均平方	F 値	Pr > F
Model	1	0.12482	0.12482	6.91	0.0391
Error	6	0.10838	0.01806		
Corrected Total	7	0.23320			

誤差の標準偏差	0.13440	R2 乗	0.5353
従属変数の平均	5.22850	調整済 R2 乗	0.4578
変動係数	2.57048		

パラメータ推定値

変数	自由度	パラメータ推定値	標準誤差	t 値	Pr > |t|
Intercept	1	1.61631	1.37492	1.18	0.2843
X	1	0.26814	0.10200	2.63	0.0391

Durbin-Watson の D	1.304
オブザベーション数	8
1 次の自己相関	0.252

検定の出力結果から，主要な情報をまとめると以下のようになる。

37)　データの出典である『財政金融統計月報』では，1990 年から「国別・年度別・業種別投資額」の単位表示が，従来の単位：1000 ドルから単位：百万円に表示変えがおこなわれている。

38)　社会経済生産性本部『労働生産性の国際比較（2002 年版）（付表 43, 44）米国労働生産性指数（1988－96 年，1997－2000 年）pp.90-91。

$$\ln Y = \underset{(1.18)}{1.616} + \underset{(2.63)^{*}}{0.268\ln X} \quad (\text{data } 8)$$

R2乗	0.5353	ADJ　R2乗	0.4578
F値	6.91**		
DW	1.304	1 次の自己相関	0.252

分析によれば，日本の対米直接投資額を独立変数（lnX）とし，アメリカの産業の生産性指数を従属変数（lnY）とする回帰分析は，5 %水準で有意であるという結果が得られた。つまり，日本の対米直接投資が原因で，アメリカの産業の生産性指数＝生産性成長率（lnY）を結果として生じさせる関係が妥当するということである。言い換えると，日本の対米直接投資の 1 %変化は，アメリカの産業の生産性指数＝生産性成長率のほぼ 0.268%を導くということである。なお，決定係数は，0.5353（ADJ R2 乗 0.4578）で十分の説明力を有すると判定される。また，DW 係数は 1.304 で，1 次の自己相関は 0.252 で有意・非有意の判断を保留する[39)]。

以上から，1992 年から 1999 年まで，つまり 1990 年代を検定の対象とすると，日本の対米逆貿易志向型直接投資が，米国への技術移転を促し，米国の産業の生産性指数を上昇させるという関係がなお継続していることが統計的に判明した。ただし，日本の対米逆貿易志向型直接投資は，決定係数の数値（ADJ R2 乗：0.8466⇒0.4578）に示されるように，次第にそのパターンを弱め，米国の産業の生産性の改善効果は薄れていく傾向を示している。

そこで，［統計的検証 1］［統計的検証 2］をどう考えるかということである。

本章第 1 節第 2 項の小島教授の逆貿易志向型の海外直接投資のタイプによれば，それは基本的には比較生産費構造に逆行する，つまり両国の貿易を縮小す

39)　ダービン・ワトソンの d 統計量の d_L 下限値)，d_U（上限値）により，誤差項の系列相関 Ho：$\rho = 0$ の検定を行う。そこで，本文の回帰分析結果は d＝1.304 であり，またダービン・ワトソンの d 統計量（有意水準 5 %の場合）によれば，データ数＝8，d_L（下限値）0.763，d_U（上限値）1.33 であるので，d_L（0.763）＜d（1.304）＜d_U（1.33）となり，誤差項の系列相関の有無の判断を保留する（不定域）。

るものであるが，それでも，投資国の比較優位産業が投資受入国の比較劣位産業に投資されると，投資受入国の比較劣位産業の生産性を若干改善させるDFI効果を有する[40]，とされている。

そうすると，日本の対米逆貿易志向型直接投資は，1985年プラザ合意以降の日本の対米直接投資の活発化と軌を一にしてアメリカの産業の生産性を改善し，その結果，アメリカの輸出競争力の強化へと繋がっていったものと思われる。

これを要約すると，1. 1980年代において，日本の対米逆貿易志向型直接投資が原因で，米国の製造業の生産性上昇をもたらし，これが米国の国際競争力回復と強化の原因となった。2. 1990年代に入り，日本の対米逆貿易志向型直接投資による生産性改善効果がなお継続しており，他の要因と相俟って[41]，米国の対日相対的国際競争力の回復を実現したものと思われ，そして，これは逆に日本の対米相対的国際競争力の低下となって現象したものと判断される。同時に，日米間においては，1980年代において機能していた逆貿易志向型直接投資が，そのパターンを弱めながらも1990年代でも継続している。

第3節　日・韓商品貿易と海外直接投資—順貿易志向型DFI—

本節でも，現実の日韓商品貿易構造および日本の対韓直接投資に，第1節で提起した柳田侃教授および小島教授の海外直接投資へのアプローチの理論（モデル）が，どのように反映しているかを，第2章「日韓労働生産性の国際比較」で提示したデータを基礎資料として，統計的に検討し，これが日本の対韓相対的競争力の低下にどのように影響しているかを考えることにある。

第1項　韓国の対日商品輸出構造

まず，日韓比較生産性が商品貿易構造にどのように反映しているかを韓国の視角から統計的に追跡する。年度は，1987年についてである。

40）　小島清，前掲書，p.32。
41）　アメリカの情報産業への投資と成長。

[表 9-3-1]　日韓比較生産性（1987年）

(1) 金属製品	135	(7) 鉄鋼	227
(2) 繊維・衣服	138	(8) 窯業	230
(3) 化学・石油	148	(9) 食料品	264
(4) ゴム・皮革	156	(10) 紙・パルプ	269
(5) 電気機器	163	(11) 非鉄金属	290
(6) 自動車	177	(総合値)	189

(韓国＝100)

[表 9-3-1] 日韓比較生産性（1987年）によれば，総合値が189であるので，この数値を両国の国民的生産性較差の水準とみると，これを下回る数値が韓国の比較優位部門である。そこでこの部門を上位から順に列挙すると，(1) 金属製品（135），(2) 繊維・衣服（138），(3) 化学・石油（148），(4) ゴム・皮革（156），(5) 電気機器（163），(6) 自動車（177）となっている。逆に，下位から順に列挙すると，(11) 非鉄金属（290），(10) 紙・パルプ（269），(9) 食料品（264），(8) 窯業（230），(7) 鉄鋼（227）となっており，この諸部門が比較劣位部門となる。

このような韓国の比較優位・比較劣位構造は，韓国の対日本商品貿易構造にどのように反映しているであろうか。

[表 9-3-2]　韓国（対日本）貿易構造（1987年）

輸出総額	8,075,471	輸入総額	13,229,326
食料品	1,476,395 (18.3)	食料品	25,265 (0.2)
原料品	212,083 (2.6)	原燃料	381,505 (2.9)
鉱物性燃料	396,794 (4.9)	繊維品	642,498 (4.9)
化学品	276,820 (3.4)	非金属鉱物製品	311,120 (2.4)
一般機械	162,529 (2.0)	その他の軽工業製品	540,295 (4.1)
電気機械	764,036 (9.5)	化学品	1,679,093 (12.7)
精密機械	115,611 (1.4)	鉄鋼	1,227,327 (9,3)
繊維製品	2,138,848 (26.5)	非鉄金属	208,514 (1.6)
非金属鉱物製品	314,443 (3.9)	金属製品	204,532 (1.5)
鉄鋼	806,589 (10.0)	一般機械	3,365,538 (25.4)
金属製品	107,935 (1.3)	電気機器	3,404,685 (25.7)
雑製品	879,461 (10.9)	輸送機械	690,683 (5.2)
再輸出・特殊取扱品	120,436 (1.5)	精密機械	398,982 (3.0)
その他	303,491 (3.8)	再輸入・特殊取扱品	149,302 (1.1)

(単位：1,000ドル)

（　）は構成比　　（出所『通商白書』1988年版42)）

［表9-3-2］韓国（対日本）貿易構造の輸出の項によれば，輸出構成比の高い順位は，第1位 繊維製品26.5%，第2位 食料品18.3%，第3位 雑製品10.9%，第4位 鉄鋼10.0%，第5位 電気機器9.5%，第6位 化学・石油8.3%（鉱物性燃料と化学品の合計）でこれら諸部門が韓国の対日本主力輸出部門であり，輸出総額の83.5%を占めている。そこで韓国の比較優位部門と韓国の対日本主力輸出部門とは，繊維製品，化学・石油，電気機器が対応し，食料品，鉄鋼が対応しない。さらに，［表9-3-1］日韓比較生産性において比較優位部門とみなされた自動車，ゴム・皮革が輸出の項目に見当たらないのである。そうすると，韓国の比較優位部門は国際競争力を有するという比較生産費の命題は，一部の例外はあるが，基本的には妥当するものと判定しても差し支えないであろう[43]。

第2項　日本の対韓直接投資―順貿易志向型DFI―

［表9-3-3］は，1986年の「日本の対韓国直接投資」表である。この表によれば，日本の対韓国総投資額に対する各部門の投資額の構成比は，(1)電気機器（48.23%），(2)輸送機（14.85%），(3)化学（4.67%），(4)機械（6.93%），(5)その他（15.04%），(6)繊維（5.15%），(7)食料（2.64%），(8)鉄・非鉄（2.49)%），(9)木材・パルプ（0.96%）となっている。このデータから，日本の対韓主力直接投資部門を列挙すると，(1)電気機器（48.23%），(2)輸送機（14.85%），(3)化学（4.67%），(4)機械（6.93%），(6)繊維（5.15%）となり，総投資額の79.83%を占めている。そこで，第1項の分析によれば，(1)電気機器，(2)輸送機，(3)化学の諸部門は，韓国の比較優位部門として検出されており，この3部門で67.75%を占めている。したがって，この韓国の比較優位諸部門に，日本の直接投資がなされており，逆にいうと，日本の韓国に対する比較劣位部門が韓国に直接投資されているという事実が指摘される。

42)　通商産業省『通商白書』1987年版，第1章 東南アジア 第1節 韓国，第Ⅲ-1-7表 我が国の韓国との貿易，pp.283-286より作成。

43)　韓国の自動車，鉄鋼は，比較中位部門と解釈することもできる。

［表9-3-3］　日本の対韓国直接投資（1986年）

(1) 電気機器	68,761(48.23)	(6) 繊維	7,335(5.15)
(2) 輸送機	21,166(14.85)	(7) 食料	3,769(2.64)
(3) 化学	6,657(4.67)	(8) 鉄・非鉄	3,549(2.49)
(4) 機械	9,882(6.93)	(9) 木材・パルプ	1,364(0.96)
(5) その他	21,441(15.04)	製造業総計	122,483

（　）は構成比　　（単位：1,000ドル）
（出所：財務省『財政金融統計月報－対内外民間投資特集』44)）

［表9-3-4］は，［表9-3-1］日韓比較生産性の項目の数値（Y）と［表9-3-3］日本の対韓国直接投資の項目の数値（X）とを対応させたものである45)。この表をデータとして，日本の対韓国直接投資（X）と日韓比較生産性（Y）とにどのような関係が存在するかを検討する。検定の手法は順位相関分析を採用する。検定の狙いは，各産業の比較生産性の順位とそれに対応する産業の対韓直接投資額の順位がどのような関係にあるか，言い換えると，比較生産性と対韓直接投資額にいかなる順位相関が存在するかを検定することにある。

［表9-3-4］　比較生産性と対韓直接投資（1987年・1986年）

産業	比較生産性(Y)	直接投資額(X)	産業	比較生産性(Y)	直接投資額(X)
電気機器	163	68,761	化学	148	6,657
食料	264	3,769	繊維	138	7,335
輸送機	177	21,166	木材・パルプ	269	1,364
鉄・非鉄	227	3,549	非鉄	290	1

（出所：Y欄は第2章［表2-5］日・韓国際総合生産性指数の1987年(C)欄　X欄は『財政金融統計月報第452号』(1989.12)46)）

44)　『財政金融統計月報第452号』(1989.12)「対外民間投資特集」Ⅰ対外直接投資 5. 直接投資国別・年度別・業種別の推移（1）韓国63年（1988年）単位：1000ドル からデータを得た。

45)　比較生産性（Y）の年度の1987年に対して，直接投資額（X）の年度は1986年とタイムラグがある。また,直接投資額の項目で「鉄・非鉄」の額が分離できないので，専ら鉄（鉄鋼）に投資がなされていると想定して，アメリカのケースと同じように，やや恣意的であるが非鉄に1という数値を与えた。なお，韓国の場合，生産性の項目に「機械」がない。

46)　44)に同じ。

検定の出力結果は，Spearman の相関係数：－0.78571（P 値：0.0208），Kendall の tau-b 相関係数：－0.64286（P 値：0.0260）（いずれも N（データ数)＝8）で，5％水準で有意，負の相関があり，韓国の比較優位産業が日本の総対韓投資額において大きいシェアを獲得しているといえる。ということは，日本の主力直接投資は，韓国の比較優位産業に向けられているということである[47]。

以上の「第1項 韓国の対日商品輸出構造」および「第2項 日本の対韓直接投資」の統計分析により，1980年代の「日韓商品貿易と対韓直接投資」のタイプは，柳田侃理論（モデル）および小島理論（モデル)＝「順貿易志向型直接投資」[48] によるであることが検出された。

「この『順貿易志向型 DFI』は，二重の利益，すなわち，a）DFI によるホスト国の企業能力，生産関数，生産性の改善という利益，b）生産性の指示する方向に従う貿易の利益，を実現することになる」[49] と小島教授は述べられるのだが，1980年代に展開された日本の対韓順貿易志向型直接投資は，韓国の比較優位産業の生産性の改善を促進したのであろうか。

第3項　日本の対韓直接投資と韓国の製造業の生産性上昇率

前項での問題提起を受けて，本項では，日本の対韓直接投資と韓国の製造業の生産性上昇率との関係を統計的に検討する。

47）　同じ手法で1997年の「比較生産性」と「日本の対韓国直接投資額」の順位相関を検定したところスピアマンの順相関係数：－0.1905，ケンドールの順位相関係数：－0.1429 といずれも非有意であった。

48）　本章第1節第1項および本章第1節第2項。この「順貿易志向型直接投資」，すなわち「投資国の比較劣位産業が投資受け入れ国の比較優位産業に直接投資されるタイプ」を，ミクロの視点における「産業組織論からする『企業の競争優位』理論」からすると，投資国の競争優位を有しない企業の投資行動のように映るが，しかし「順貿易志向型直接投資」における「投資国の比較劣位産業」は企業の競争優位を有しないというのではない。［表9-1］モデル［生産性と国際価格］によれば，②の局面においても投資国 A の I Ⅱ Ⅲの労働生産性の絶対的水準は依然として B 国よりも高いのであり，したがって，この意味では，投資国 A の I Ⅱ Ⅲに属する産業は競争優位を有していることになる。なお，ここでは，「企業の競争優位を生産性の高低」と解釈している。マクロおよびミクロの両視点は矛盾あるいは相対立するものではない。

49）　小島清，前掲書，p.13。

a）統計的検証 1（1981－1989）

［表 9-3-5］は，韓国の製造業生産性指数と日本の対韓直接投資（1981－1989）である。このデータに基づき，日本の対韓直接投資額を独立変数（lnX），韓国の製造業の生産性指数＝生産性上昇率を従属変数（Y）として回帰分析を試みる[50)]。

［表 9-3-5］　韓国の製造業生産性指数と日本の対韓直接投資（1981－1989）

年度	（X）対米直接投資額	（Y）生産性指数	年度	（X）対米直接投資額	（Y）生産性指数
1981	34,882	70.2	1986	142,563	116.3
1982	24,847	75.3	1987	247,239	132.3
1983	31,028	85.0	1988	253,935	130.9
1984	37,492	93.5	1989	250,654	144.5
1985	36,921	100.0			

（単位：1,000 ドル）

（出所：（X）欄 財務省『財政金融統計月報－対内外民間投資』[51)]（Y）欄『韓国統計月報　統計庁』[52)]）

出力結果は以下の通りである。

50）　34）と同じく，SAS にデータ入力の際に，対韓直接投資額（X）を対数（ln）に数値を変換している。注 34）と同じく，データの定常性を確認するために，EViews により DF-GLS 単位根検定をおこなう。変数 X（日本の対韓直接投資額）DF-GLS 検定の検定統計量の値（Elliot-Rothenberg-Stock DF-GLS test statistic）は階差方式で－2.536232 であり，Test critical values が 1％ level －2.937216，5％ level －2.006292，10％ level －1.598068 であるので，単位根が存在するという帰無仮説は，5％水準で棄却される。同時に，変数 Y（韓国の産業の生産性指数）DF-GLS 検定の検定統計量の値は－3.049946 で，Test critical values が 1％ level －3.007406，5％ level －2.021193，10％ level －1.597291 であるので，単位根が存在するという帰無仮説は，1％水準で棄却される。ただし，検定のためのデータ数が 9 と少なく，正確ではないという難点がある。

51）『財政金融統計月報第 452 号』（1989.12）「対外民間投資特集」I 対外直接投資 5.直接投資国別・年度別・業種別の推移（1）韓国 63 年（1987 年）単位：1000 ドル からデータを得た。

52）『韓国統計月報』統計庁 1990.1（*Monthly Statistics of Korea, National Statistics Office, Republic of Korea.*）

[表 9-3-6]　韓国の製造業生産性指数と日本の対韓直接投資の回帰分析（1981－1989年）

分散分析					
変動因	自由度	平方和	平均平方	F 値	Pr > F
Model	1	5166.8	5166.8	61.66	0.0001
Error	7	586.6	83.8		
Corrected Total	8	5753.4			

誤差の標準偏差	9.1542	R2 乗	0.8980
従属変数の平均	105.3	調整済 R2 乗	0.8835
変動係数	8.69		

パラメータ推定値

変数	自由度	パラメータ推定値	標準誤差	t 値	Pr > |t|
Intercept	1	−174.25	35.73	−4.88	0.0018
X	1	24.88	3.168	7.85	0.0001

Durbin-Watson の D	1.305
オブザベーション数	9
1次の自己相関	0.058

以上の出力結果から，主要な情報をまとめると以下のようになる。

$$Y = -174.25 + 24.88\ln X \quad \text{(data 9)}$$
$$(-4.88)^{**} \quad (7.85)^{*}$$

R2乗　0.8980　　ADJ　R2乗　0.8835

F値　61.66**

DW　1.305　　1次の自己相関　0.058

分析によれば，日本の対韓直接投資額を独立変数（lnX）とし，韓国の製造業の生産性成長率を従属変数（Y）とする回帰分析は，1％水準で有意であるという結果が得られた。つまり，日本の対韓直接投資が原因で，韓国の製造業の生産性成長率（Y）を結果として生じさせたということである。なお，決定係数は，0.8980（ADJ R2乗 0.8835）で説明力を有するものと判定される。DW係数 1.305，1次の自己相関 0.058で非有意である[53)]。

53)　35)と同じく，ダービン・ワトソンのd統計量により，dl（下限値），d_U（上限値）により，誤差項の系列相関Ho：$\rho=0$の検定を行う。そこで，本文の回帰分析結果はd＝1.305，またダービン・ワトソンのd統計量（有意水準5％の場合）によれば，データ数＝9，d_L（下限値）0.824，d_U（上限値）1.32であるので，d_L (0.824)＜d (1.305)＜d_U (1.32) となり，ぎりぎり不定域に入る。

すなわち，1981年から1989年まで，つまり1980年代を検定の対象とすると，日本の対韓直接投資が原因で韓国の製造業生産性指数を上昇させるという関係が存在していることが統計的に判明した。

b）　統計的検証 2（1990－1998）

次に同じ手法で［表 9-3-7］に基づき，1990－1998年の日本の対韓直接投資（lnX）と韓国の製造業生産性指数（lnY）との回帰分析を試みる。

［表 9-3-7］　韓国の製造業生産性指数と日本の対韓直接投資（1990－1998年）

年度	(X) 対米直接投資額	(Y) 生産性指数	年度	(X) 対米直接投資額	(Y) 生産性指数
1990	21,500	100	1995	16,956	165.5
1991	21,461	113.9	1996	15,012	186.0
1992	11,659	126.3	1997	42,035	213.6
1993	8,999	136.1	1998	29,775	239.1
1994	11,315	149.9			

（1990＝100　　単位：100万円）

（出所：(X) 欄：PRI 財務総合政策研究所『財政金融統計月報』[54] 560（1998, 12）対内外直接投資 3. 国別・年度別・業種別投資額 23 韓国，1994-2000：同上 608（2000. 12）（Y）欄『韓国統計月報　統計庁』[55]）

出力結果は以下の通りである。

［表 9-3-8］　韓国の製造業生産性指数と日本の対韓直接投資の回帰分析結果（1990－1998）

分散分析					
変動因	自由度	平方和	平均平方	F 値	Pr > F
Model	1	0.13520	0.13520	1.76	0.2268
Error	7	0.53857	0.07694		
Corrected Total	8	0.67377			
誤差の標準偏差		0.27738	R2 乗		0.2005
従属変数の平均		5.03092	調整済 R2 乗		0.0836
変動係数		5.51347			

54)　PRI 財務総合政策研究所『財政金融統計月報』560（1998, 12）。

55)　『韓国統計月報』統計庁 1995., 2000, 20031（*Monthly Statistics of Korea*, National Statistics Office, Republic of Korea.）のⅣ. Labor and Wages 8. Labor Productivity Indexes. から作成。

パラメータ推定値

変数	自由度	パラメータ推定値	標準誤差	t 値	Pr > |t|
Intercept	1	2.45775	1.94334	1.26	0.2465
X	1	0.26300	0.19840	1.32	0.2266

Durbin-Watson の D	0.352
オブザベーション数	9
1次の自己相関	0.524

以上の出力結果から，主要な情報をまとめると以下のようになる。

$$\ln Y = 2.45 + 0.263\ln X \quad \text{(data 9)}$$
$$(1.26) \qquad (1.32)$$

R2乗　0.2005　　ADJ　R2乗　0.0836

F値　1.76

DW　0.352　　1次の自己相関　0.524

みられる通り，回帰式は非有意である。また，決定係数 20.05%（修正済み決定係数 8.36%）と低く，DW も 0.352 で系列相関の可能性がある。

すなわち，1990 年から 1998 年まで，つまり 1990 年代を検定の対象とすると，日本の対韓直接投資が原因で韓国の製造業生産性指数を上昇させるという関係が消失していることが統計的に判明した。

以上の［統計的検証 1］［統計的検証 2］の分析から，以下の点が指摘される。

1．1980 年代における日本の対韓国順貿易志向型直接投資が原因で，韓国の製造業の生産性上昇をもたらし，これが韓国の競争力強化の基礎的条件となった。

2．1990 年代に入り，日本の対韓順貿易志向型直接投資およびこれによる韓国の製造業の生産性上昇が消失したものの，韓国の自立的国民経済の形成の下に，自身で対内投資あるいは技術革新により，自ら生産性を改善，上昇させ，対日競争力を強化していったものと思われる。この過程は，同時に，日本の韓国に対する相対的競争力の低下として現象していったと判断される。

第 4 節　日・台商品貿易と海外直接投資—順貿易志向型 DFI—

引き続き本節でも，現実の日台商品貿易構造および日本の対台直接投資に，第 1 節で提起した柳田侃教授および小島教授の海外直接投資へのアプローチの理論（モデル）が，どのように反映しているかを，第 3 章「日台労働生産性の国際比較」で提示したデータを基礎資料として，統計的に検討し，これが日本の対台相対的競争力の低下にどのように影響しているかを考えることにある。

第 1 項　台湾の対日商品輸出構造

まず，日台比較生産性が貿易構造にどのように反映しているかを台湾の視角から統計的に追跡する。年度は，1987 年についてである。

［表 9-4-1］　日台比較生産性（1987 年）

⑴ 機械部門	46	⑺ ゴム製品部門	482
⑵ 石油・化学部門	136	⑻ 紙部門	529
⑶ 電気機器部門	146	⑼ 輸送機械部門	596
⑷ 繊維・衣服部門	169	⑽ 食料品部門	603
⑸ 金属製品部門	177	総合	373
⑹ 窯業部門	331		

（台湾＝100）

（出所：第 3 章［表 3-6］日・台国際総合生産性指数の 1987 年のデータ）

［表 9-4-1］日台比較生産性（1987 年）によれば，総合値が 373 であるので，この数値を両国の国民的生産性較差の水準とみると，これを下回る数値が台湾の比較優位部門である。そこでこの部門を上位から順に列挙すると，⑴ 機械（46），⑵ 石油・化学（136），⑶ 電気機器（146），⑷ 繊維・衣服（169），⑸ 金属製品（177），⑹ 窯業部門（331）となっている。逆に，下位から順に列挙すると，⑽ 食料品（603），⑼ 輸送機械（596），⑻ 紙（529），⑺ ゴム製品（482）となっており，この諸部門が比較劣位部門となる。

このような台湾の比較優位・比較劣位構造は，台湾の対日本貿易構造にどのように反映しているであろうか。

[表 9-4-2]　台湾（対日本）貿易構造（1987年）

輸出総額	7,128,065	輸入総額	11,346,260
食料品	2,377,716(33.4)	食料品	224,764(2.0)
原料品	397,169(5.6)	原燃料	228,483(2.0)
鉱物性燃料	107,902(1.5)	繊維品	410,820(3.6)
化学品	219,288(3.1)	非金属鉱物製品	204,881(1.8)
一般機械	283,315(4.0)	その他の軽工業製品	445,529(3.9)
電気機械	709,027(9.9)	化学品	1,357,107(12.0)
精密機械	107,299(1.5)	鉄鋼	1,161,894(10.2)
繊維製品	911,097(12.8)	非鉄金属	336.695(3.0)
非金属鉱物製品	99,861(1.4)	金属製品	162,972(1.4)
鉄鋼	132,844(1.9)	一般機械	2,362,792(20.8)
金属製品	105,856(1.5)	電気機器	3.040,752(26.8)
雑製品	1,276,927(17.9)	輸送機械	919,278(8.1)
再輸出・特殊取扱品	77,929(1.1)	精密機械	306,464(2.7)
		再輸入・特殊取扱品	183,834(1.6)

（　）は構成比　　（単位：1,000ドル）

（出所『通商白書』1988年版56)）

[表 9-4-2] 台湾（対日本）貿易構造の輸出の項によれば，輸出構成比の高い順位は，第1位 食料品（33.4%），第2位 雑製品（17.9%），第3位 繊維製品（12.8%），第4位 電気機械（9.9%），第5位 原料品（5.6%），第6位 一般機械（4.0%），でこれら諸部門が台湾の対日本主力輸出部門であり，輸出総額の83.6%を占めている。これによれば，台湾の比較優位部門と台湾の対日本主力輸出部門とは，繊維製品，電気機器が対応し，食料品，原料品，一般機械が対応しない。そうすると，台湾の比較優位部門は国際競争力を有するという比較生産費の命題は，一部妥当し，一部妥当しないが，基本的には妥当するものと判定しても差し支えないであろう。

第2項　日本の対台直接投資—順貿易志向型DFI—

[表 9-4-3] は，「日本の対台湾直接投資」表である。この表によれば，日本

56)　通商産業省『通商白書』1988年版。

の対台湾総投資額に対する各部門の投資額の構成比は，(1)電気機器（32.3%），(2)機械（13.3%），(3)石油・化学（12.4%），(4)繊維（8.2%），(5)輸送機械（7.7%），(6)金属製品（7.5%），(7)食料（1.05%），(8)紙部門（1.05%）となっている。このデータから，日本の対台主力直接投資部門を列挙すると，(1)電気機器（32.3%），(2)機械（13.3%），(3)石油・化学（12.4%），(4)繊維（8.2%）となり，総投資額の66.2%を占めている。そこで，第1項の分析によれば，比較優位部門は，(1)機械，(2)石油・化学，(3)電気機器，(4)繊維・衣服，(5)金属製品の各部門として検出されており，日本の対台主力直接投資部門と比較優位部門が対応している。言い換えると，この台湾の比較優位諸部門に，日本の直接投資がなされており，逆にいうと，日本の台湾に対する比較劣位部門が台湾に直接投資されているという事実が指摘される。

[表9-4-3]　日本の対台湾直接投資（1985年）

産業	日本の対台湾直接投資	産業	日本の対台湾直接投資
電気機器部門	185(32.3)	輸送機械部門	44(7.7)
機械部門	76(13.3)	金属製品部門	43(7.5)
石油・化学部門	71(12.4)	食料品部門	6(1.05)
繊維・衣服部門	47(8.2)	紙部門	6(1.05)

（　）は構成比　　（単位：100万ドル）

（出所：財務省『財政金融統計月報－対内外民間投資特集』57)）

［表9-4-4］は，［表9-4-1］日台比較生産性の項目の数値（Y）と［表9-4-3］日本の対台湾直接投資の項目の数値（X）とを対応させたものである。この表をデータとして，日本の対台湾直接投資（X）と日台比較生産性（Y）とにどのような関係が存在するかを検討する。検定の手法は順位相関分析を採用する。検定の狙いは，各産業の比較生産性の順位とそれに対応する産業の対台直接投資額の順位がどのような関係にあるか，言い換えると，比較生産性と対台直接投資額にいかなる順位相関が存在するかを検定することにある。

57)『財政金融統計月報第404号』(1985.12)「対外民間投資特集」I 対外直接投資 5.国別・業種別・形態別投資累計額（合計）台湾，単位：百万ドル からデータを得た。http://www.mof./taiwan/zaikingedlhtm.

[表 9-4-4]　比較生産性（1987）と対台直接投資（1985 年）[58]

産業部門	比較生産性(Y)	日本の対台湾直接投資(X)	産業部門	比較生産性(Y)	日本の対台湾直接投資(X)
食料品部門	603	6	金属製品部門	177	43
繊維・衣服部門	169	47	機械部門	46	76
紙部門	529	6	電気機器部門	146	185
石油・化学部門	136	71	輸送機械部門	596	44

総計　572　（単位：100 万円）

（出所：(X) 欄［表 9-4-3］日本の対台湾直接投資（1985 年）（Y）欄［表 9-4-1］日台比較生産性（1987 年））

検定の出力結果は，Spearman の相関係数：－0.838**（P 値：0.0093），Kendall の tau-b 相関係数：－0.691**（P 値：0.0178）（N（データ数）＝8）であり，いずれも 1％水準で有意，負の相関があり，台湾の比較優位産業が総対台湾投資額において大きいシェアを獲得しているといえる。ということは，日本の対台湾主力直接投資は，台湾の比較優位産業に向けられているということである[59]。

以上の「第 1 項 台湾の対日商品輸出構造」および「第 2 項 日本の対台湾直接投資」の統計分析により，1980 年代の「日台商品貿易と対台湾直接投資」のタイプは，柳田侃理論および小島理論による「順貿易志向型直接投資」であることが検出された。

次に，「この『順貿易志向型 DFI』は，二重の利益，すなわち，a）DFI によるホスト国の企業能力，生産関数，生産性の改善という利益，b）生産性の指示する方向に従う貿易の利益，を実現することになる」[60] と小島教授は述べられるのだが，1980 年代に展開された日本の対台湾順貿易志向型直接投資は，

58）比較生産性（Y）の年度の 1987 年に対して，直接投資額（X）の年度は 1985 年とタイムラグがある。

59）同じ手法で 1992 年の「比較生産性」と 1987 年の「日本の対台湾直接投資額」の順位相関を検定したところ，スピアマンの順相関係数：－0.4524（p：値 0.2604），ケンドールの順位相関係数：－0.3571（p 値：0.2160）といずれも非有意であった。すでに 1980 年代の後半で日本の対台湾直接投資が台湾の比較優位・劣位構造の形成に影響を与えていないことが示唆される。

60）17) を参照。

台湾の比較優位産業の生産性の改善を促進したのであろうか。

第3項　日本の対台湾直接投資と台湾の製造業の生産性上昇率

前項での問題提起を受けて，本項では，日本の対台湾直接投資と台湾の製造業の生産性上昇率との関係を統計的に検討する[61]。

a）　統計的検証1（1981－1989）

［表9-4-5］は，台湾の製造業生産性指数と日本の対台直接投資　である。そこで日本の対台直接投資額を独立変数（X），台湾の製造業の生産性上昇率を従属変数（Y）として回帰分析を試みる。

［表9-4-5］　台湾の製造業生産性指数と日本の対台直接投資（1982－1990年）

年度	Y）生産性指数	X）対韓直接投資額	年度	Y）生産性指数	X）対韓直接投資額
1982	100.9	55	1987	126.8	367
1983	108.5	103	1988	134.0	372
1984	108.1	65	1989	146.2	498
1985	110.9	114	1990	157.8	446
1986	118.8	291			

（1981年＝100）　　（単位：100万ドル）

（出所：中華民国・台湾地区薪資與生産力統計月報[62]『ジェトロ白書 投資編』各年版[63]）

出力結果は以下の通りである。

61）　注34)と同じく，データの定常性を確認するために，EViewsによりDF-GLS単位根検定をおこなう。変数X（日本の対台直接投資額）DF-GLS検定の検定統計量の値（Elliot-Rothenberg-Stock DF-GLS test statistic）は階差方式で−3.139055,Test critical valuesが1％ level −2.937216, 5％ level −2.006292, 10％ level −1.598068であるので，単位根が存在するという帰無仮説は，1％水準で棄却される。同時に，変数Y（台湾の産業の生産性指数）DF-GLS検定の検定統計量の値は−2.749977で，Test critical valuesが1％ level −3.007401, 5％ level −2.021193, 10％ level −1.598068であるので，単位根が存在するという帰無仮説は，5％水準で棄却される。ただし，検定のためのデータ数が9と少なく，正確ではないという難点がある。

62）　中華民国・台湾地区『薪資與生産力統計月報』行政院主計処編印（"*Monthly Bulletin of Earning and Productivity Statistics*", Taiwan Area, Republic of China, Directorate-General of Budget, Accounting and Statistics, Executive Yuan, Republic of China）の各年版。

63）『ジェトロ白書 投資編』各年版，日本貿易振興会。

［表9-4-6］　台湾の製造業生産性指数と日本の対台直接投資の回帰分析結果（1982－1990年）

分散分析					
変動因	自由度	平方和	平均平方	F 値	Pr > F
Model	1	2581.00128	2581.00128	46.85	0.0002
Error	7	385.66094	55.0944		
Corrected Total	8	2966.66222			

誤差の標準偏差	7.42256	R2 乗	0.8700
従属変数の平均	123.55556	調整済 R2 乗	0.8514
変動係数	6.00747		

パラメータ推定値

変数	自由度	パラメータ推定値	標準誤差	t 値	Pr > |t|
Intercept	1	97.04370	4.59623	21.11	<.0001
X	1	0.10325	0.01508	6.84	0.0002

Durbin-Watson の D	1.207
オブザベーション数	9
1次の自己相関	0.112

以上の出力結果から，主要な情報をまとめると以下のようになる。

$$Y = 97.04 + 0.10X \quad (\text{data } 9)$$
$$(21.11)^{**} \quad (6.84)^{**}$$

R2乗　0.87　　ADJ　R2乗　0.8514
F値　46.85**
DW　1.207　　1次の自己相関　0.112

分析によれば，日本の対台直接投資額を（X）とし，台湾の製造業の生産性指数を（Y）とする回帰分析は，1％水準で有意であるという結果が得られた。つまり，日本の対台直接投資が原因で，台湾の製造業の生産性成長率（Y）を結果として生じさせたということである。なお，決定係数は，0.87（ADJ R2乗 0.8514）で十分の説明力を有すると判定される。また，DW係数1.207，1次の自己相関0.112で有意・非有意の判断が保留される[64]。

64）　35）と同じく，ダービン・ワトソンのd統計量により，d_L（下限値），d_U（上限値）により，誤差項の系列相関 Ho：$\rho=0$ の検定を行う。本文の回帰分析結果は d＝1.207，またダービン・ワトソンのd統計量（有意水準5％の場合）によれば，データ数＝9，d_L（下限値）0.824，d_U（上限値）1.32であるので，$d_L(0.824) < d(1.207) < d_U(1.32)$ となり，誤差項の系列相関の有無の判断が保留される（不定域）。

すなわち，1982 年から 1990 年まで，つまり 1980 年代を検定の対象とすると，日本の対台湾直接投資が原因で台湾の製造業生産性指数を上昇させるという関係が存在していることが統計的に判明した。

b） 統計的検証 2（1991－2000）

次に同じ手法で［表 9-4-7］に基づき，1991－2000 年の日本の対台湾直接投資（X）と台湾の製造業生産性指数（Y）との回帰分析を試みる。

［表 9-4-7］ 台湾の製造業生産性指数と日本の対台直接投資（1991－2000 年）65) 66)

年度	Y）生産性指数	X）対韓直接投資額	年度	Y）生産性指数	X）対韓直接投資額
1991	172.91	405	1996	219.49	521
1992	179.59	292	1997	234.46	450
1993	186.44	292	1998	245.74	112
1994	193.39	278	1999	262.16	285
1995	207.81	457	2000	278.73	510

（1981 年＝100）　（単位：100 万ドル）

（出所：『中華民国・台湾地区薪資與生産力統計月報』『ジェトロ白書 投資編』各年版 日本貿易振興会）

出力結果は以下の通りである。

［表 9-4-8］ 台湾の製造業生産性指数と日本の対台直接投資の回帰分析（1991-2000 年）

分散分析

変動因	自由度	平方和	平均平方	F 値	Pr > F
Model	1	128.02646	128.02646	0.09	0.7755
Error	8	11767	1470.84719		
Corrected Total	9	11895			

誤差の標準偏差	38.35163	R2 乗	0.0108
従属変数の平均	218.07200	調整済 R2 乗	－0.1129
変動係数	17.58668		

パラメータ推定値

変数	自由度	パラメータ推定値	標準誤差	t 値	Pr > |t|
Intercept	1	207.58563	37.55554	5.53	0.0006
X	1	0.02911	0.09868	0.30	0.7755

65） 62）に同じ。

66） 63）に同じ。

Durbin-Watson の D	0.115
オブザベーション数	10
1 次の自己相関	0.716

以上の出力結果から，主要な情報をまとめると以下のようになる。

Y　＝　207.6　＋　0.029X
　　(5.53)**　(0.30)

R2乗　0.0108　　ADJ　R2乗　－0.1129

F値　0.09

DW　0.115　　1 次の自己相関　0.716

みられる通り，回帰式は非有意であり，決定係数も低く，Durbin-Watson 係数も 1 以下で系列相関が認められる。

以上から，1991 年から 2000 年まで，つまり 1990 年代を検定の対象とすると，日本の対台湾直接投資が原因で台湾の製造業生産性指数を上昇させるという関係が消失していることが統計的に判明した。

この［統計的検証 1］［統計的検証 2］の分析から，以下の 2 点が指摘される。

1. 1980 年代において，日本の対台湾順貿易志向型直接投資が原因で，台湾の製造業の生産性上昇をもたらし，これが台湾の競争力強化の基礎的条件となった。

2. 1990 年代に入り，日本の対台湾順貿易志向型直接投資による製造業の生産性上昇効果が消失したものの，台湾の自立的国民経済の形成により，自身で対内投資あるいは技術革新により，自ら生産性を改善し，上昇させ，対日競争力を強化していったものと思われる。この過程は，同時に，日本の台湾に対する相対的競争力の低下として現象していったと判断される。

本章のまとめ

本章の冒頭で「東アジア諸国の日本・韓国・台湾・中国および米国は，1990年から2000年に近づくにつれて，相互連関・相互依存関係を深めながらも，そのなかで日本の相対的競争力が低下してきていることが判明した」と述べ，「そこで，問題は，この原因がどこにあるかという点である。」という問題を提起し，現実のデータを提示し，これを分析した結果，柳田侃理論および小島理論が法則的に貫徹していることが判明した。すなわち，その要諦は，① 1980年代における日本の対米逆貿易志向型直接投資，② 1980年代における対韓国および対台湾順貿易志向型直接投資が，投資受け入れ国（米国・韓国・台湾）への技術移転を促進し，当該国の生産性を改善し，向上させ，一方では，日本の相対的競争力の低下，他方では，米国・韓国・台湾の相対的競争力を強化させたということにある。こうした日本の対外直接投資は，1990年代では対米逆貿易型直接投資により，その生産性向上の作用および機能を弱化させながら継続した[67]が，他方，対韓国・対台湾順貿易志向型直接投資は消失した。したがって，その生産性向上の作用を弱化もしくは喪失しながらも，しかし，1980年代の日本の対外直接投資は，投資受け入れ国である米国・韓国・台湾の生産性上昇と改善の基礎的条件の形成，および対日相対的国際競争力の強化に貢献したと言えるあろう[68]。

67）この事実を踏まえながらも，2009年8月29日「トヨタ自動車は28日，米ゼネラル・モーターズ（GM）との米合弁会社NUMMI（カリフォルニア州）での生産打ち切りを正式決定した」（日本経済新聞）との報道が注目される。この合弁会社NUMMIは，1984年に米ゼネラル・モーターズ（GM）とトヨタが折半出資して設立したという経緯があり，その背景には，1980年代前期の日米貿易摩擦解消を図るという事情があり，その直後の1985年のプラザ合意による円高を背景とする本格的対米直接投資の先駆けとして，象徴的な位置づけを有していた。トヨタがそのNUMMIから撤退するということは，対米直接投資の象徴的な位置づけが崩れるということである。今後，これを発端として日本の対米直接投資は，自動車産業のみならず，電気機器，機械等の産業に波及して，潮を引くように撤退の傾向が示唆される。そして，日本の主要対外直接投資対象国は，米から新興国，とりわけBRICs（中国，インド，ロシア，ブラジル）へと転換していくことも示唆されている。こうした新しい動向は，日本の従来の対米直接投資の転回の到来の時期を示すものであろうし，また従来の日本の対米逆貿易志向型直接投資の変化の兆候を示すものであろう。

68）本文で「柳田侃教授が小島清理論に対して留保された条件が3点ある。すなわち，① 比較優位にもとづく国際分業・貿易と矛盾するような直接投資がなにゆえに敢行されるのか，言い換えると，

こうした日本・韓国・台湾・中国および米国の相対的競争力の変化は，リカードウ比較生産費の静態的原理が，1980 年代および 1990 年代という時間を導入することにより，労働生産性の成長率較差を動因として，国際貿易と対外直接投資との相互連関の下に動態化したものであり，不均等発展の法則の現代版であると言えるであろう。

「アメリカ型直接投資」（＝逆貿易志向型直接投資）がなぜ行われるのか，②「外国直接投資が受け入れ国にとっても望ましいものになるためには，技術移転と〈段階的移譲〉が前提となる」が，果たしてこの点はどうなのか，③ 順貿易志向型，逆貿易志向型いずれにせよ，寡占的大企業によって担われないという論理的必然性は存在しない，という 3 点である。」と述べた。この柳田侃教授の留保条件の ①② については，本文に織り込めて検証してきたが，③ の留保条件は，依然として留保条件として残るものと思われる。今日では，数多くの中小企業が対外直接投資企業として展開しているが，依然として対外直接投資の担い手の主軸は，「寡占的大企業」（多国籍企業）であるという事実がある。そうすると，本章では，柳田侃理論と小島理論の共通項を求めてきたが，完全な共通項の把握には至らなかったことになる。これはもともと理論的系譜が異なることによる限界であろうかと思われる。それでもなお，両理論は，相互に排除し合うものではないであろう。筆者は，理論的系譜としては，国際価値論に立脚する柳田侃教授に傾斜するものであるが，行沢健三教授は，「理論的系譜を異にする所説からも学ぶ姿勢が必要である」と述べられていたことを想起する。今回，発見することができなかったが，経済統合に関する論文で，行沢教授は小島清理論に言及され，「彼らから学ぶ姿勢が必要である」と述べておられる記述がある。筆者は，行沢教授のこの姿勢を踏襲している。

第 10 章
韓国・台湾の自立的経済構造の形成の進行と産業内分業

前章の分析によれば，1990 年代の東アジア諸国の韓国・台湾および米国の相対的競争力の強化は，1980 年代における日本の ① 対韓・対台順貿易志向型直接投資と ② 対米逆貿易志向型直接投資に基づく相対的生産性の上昇によるものであることが判明した。

しかし，柳田侃理論および小島理論による日本の順貿易志向型直接投資のタイプが韓国・台湾の生産性を押し上げたのは，直接的には，1980 年代のことであり，1990 年代にはその効果・作用が消失していることも判明した[1)]。

そうすると，日本の順貿易志向型海外直接投資に関する柳田侃理論および小島理論は，1980 年代に現実的妥当性を有していたが，1990 年代にはその現実的妥当性あるいは説明力を失ったと理解すべきなのであろうか。

そこで本章では，1990 年代の日本の順貿易志向型海外直接投資に関する柳田侃理論および小島理論の現実的妥当性を検討する。

第 1 節　韓国について

嘗て筆者は，本書と同じように，日本の順貿易志向型直接投資が，1980 年代の日韓直接投資に適合し，韓国の生産性向上をもたらした事実を検証したうえで，しかし，この生産性向上の作用が 1990 年代に消失したことに対して，その理由を ① 1990 年代の日本の韓国への直接投資額の減少のデータを提示して，柳田侃理論および「小島理論の命題が法則的に展開しないほど日本の対韓

1）　日本の対米逆貿易志向型直接投資は，1990 年代では，依然として，そのタイプを継続あるいは維持しているものと思われる。しかし，その変化の兆候もある。

直接投資は低調」[2]であり，したがって，「柳田侃理論および小島理論の命題が誤っているわけでなく，理論的命題は依然として正しい」[3]とし，②「1990年代以降の韓国の生産性向上は，自立した韓国経済の自前による生産性改善努力がなされ，達成されたということに求めなければならない」[4]と述べた。

こうした筆者の1990年代における韓国の「自立的経済達成論」に対して，この同じ現象を小島教授は，「同質的経済構造論」の視角を提示されて説明された。すなわち，「各国のキャッチアップ的雁行型経済発展に基づき東アジア地域経済はタイムラグを伴うけれども大なり小なり同質化してくる。」[5]「台湾・韓国・シンガポール（香港は別格たるべし）はお互いに同質化しつつあるだけでなく，所得水準を高めて日本との輸出構造を競合的（同質的）なものに転換させつつある」[6]と述べておられる。

例えば，韓国と日本について，「(イ)韓国が後発国型にとどまっていて日本と異質構造にある場合と，(ロ)韓国がキャッチアップに成功して日本と同質構造に達した場合とで，いろいろ問題が異なった効果を持つようになる。例えば日本から韓国への直接投資（FDI）の効果が違ってくる。」[7]とされる。

そして，筆者の旧著における「日本の対韓国直接投資の分析結果：日本の順貿易志向型直接投資が，1980年代の日韓直接投資に適合し，韓国の生産性向上をもたらした事実を検証したうえで，しかし，この作用が1990年代に消失したこと」[8]を取り上げられ，「これは日韓経済が同質構造に転じたからである。日本の対韓投資は1990年代に入って急減し，ASEAN4さらに中国へと，直接投資の重点を移すことになったのである。特定国への直接投資は成熟し限界に達するという傾向をもつのかもしれない。」[9]と指摘される。

2）　拙著『労働生産性の国際比較研究―リカードウ貿易理論と関連して―』文眞堂，2004年，第6章　日韓労働生産性成長率較差縮小の諸要因，pp.217-218。

3）　同上書，pp.217-218。

4）　同上書，pp.217-218。

5）　小島清『雁行型経済発展論［第2巻］アジアと世界の新秩序』文眞堂「第4章アジア地域貿易の雁行型発展」Ⅳ. 東アジア地域経済の同質化，p.140。

6）　同上書，p.141。

7）　同上書，Ⅴ. 海外直接投資（FDI）の効果，p.142。

8）　拙著，前掲書。

9）　小島清，前掲書，p.142。

小島教授のこの指摘は，筆者の韓国の「自立的経済達成論」と対立するものではなく，相互補完的であると思われる。そのうえで，小島教授の「同質的経済構造達成論」を検討すると統計的根拠があるように思われる。

［表 10-1］対米日韓比較優位・劣位構造は，［表 1-1］日米国際個別生産性指数および［表 2-1］日・韓国際個別生産性指数をデータにして[10]，日本の対米比較生産性は直接的に，韓国の対米比較生産性は間接的に算定したものである。

［表 10-1］の作成の意図は，日本の対米比較優位・劣位構造と韓国の対米比較優位・劣位構造が異質的であるか，同質的であるかを判定することにある。この作成の意図の下に，両国の対米国際個別生産性指数（産業部門内貿易）の順位相関を検定した。

① 1997 年について，検定の結果は，Spearman の相関係数 0.672（P 値：0.0001）であり，1％水準で有意，Kendall の tau-b 相関係数 0.470（P 値：0.0001）(N（データ数)＝38）であり，1％水準で有意である。

② 1992 年についての検定結果は，Spearman の相関係数 0.541（P 値：0.0008）であり，1％水準で有意，Kendall の tau-b 相関係数 0.398（P 値：0.0008）(N（データ数)＝35）であり，1％水準で有意であった。

この検定結果から，1990 年代における日韓両国の産業部門内貿易の比較優位・劣位構造が同質的であったことが判明した。これは，日韓両国の国内の同質的経済構造の進行の対外的反映に他ならないし，同時に，小島清教授の「台湾・韓国・シンガポール（香港は別格たるべし）はお互いに同質化しつつあるだけでなく，所得水準を高めて日本との輸出構造を競合的（同質的）なものに

---

10)　日韓同質的経済構造が進行しているかどうかを検定するデータとして，ここでは，日韓国際個別生産性指数（＝品目の水準）を採用しているが，これは実質的に，「産業部門内貿易」のデータである。さらに，何を以って同質的経済と見做すかは，論者によって切口が異なるであろうが，第 9 章第 3 項「日本の対米直接投資―逆貿易志向型直接投資の原因―」でもそうしたように，ここでは両国の対外的側面，すなわち，両国の比較優位・比較劣位構造の視点から把握することにする。また，いうまでもなく，その場合，同質的という表現が肝要で，完全な同質を意味するのではなく，同質経済の進行を意味するものであり，そこには，異質性を同時に含んでいる。そういう意味では，「同質的経済構造達成論」というよりも「同質的経済構造進行論」と言った方が適切であろうか。したがって，両国が，比較優位・劣位構造の同質化が進行していても，その到達の程度に対応して異質の比較優位・劣位構造を含みうる。すなわち，両国の比較優位・劣位構造の異質性の存在と同質化の進展は矛盾しない。

［表 10-1］　日・韓対米比較優位・劣位構造

		米/日	米/韓	米/日	米/韓			米/日	米/韓	米/日	米/韓
	品目名	1997	1997	1992	1992		品目名	1997	1997	1992	1992
1	テレビ受信機	—	—	95	123	22	石灰	72	134	115	240
2	旅行かばん	192	54	169	10	23	ナフサ	16	46	59	90
3	ラジオ受信機	—	—	76	41	24	板紙	106	209	110	246
4	セメント	338	909	40	74	25	ゼラチン	190	703	276	293
5	絨毯	105	71	115	817	26	銅圧延・伸線	63	188	—	—
6	水産品缶詰	79	363	—	—	27	合成繊維糸	—	—	115	89
7	鉄鋼	84	94	90	91	28	小麦粉	221	681	197	193
8	洗濯機	103	183	94	23	29	家庭用石鹸	324	282	188	331
9	ボルト・ナット	58	93	—	—	30	背広服ズボン	—	—	262	42
10	毛織物	230	37	—	—	31	合成ゴム	142	57	131	68
11	乗用車用タイヤ	59	89	76	131	32	ビール	76	109	123	193
12	綿紡糸	286	235	215	378	33	ガソリン	210	250	192	165
13	亜鉛地金	92	45	—	—	34	扇風機・換気扇	20	7	166	1104
14	男子用革靴	40	86	74	154	35	アルミ圧延	54	6	130	155
15	オーバーコート	296	326	99	85	36	界面活性剤	66	95	226	155
16	アルミ鋳物	63	2	—	—	37	澱粉	257	339	399	798
17	灯油	83	296	74	141	38	チーズ	278	520	236	932
18	背広服上下	125	80	68	109	39	ショートニング	283	478	301	364
19	自動車	98	149	90	131	40	マーガリン	454	613	336	370
20	一般照明電球	58	6	136	292	41	練乳・粉乳	489	191	318	102
21	洋紙	78	106	80	80	42	バター	647	1106	575	1288

（日本および韓国＝100）

（出所：［表 1-1］日・米国際個別生産性指数，［表 2-1］日・韓国際個別生産性指数）

転換させつつある」[11] との主張に対応するものであろう。

こうして，「日本の順貿易志向型海外直接投資に関する柳田侃理論および小島理論は，1980 年代に現実的妥当性を有していたが，1990 年代にはその現実

11）小島清，前掲書，p.141。

的妥当性あるいは説明力を失った」と理解するのではなく，1990年代の現象は，1980年代の「順貿易志向型直接投資」による「自立的経済達成」および「同質的経済構造の形成あるいは進行」の結果であると考えられ，したがって，この結果の延長線上に日韓の新しい経済関係の到来を示唆するものと理解すべきであろう。

第2節　台湾について

前章で，日本の順貿易志向型直接投資が，1980年代の日台直接投資に適合し，台湾の生産性向上をもたらした事実を検証したが，しかし，この作用が1990年代に消失したことに対して，本節では，前節での日本の対韓順貿易志向型直接投資に関する同じような解釈が，基本的には対台順貿易志向型直接投資にも妥当するかどうかを検討する。言い換えると，1990年代における韓国の「自立的経済構造達成論」および「同質的経済構造進行論」の視角を台湾に適用した場合にどのようなことが言えるのか，または言えないのかに論点を定める。

［表10-2］対米日台比較優位・劣位構造は，［表1-1］日米国際個別生産性指数 および［表3-2］日・台国際個別生産性指数をデータ[12)]にして，日本の対米比較生産性は直接的に，台湾の対米比較生産性は間接的に算定したものである。

［表10-2］の作成の意図は，言うまでもなく，日本の対米比較優位・劣位構造と台湾の対米比較優位劣位構造が異質であるか，同質的であるかを判定することにある。この意図の下に，まず1997年について，両国の対米国際個別生産性指数の順位相関を検定した。

① 1997年について，検定の結果は，Spearmanの相関係数0.43972（P値：0.0358）であり，5％水準で有意，Kendallのtau-b相関係数0.31225（P値：0.0369）（N（データ数）＝23）であり，5％水準で有意である。

② 1992年についての検定結果は，Spearmanの相関係数0.3590（P値：

12)　ここでも，日台国際個別生産性指数（＝品目の水準）を採用しているが，これは実質的に，「産業部門内貿易」のデータである。

［表 10-2］　対米日・台比較優位・劣位構造

品目＼国名		米/日	米/台	米/日	米/台	品目＼国名		米/日	米/台	米/日	米/台
		1997	1997	1992	1992			1997	1997	1992	1992
1	テレビ受信機	—	—	95	30	19	板紙	106	1396	110	92
2	板ガラス	—	—	—	—	20	合成繊維糸	—	115	115	95
3	ラジオ受信機	—	—	76	30	21	フライス盤	71	—	132	1034
4	セメント	338	747	40	97	22	ボール盤	—	—	—	—
5	蓄電池	138	65	—	229	23	アルミ地金	—	—	—	—
6	絨毯	105	192	115	379	24	フライス盤	—	—	—	—
7	洗濯機	103	497	94	544	25	小麦粉	221	594	197	310
8	ボルト	58	70	—	—	26	家庭用石鹸	324	316	188	708
9	毛織物	230	524	224	606	27	無機顔料	—	354	139	354
10	綿織物	220	557	187	411	28	ビール	76	513	123	27
11	タイヤ	59	286	76	219	29	扇風機	20	6	166	18.1
12	綿紡糸	286	358	215	243	30	電話機	—	20	181	2495
13	硫酸	—	—	—	—	31	精糖	339	2768	302	549
14	電気冷蔵庫	80	195	129	265	32	界面活性剤	66	599	226	1988
15	自動車	98	514	90	252	33	水酸化ナトリウム	—	—	—	—
16	配合肥料	100	268	96	427	34	練乳・粉乳	489	2403	318	171
17	印刷インク	111	305	172	827	35	果実酒	407	462	188	—
18	洋紙	78	1992	80	911						

（日本および台湾＝100）

（出所：［表 1-1］日・米国際個別生産性指数および［表 3-2］日・台国際個別生産性指数より作成）

0.0717）であり，10％水準で有意，Kendall の tau-b 相関係数 0.2321（P 値：0.091）（N（データ数)＝27）であり，10％水準で有意であった。

この検定結果は，韓国と同様に，1990 年代における日台両国の比較優位・劣位構造が同質的であったことを示すものである[13)]。これは，日台両国の国内の同質的経済構造の達成の対外的反映と考えられる。

こうして，繰り返すようであるが，台湾の場合も，「日本の海外直接投資に関する柳田侃理論（モデル）および小島理論（モデル）は，1980 年代に現実

13）　ただし，順位相関係数の数値から推測すると，日本経済との同質化の度合いは，韓国の方が強く，台湾が弱いと判断される。

的妥当性を有していたが，1990 年代にはその現実的妥当性あるいは説明力を失った」と理解するのではなく，1990 年代の現象は，1980 年代の「順貿易志向型直接投資」による台湾の「自立的経済達成」と「同質的経済構造」の形成の結果であると理解され，したがって，この結果の延長線上に日台の経済関係の新しい段階の到来を示唆するものと理解することができるであろう。

第 3 節　産業内国際分業への展望

しかし，この日韓台の「自立的同質的経済構造」の進行は，新たな問題を引き起こすであろう。つまり，論理的に，この究極の到達点は，比較生産費差の消滅であり，投資機会の消滅である。

では，どうなるのであろうか。「自立的同質的経済構造」の進行下にある日韓台経済関係に展望はないのであろうか。

この問題に関連して，「産業内貿易」[14] の理論的潮流がある。ここではこれを別な視角から，すなわち本書で一貫して使用している「労働生産性の国際比較」のデータを使った場合，「産業内貿易」についてどのようなことがいえるのかに論点を定めることにする。

実は，既に旧著『労働生産性の国際比較と商品貿易および海外直接投資―リカードウ貿易理論の実証研究―』[15] で，この視角から，「産業内貿易」の展望を述べているので，ここでは新たな日韓のデータに基づいて，再説することにする。

まず，［表 2-4］日・韓国際総合生産性指数から，日韓が同質的経済構造に進行したと思われる 1987 年，1992 年，1997 年の 3 時点をとり，因子分析（バリマックス法）により，日韓両国の各産業部門の比較優位・比較劣位構造を分析する。そして，韓国の日本に対する比較優位産業部門：繊維製品，石油・化学，鉄鋼，金属製品，電気機器，および比較劣位産業部門：食料品，紙・パル

14)　たとえば，小島清『雁行型経済発展論［第 2 巻］アジアと世界の新秩序』文眞堂，第 4 章 VI. 産業内貿易の興隆。「合意的国際分業の原理（上）（下）」『世界経済評論』世界経済研究協会，2009 年 4・5。

15)　拙著『労働生産性の国際比較と商品貿易および海外直接投資―リカードウ貿易理論の実証研究―』文眞堂，1994，第 9 章 商品貿易と海外直接投資 第 2 項 産業内直接投資について，pp.359-363。

プ，ゴム・皮革，非鉄金属を検出する[16]。この準備的作業の後に，［表 2-1］日・韓国際個別生産性指数の 1992 年および 1997 年の 2 時点を取り，クラスター分析を行う。分析のためのデータと結果は以下の通りである。

［表 10-3-1］日・韓国際個別生産性指数クラスター分析データ で○印が付けてある品目は，産業部門の水準で韓国の比較優位部門に属する品目であり，★印が付けてある品目は，韓国の産業部門の水準で比較劣位部門に属する品目である。

［表 10-3-1］をクラスター分析した結果[17]が，［表 10-3-2］である。そこで，この［表 10-3-2］によれば，上位から 3 分の 1 が韓国の日本に対する比較優位品目である。そうすると，本来，上位から 3 分の 1 の韓国の日本に対する比較優位品目は，韓国の日本に対する比較優位産業部門：繊維製品，石油・化学，鉄鋼，金属製品，電気機器の各産業に属する品目が対応するはずである。ところが，表によれば，すべての品目が比較優位産業部門に対応した○印品目ではなく，比較劣位産業部門に対応した★印品目が位置している。つまり，産業の水準で比較優位と見られた産業は，品目の水準に降りていくと，その内実は，比較優位品目と比較劣位品目の混在であり，しかし全体として比較優位の度合いが強い産業としてその総合値において比較優位産業として判定されているものである。

次に，同じく［表 10-3-2］によれば，下位から 3 分の 1 は韓国の日本に対する比較劣位品目である。そうすると，本来，下位から 3 分の 1 の韓国の日本に対する比較劣位品目は，韓国の日本に対する比較劣位産業部門：食料品，紙・パルプ，ゴム・皮革，非鉄金属の各産業に属する品目が対応するはずである。ところが，表によれば，すべての品目が比較劣位産業部門に対応した★印品目ではなく，比較優位産業部門に対応した○印品目も位置している。つまり，産業の水準で比較劣位と見られた産業は，品目の水準に降りていくと，その内実は，比較劣位品目と比較優位品目の混在であり，しかし全体として比較劣位の度合いが強い産業としてその総合値において比較劣位産業として判定されているものである。

16）　第 6 章第 1 節　韓国の産業の水準における比較優位・比較劣位構造の検出。

17）　分析ソフトは JMP を使っている。

［表 10-3-1］　日・韓国際個別生産性指数クラスター分析データ（産業内国際分業データ）

	品目	1992	1997		品目	1992	1997
1	★アルミ鋳物	67	3	35	○自動車ガソリン	86	119
2	○一般照明電球	215	10	36	★澱粉	200	132
3	★アルミニュウム合金	215	11	37	★釘	113	134
4	○毛織物	13	16	38	★マーガリン	110	135
5	○合成繊維糸	77	22	39	★洋紙	100	136
6	○電気温水器	88	27	40	★人造氷	121	142
7	○男子・少年用背広服ズボン	16	27	41	○界面活性剤	108	144
8	○なめし皮製旅行かばん	6	28	42	○ビール	157	144
9	○乗用車用チューブ	639	29	43	○乗用車用タイヤ	173	150
10	○扇風機・換気扇	665	35	44	○自動車	146	152
11	○ディスクプレイヤー	28	37	45	○トースター	333	153
12	★練乳・粉乳	32	39	46	★亜鉛合金	110	155
13	○合成ゴム	52	40	47	○リベット	87	160
14	○なめし皮製ハンドバッグ	44	44	48	○ジューサー	416	163
15	○ラジオ受信機	54	48	49	★ショートニング油	121	169
16	★亜鉛地金	110	49	50	★バター	224	171
17	★鉛地金	181	50	51	○洗濯機	24	178
18	○電気かみそり	206	56	52	★石灰	209	186
19	○男子・少年用背広服上着	160	64	53	★チーズ	395	187
20	○ストッキング	64	64	54	○ヘアドライヤー	197	194
21	○絨毯	710	68	55	★板紙	224	197
22	○テレビ受信機	120	70	56	○石油化学系基礎製品	217	212
23	★鉄製金網	99	71	57	○男子用革靴	208	214
24	★石膏プラスタ	45	72	58	★アルミ圧延・押し出し品	285	215
25	○プラスチック	199	79	59	○食器乾燥機	522	231
26	★アルミニュウム線	119	81	60	★セメント	184	269
27	○綿紡糸	176	82	61	○ナフサ	152	285
28	○家庭用石鹸	176	87	62	★銅・銅合金・鋳物	202	298
29	○電気釜	189	99	63	★小麦粉	98	308
30	○ワイシャツ	434	101	64	○灯油	190	357
31	○染料	376	108	65	○ゼラチン・接着剤	106	370
32	○男子・少年用オーバーコート	86	110	66	★水産品缶詰	186	459
33	★鉄鋼	101	112	67	★さお銅	173	593
34	○毛紡糸	125	112	68	○アイロン	310	1507

（○印：産業部門の水準で韓国の比較優位部門に属する品目，★印：韓国の産業部門の水準で比較劣位部門に属する品目）

［表10-3-2］　日・韓国際個別生産性指数クラスター分析出力結果（産業内国際分業データ）

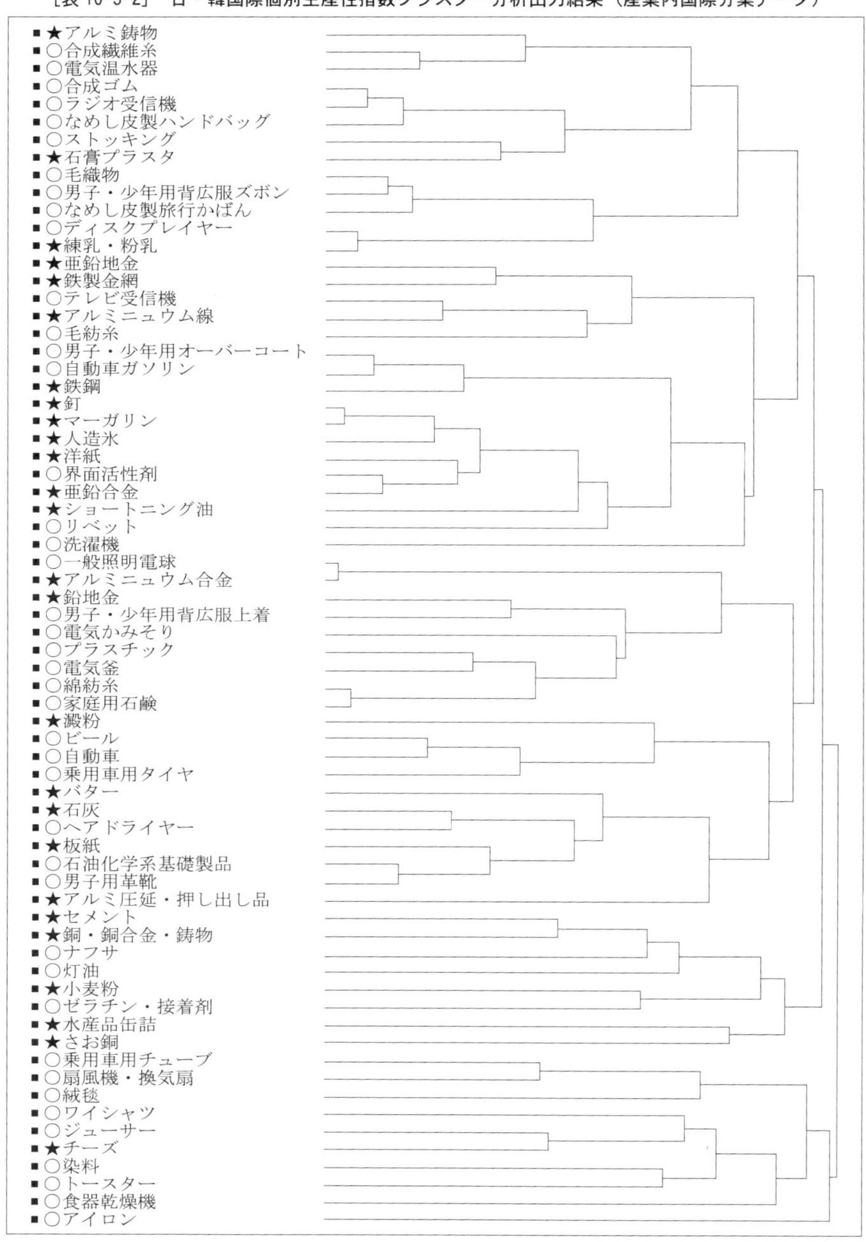
■★アルミ鋳物
■○合成繊維糸
■○電気温水器
■○合成ゴム
■○ラジオ受信機
■○なめし皮製ハンドバッグ
■○ストッキング
■★石膏プラスタ
■○毛織物
■○男子・少年用背広服ズボン
■○なめし皮製旅行かばん
■○ディスクプレイヤー
■★練乳・粉乳
■★亜鉛地金
■★鉄製金網
■○テレビ受信機
■★アルミニュウム線
■○毛紡糸
■○男子・少年用オーバーコート
■○自動車ガソリン
■★鉄鋼
■★釘
■★マーガリン
■★人造氷
■★洋紙
■○界面活性剤
■★亜鉛合金
■★ショートニング油
■○リベット
■○洗濯機
■○一般照明電球
■★アルミニュウム合金
■★鉛地金
■○男子・少年用背広服上着
■○電気かみそり
■○プラスチック
■○電気釜
■○綿紡糸
■○家庭用石鹸
■★澱粉
■○ビール
■○自動車
■○乗用車用タイヤ
■★バター
■★石灰
■○ヘアドライヤー
■★板紙
■○石油化学系基礎製品
■○男子用革靴
■★アルミ圧延・押し出し品
■★セメント
■★銅・銅合金・鋳物
■○ナフサ
■○灯油
■★小麦粉
■○ゼラチン・接着剤
■★水産品缶詰
■★さお銅
■○乗用車用チューブ
■○扇風機・換気扇
■○絨毯
■○ワイシャツ
■○ジューサー
■★チーズ
■○染料
■○トースター
■○食器乾燥機
■○アイロン

最後に，［表10-3-2］の中頃に位置する品目は，強いて言えば，比較中位品目で，両国での国際競争力は互角であり鎬を削っている品目群である。

このクラスター分析による結果は，産業内分業あるいは産業内貿易の現実的可能性を示唆するものではなかろうかと考える。

つまり，比較優位部門と判定されるX産業において，品目の水準まで下りていくと，比較優位・劣位品目が混在しており，このことは，とりもなおさず，X産業部門内における「同質性・異質性」の混在による比較生産費差の存在を示唆するものであり，ここに産業内分業・貿易が発生する余地があるであろう。Y産業，Z産業においても同様の状況が発生しているものと思われる。さらに，論理的にX，Y，Zの品目の部品の水準まで下りていくと，同産業部門内における同質性・異質性の混在による比較生産費差は，複雑ではあるが，多種・多様なものとなるであろう。

このように，たとえ，日韓経済構造において，産業部門の水準，さらには品目の水準において，同質的経済が進行しつつも，さらに部品の水準まで下がっていくと，完全なる両国の同質的構造はありえないであろうし，そうであるならば，不均等発展が法則的に貫徹する資本主義的市場経済において，同質性・異質性の混在による比較生産費差の消滅はある意味では非現実的であろう。

こうして同質的経済構造の進行下における日韓においても，さらに日台間においても，産業内分業・貿易の展開の基盤はあるものと考えて，したがって，東アジアおよびアメリカとの貿易関係は，産業間貿易→産業内貿易→企業内貿易と複雑多岐な方向性で展開されるであろう。こうして，分析の視角や内容の違いはあるが小島清教授の「産業内貿易」論[18]と同じ方向性を有しているものと思われる。ただし，不均等発展の法則が不断に貫徹している資本主義的市場経済においては，同質的経済構造の成立は，異質的経済構造への起点であり，合意的あるいは調和的国際分業を永続的に保証するものではないし，その意味で，小島教授の合意的国際分業論とはニュアンスの違いがあろう。むしろ，産業内分業・企業内分業の展開に際して，国際価値論の立場からする柳田

---

18)　前掲註14)。

侃教授の次の指摘，すなわち「直接投資の新形態が，その「延長線上にある」日本型すなわち先進国の比較劣位部門からの直接投資が，寡占的大企業によって担われないという論理的必然性は存在しない。」[19] という指摘が，柳田侃教授と共に依然として払拭しきれないところが気になる点である[20]。

19)　柳田侃『資本輸出論と南北問題』日本評論社 1976 年。pp.103-104。この点は，第 9 章で柳田侃理論と小島理論の共通項を求めた際に，最後まで共通項を見いだせなかった事項である。第 9 章註 64)を参照。

20)　こうした懸念が終章で取り上げるジョセフ・E. スティグリッツの「先進工業国内の特定の利権（農業，石油大手など）のために動いている。」(『世界に格差をバラ撒いたグローバリズムを正す』徳間書店，2006 年「第 10 章　民主的なグローバリズムの道」p.393。）という記述に関心を寄せる所以である。

終章
—2000 年代後半に引き伸ばして—

以上の本文で述べた 1980 年代の後半から 1990 年－2000 年にかけての日米韓台および中の相互経済関係のなかでの，① 日本の東アジア諸国および米国との産業の相対的国際競争力の低下，② 東アジア諸国の自立的国民経済の形成，そして ③ 同質的経済構造の進展と産業内分業の記述で，本書の『東アジア諸国の産業の国際競争力の変化の統計分析』のテーマはほぼ尽くされたのであるが，なお，この結論を 2000 年代の後半の現時点に引き伸ばしても多少の微妙な変動があったにしても基本的には変更がなかった[1]として，次に，現在進行中の国際金融危機に引き続く世界同時不況という事態をどう考えるか，どのような問題が存在しているのか，そしてどのような方策を必要とするか，さらには展望というテーマを追加して，本書を終えたいと思う。

さて，そこで，すでに「序」でも述べたように，こうした日本を含む東アジア諸国とアメリカとの相互連関のなかで，2008 年 9 月にアメリカのサブプライムローン問題を発端として金融危機が発生し，アメリカ国内に深刻な経済危機をもたらすと同時にグローバル化時代の全世界へと直ちに波及し，「100 年に一度の金融危機」[2]と呼ばれる事態を引き起こした[3]。しかも，この危機が

1）　この想定に基づいて，各国「地域別生産依存度」も基本的には変動がなかったとしている。その根拠については注 6）注 7）注 10）注 16）注 22)を参照されたい。

2）　A. グリーンスパン（前連邦準備制度理事会（FRB）議長）が米下院の公聴会で発言したことによる。金融危機の発生状況について，エコノミスト『米国経済白書』臨時増刊 5 月 4 日号大統領経済諮問委員会（CEA）年次報告 大統領経済報告（監訳・萩原伸次郎）毎日新聞社が詳しい。

3）　ジョセフ・E. スティグリッツ（Joseph, E, Stiglitz）は次のように述べている。「このような事態は，想定されていなかった。自由市場とグローバル化に信を置く現代経済学は，万人が富み栄えることを約束していた。そして大いに宣伝されたニュー・エコノミーは，規制緩和や金融工学など，20 世紀後半を特徴づける驚異的なイノベーションの総称であり，よりすぐれたリスク管理を可能にし，

深刻なのは，単に金融経済の分野にとどまらずに実体経済をも巻き込んでいったことである。他方，本書では，金融経済の分野の対外直接投資と実体経済の分野の国際貿易を統一的に捉え，その上で，各国への直接投資が生産性上昇の要因となり，これを契機に貿易が促進され，ひいては経済成長の原因となるという視角から対象を分析してきたが，新しい事態が発生している。

その新しい事態とは，今回の金融危機が，アメリカおよび各国国内のみならず国際金融市場の金融収縮を連鎖反応的に引き起こし，これにより国際マネーフローの縮小，それと関連して対外直接投資が冷え込んだだけでなく，投資受け入れ国からの資金の引き揚げ，流出となって，投資受け入れ国の経済成長の促進要因を低下ないし消失させたことである[4)]。そこで，こうした世界金融危機の波及結果による経済成長の与件，あるいは促進要因としての金融経済の分野での対外直接投資の縮小あるいは冷え込みの状況下で，(1)アメリカの実体経済の低下あるいは不況が，相互経済関係あるいは相互経済連関関係の深化のなかでの日本を含む東アジア諸国の韓国，台湾，中国の実体経済の分野の国際貿易の側面にどのような事態を発生させているのか，(2)そこでの問題は何か，そしてそれを克服する方策としていかなることが考えられるか，さらには展望を以下に考察することにしたい。

その際，ここでは，本書前諸章で提示したデータの分析結果を踏まえて，

景気循環を消滅させるはずだった。ニュー・エコノミーと現代経済学の組み合わせで，経済の変動を完全になくせないとしても，少なくとも変動の程度を和らげることはできるといわれていた。しかし，大不況が幻想を打ち砕いた。今回の不況は，明らかに80年前の大恐慌以来，最悪の景気下降である。こうなると，長年もてはやされてきた経済観を見直さざるをえない。」と。(『フリーフォール グローバル経済はどこまで落ちるか』楡井浩一＋峯村利哉訳，徳間書店，2010年，p.5) この指摘の背景には，アメリカの新自由主義・グローバリズムに対する痛烈な批判がある。

4）　同様の以下の事実認識がある。「順調に拡大してきた世界経済は，特に昨年秋以来の米国発の金融危機を契機に，世界同時不況へと一転した。世界の株式市場の時価評価価額は，2007年10月の約63兆ドルから2008年末には約33兆ドルへ，そして2009年2月末には約28兆ドルへと激減した（日本経済新聞），2009年においては，前年比で，世界の総生産は1.7%減少し（世界銀行），世界全体の輸出は実質で9%減少し（WTO），そして世界の海外直接投資の減少率は，20%を超える（UNCTAD）と推計されている。<中略>金融経済から実態経済への危機の波及は急速で，また世界経済全体への波及も迅速である。この世界同時不況を克服し世界経済を成長軌道に戻すべく日米欧などの各国政府と中央銀行は，互いに連携しながら，大規模な財政出動・金融規制（緩和）で対処している。」（池間誠編著『国際経済の新構図―雁行型経済発展の視点から―』文眞堂，2009年6月，はしがき。）

「比較生産費理論」と「国際産業連関的視角」，とりわけ「地域別生産依存度」との視角から，問題に取り組むことにする[5)]。

第1節　アメリカ発世界金融危機による東アジア諸国に発生した諸事態—「地域別生産依存度」をデータとして—

本節では，東アジア諸国（日中韓台）の対米「地域別生産依存度」と「各国比較生産費」をデータとして，金融危機によるアメリカ市場の変化に対応して，どのような事態が日中韓台貿易に生じているのかを検討する。

1）　日本：アメリカ発世界金融危機は，日本では，当初，金融・証券関連の株式の大幅な下落から始まり，株式市場全体を混乱させたが，事態はこうした金融経済から実体経済へと直接的打撃として波及していった。本文第5章での記述と重複するところもあるが，［表5-3］地域別生産依存度（日本およびアメリカ）(2000) によれば[6)]，日本の自動車産業の対アメリカ生産依存度は17.79％で，日本のアメリカ市場（＝需要）への依存度はかなり高い。その自動車産業への打撃は甚大で，アメリカ市場向け輸出減退による国内外の生産の縮小，これによる雇用問題の発生等，経済問題だけでなく社会問題まで引き

5）　周知のように，そもそも国際産業連関とは，各国経済の相互依存関係を明らかにすることにある。さらにその上で，一国経済及びその変化の他国への影響を把握するために作成されている。また，あるべき各国の国際産業連関とは，国際貿易が相互互恵的で，各国の経済的厚生を促進することにある。このためには，私見によれば，各国は，「比較生産費構造」に即して，相互に市場（＝需要）を提供し，バランスのとれた均衡的な国際分業関係を形成することが肝要である。その場合，均衡的な国際分業関係を形成しているかどうかを判定するデータとして，国際産業連関表は，「地域別生産依存度」を提供している。

6）　ここでは，2000年の「日米地域別生産依存度」を2000年代の後半の現時点に引き伸ばしても多少の微妙な変動があったにしても基本的には大幅な変更がなかったと想定している。その論拠は，日米国際産業連関表による1990年，1995年，2000年の「日米地域別生産依存度」表から，日本の対米地域別生産依存度のデータを取り上げ，各年度の順位相関係数を検定した結果，ケンドール：1990年・95年 0.9216**，1995・2000年 0.6732**，スピアマン：1990年・95年 0.9814**，1995・2000年 0.8328**という結果にある。これによれば，日本の対米地域別生産依存度のパターンは，1990年－2000年において同型であったということであり，このパターンは2000年代の後半まで基本的には変更がなかったという仮説の論拠である。そして，このパターンは，2000年代の後半においてさらにその相互依存関係・生産依存度を深めていったものと思われる。

起こした。この事態は，自動車産業だけにとどまらず，電気機器産業，一般機械産業，素材産業である鉄鋼業にまで及んでいった。ちなみに，日本の電気機器産業の対アメリカ生産依存度は 10.13%，一般機械産業の対アメリカ生産依存度は 7.27%，鉄鋼業の対アメリカ生産依存度は 7.39%で，こうした産業は，対米相対的生産性が低下し，それゆえに，以前よりも価格競争力が低下したとはいえ，日本の対米比較優位産業であり，したがって主力輸出産業であることは，本文第 1 章および第 5 章で分析した通りであるが，それだけにアメリカ発の金融危機が日本の実体経済に齎した影響は，未曾有の危機的事態であったといえるであろう。しかも，この時期，各国の通貨が下落するなか，独歩の円高を招いたことは，日本の相対的国際競争力の二重の打撃を意味していた。

2）　韓国：貿易依存度の高い韓国も，世界金融危機によって深刻な打撃を受けている。[終章表 1] 韓米地域別生産依存度（2000 年）によれば[7]，韓国の対米生産依存度は，比率の高い産業を摘記すると，機械類：39.24%，ゴム製品：29.50%，金属製品：27.19%，輸送機械：17.80%，化学品：17.80%，繊維産業：18.30%と高い比率を示している。これらの産業は，同時に韓国の基幹産業であるとともに，対米比較優位産業＝主力輸出産業であり，しかも，アメリカの市場（＝需要）に深く依存している。このときに，金融危機によるアメリカの消費需要の緊縮により，輸出の減退を招ねき，韓国の経済を直撃したのであろうから，まさに事態は深刻である。併せて，金融危機により，韓国金融市場から外国資金が流出し，このため韓国通貨ウォンが大幅に下落し，ウォン安を引き起こした。このウォン安は，貿易の面では，正負の効果を有する

7）　ここでも，2000 年の「韓米地域別生産依存度」を 2000 年代の後半の現時点に引き伸ばしても多少の微妙な変動があったにしても基本的には変更がなかったと想定している。その論拠は，韓米国際産業連関表による 1990 年，1995 年，2000 年の「韓米地域別生産依存度」表から，韓国の対米地域別生産依存度のデータを取り上げ，各年度の順位相関係数を検定した結果，ケンドール：1990 年・95 年 0.6209**，1995・2000 年 0.6340**，1990・2000 年 0.7516**，スピアマン：1990 年・95 年 0.8080**，1995・2000 年 0.8184**，1990・2000 年 0.91746**，という結果にある。これによれば，韓国の対米地域別生産依存度のパターンは，1990 年−2000 年において同型であったということであり，このパターンは 2000 年代の後半まで基本的には変更がなかったという仮説の論拠である。そして，このパターンは，2000 年代の後半においてさらにその相互依存関係・生産依存度を深めていったものと思われる。

が，日本との貿易関係では，負の結果を齎した。すなわち，「日本から部品・素材等の中間財および資本財を輸入し，完成品を輸出する」[8]という韓国の対日貿易構造の中で，決済上韓国の支払い増加となり，韓国の対日貿易収支の赤字として累積していくことになったのである。

こうして韓国は，金融危機により，対米・対日貿易関係において，対米では輸出減，対日では，貿易赤字の累増に直面した。

3）　中国：中国について，本文でのデータから，次のようにいえる。すなわち，相対輸出額と相対輸出成長率（中国／米国）[9]に基づくと，中国の対米相対輸出成長率の高い産業を中国の競争力の強い産業とみなすことができる。そうすると，輸送機械：1.6747，機械：1.5633，金属製品：1.1687，ゴム製品：1.3695，石油精製および製品：1.3281，パルプ・紙製品および印刷：1.6185，製材および木製品：1.5177（基準年度＝1）という数値を示している。他方，［終章表2］中・米地域別生産依存度（2000年）によれば[10]，中国の対米生産依存度は，輸送機械：5.02%，機械：9.46%，金属製品：9.14%，ゴム製品：7.33

8）　外務省北東アジア課「韓国経済の現状と日韓経済関係」平成19年1月。http://www.mofa.go.jp/mofaj/area/korea/pdfs/keizai.pdf）この問題に関連して，次の中村愼一郎教授の指摘が参考になる。「日米の様に相互依存関係の強い経済にあっては，両国間の貿易にも直接・間接の相互依存関係があり，片方の輸出が他方の輸出を誘発するという効果が存在する。この相互依存関係は，国際産業連関表を用いて初めて定量化できるのである。」（前掲『Excelで学ぶ産業連関分析』p.166.）そこで，この引用文の日米の箇所を日韓と置き換えたら，本文の問題の所在が判明する。そうすると，この特殊的日韓貿易構造の解消のためには，［部品・素材等の中間財および資本財］を韓国国内で生産するように生産構造の転換をはかることであろう。そのためには，韓国国内の中小企業の育成が必要であり，日本はこれに対して技術移転等の協力が要請される。なお，韓米FTAに関しては，奥田聡『韓米FTA　韓国対外経済政策の新たな展開』アジア経済研究所2007年で詳論されている。

9）　拙稿「中・米産業の相対的国際競争力の推移―アジア国際産業連関表に相対的労働生産性成長率数値を接続して（1990年から2000年)―」『経済科学研究』広島修道大学経済科学会。

10）　ここでも，2000年の「中米地域別生産依存度」を2000年代の後半の現時点に引き伸ばしても多少の微妙な変動があったにしても基本的には変更がなかったと想定している。その論拠は，中米国際産業連関表による1990年，1995年，2000年の「中米地域別生産依存度」表から，中国の対米地域別生産依存度のデータを取り上げ，各年度の順位相関係数を検定した結果，ケンドール：1990年・95年0.5088**，1995・2000年0.7699**，1990年・2000年0.4152*，スピアマン：1990年・95年0.6404**，1995・2000年0.9140**，1990年・2000年0.5596*という結果にある。これによれば，中国の対米地域別生産依存度のパターンは，1990年－2000年において同型であったということであり，このパターンは2000年代の後半まで基本的には変更がなかったという仮説の論拠である。そして，このパターンは，2000年代の後半においてさらにその相互依存関係・生産依存度を深めていったものと思われる。

[終章表1]　韓・米地域別生産依存度（2000年）

		韓国	米国	ROW	米国	韓国	ROW
1	稲作	0.9112	0.0237	0.0651	0.0000	0.0000	0.0000
2	その他農業	0.9466	0.0144	0.0389	0.8874	0.0037	0.1088
3	畜産物	0.9008	0.0269	0.0722	0.9254	0.0019	0.0728
4	林産物	0.9028	0.0214	0.0758	0.9068	0.0021	0.0911
5	水産業	0.9134	0.0186	0.0680	0.7109	0.0151	0.2740
6	原油および天然ガス	0.0000	0.0000	0.0000	0.9076	0.0023	0.0901
7	その他鉱業	0.7123	0.1351	0.1526	0.8882	0.0023	0.1094
8	食料，飲料およびタバコ	0.9056	0.0251	0.0693	0.9307	0.0019	0.0675
9	繊維製品および皮革製品	0.3436	0.1830	0.4734	0.8515	0.0016	0.1469
10	製材および木製品	0.8185	0.0669	0.1146	0.9215	0.0013	0.0772
11	パルプ，紙製品および印刷	0.6360	0.1748	0.1891	0.9093	0.0018	0.0889
12	化学製品	0.5057	0.1780	0.3163	0.8446	0.0031	0.1523
13	石油精製および製品	0.6950	0.0897	0.2153	0.9001	0.0025	0.0973
14	ゴム製品	0.3144	0.2950	0.3905	0.8555	0.0023	0.1422
15	非金属鉱物製品	0.7251	0.1392	0.1357	0.9001	0.0020	0.0979
16	金属製品	0.4619	0.2719	0.2661	0.8473	0.0032	0.1496
17	機械	0.3334	0.3924	0.2742	0.8120	0.0057	0.1823
18	輸送機械	0.4371	0.1780	0.3849	0.8365	0.0015	0.1619
19	その他製造業	0.4910	0.2266	0.2824	0.8631	0.0033	0.1335
20	電気・ガス・水道	0.7636	0.0979	0.1385	0.9225	0.0014	0.0760
21	建設	0.9820	0.0052	0.0128	0.9720	0.0005	0.0276
22	商業・運輸業	0.6246	0.0879	0.2875	0.8954	0.0019	0.1027
23	サービス業	0.8496	0.0448	0.1056	0.9285	0.0011	0.0704
24	公務	1.0000	0.0000	0.0000	1.0000	0.0000	0.0000

（〈"*Asian International Input-Output Tables*"（アジア国際産業連関表）Institute of Developing Economies Japan External Trade Organization, Japan (2000))〉をデータとする「韓米国内生産誘発額」より作成）

%，石油精製および製品：5.61%，パルプ・紙製品および印刷：6.39%，製材および木製品：17.22%である。こうした生産依存度の高い諸産業は，同時に中国の相対的優位産業であり，アメリカ市場（＝需要）に 満遍なく，しかし深く依存している。しかも近年，中国の労働集約型軽工業から資本集約・技術集約型重化学工業に，生産依存度がシフトしている状況が見て取れる。つまり，中国の産業構造の高度化に対応して，米国はその市場（＝需要）として貢献しており，中国の経済成長のための実現条件を提供していると思われる。こうした状況の中でのアメリカ発の世界金融危機は，中国にとってのアメリカ市場（＝需要）の緊縮を意味しており，中国の経済成長の与件の深刻な喪失であったであろう。事実，従来年率二桁の高成長を記録していた中国の経済成長は，一桁台への低下が現実となった。

４）　台湾：台湾に関しては，世界金融危機の影響は，主として，二つのルートから及んでくると思われる。一つのルートは，貿易依存度の高いアメリカの経済後退によって直接的に影響が及ぶ場合であり，二つ目のルートは，深い貿易および投資関係を形成している中国の経済後退によって間接的に影響が及ぶ場合である。この場合，むしろ台湾にとって，対岸の中国の経済後退による影響が大きいものと思われる。そこで，［終章表-3］台・中地域別生産依存度によれば[11]，化学製品：18.11%，金属製品：14.72%，繊維製品：10.92%，機械：9.27%，ゴム製品：9.51%，原油：10.09%と農林業を除く，軽工業，重化学工業の生産依存度が満遍なく高いことが示されている。これを全体としてみると，重化学工業の生産依存度が高いという特徴を有している。中国が，アメリカ発金融危機に影響を受けて，生産活動の縮小を避けられない事態であるので，生産活動のための中国産業の台湾への機械設備，素材産業としての鉄鋼業，製品・半製品，原料としての化学品等の需要は大幅に落ち込むであろう。台湾としては，完成品の輸出市場としてのアメリカよりも，中国の生産活動と連動している貿易と投資という二重の側面から，中国市場の縮小の方が，台湾の経済成長の低下に直接的に繋がっていくであろうと思われる。

以上，アメリカに端を発する金融危機の波及状況について，① 日韓台の場合は，「労働生産性の国際比較数値」の比較優位・劣位産業の検出結果と各国国際産業連関分析による「地域別生産誘発依存度」の結果をデータとして，さ

11）「台・中地域別生産依存度」についても各年度の順位相関係数の検定は，有意の結果を得ている。

らに ② 中国の場合は「相対輸出額と相対輸出成長率」による相対的競争力の検出結果と中米「地域別生産誘発依存度」の結果をデータとして，日本・韓国・中国・台湾がどのような影響を受けているかを指摘した。いずれの国も，アメリカ発の世界金融危機から受けた影響は，深刻なものがあるであろうことが示唆された。

第2節　地域別生産誘発依存度の不均衡問題
—相互的順貿易志向型DFIに向けて—

前節では，アメリカ発の世界金融危機が東アジア諸国（日中韓台）にどのような影響を与えたのかというテーマを，各国の対米「地域別生産依存度」をデータにして検討したが，本節では，目を東アジアに転じて，東アジア諸国（日中韓台）の対米および相互間の「地域別生産依存度」をデータにして，そこにどのような問題があるのか，そしてその解決の方策としてどのようなことが考えられるのかを検討することにする。

1）　日米：続けて，第5章と重複する箇所もあるが，まず日本について述べると，本文第1章および第5章［表5-3］地域別生産依存度（日本およびアメリカ）（2000）によれば，日本の基幹産業であり，同時に比較優位産業である自動車，電気機器，一般機械，鉄鋼は，自動車（17.79%），電気機器（10.13%），一般機械（7.27%），鉄鋼（7.39%）とアメリカ市場への「生産誘発依存度」が高いのに，アメリカの比較優位産業であるa. 食料品産業，b. 繊維・衣服，c. 紙・パルプ，d. 化学・石油，h. 非鉄金属製品の各産業は，農林漁業を除いては，逆に全般的に低率である。つまり，日米「生産誘発依存度」が相対的不均衡状態にある。このことは，日本が過度にアメリカの市場（＝需要）に依存していることを意味する。この日米「生産誘発依存度」の相対的不均衡状態の時に，今回のような金融危機の発生により，アメリカの市場（＝需要）が縮小すると，日本の基幹産業であり，輸出産業は直接的に打撃を受けて経済の成長を低下させることになるであろう。他方，アメリカは，自国の比較優位産業の日本市場での相対的「生産誘発依存度」が低いため，自国の市場（＝需要）の縮小による損失を日本の市場で担保することができないのである。アメリカ発世界金融危機下に求められている日米間の経済課題は，日米間の相対的生産誘発依存度の不均衡の解消であり，一義的には，アメリカの対日比較優位産業の日本における市場（＝需要）拡大である[12)]。具体的には，本文第5章によれば，アメリカの対日比較優位産業は，a. 食料品，b. 繊維，c. 紙・パルプ，d. 石油・化学産業であるので，これら諸産業の日本市場（＝需要）の拡大が求められているであろう。

2）①韓米：次に，［終章表1］韓米地域別生産依存度（2000年）よれば，韓国の対米「生産誘発依存度」は高く，アメリカの対韓「生産誘発依存度」はかなり低い。この「生産誘発存度」の相対的な不均衡のため，日本と同じく，韓国経済はアメリカの市場（＝需要）の変動に影響を受けやすいという構造を有している。この「生産誘発依存度」の相対的不均衡を解消するためには，日本の場合と同じように，韓国の最終需要にアメリカの生産が誘発されるような構造，つまり，一義的には[13)]，韓国の対米産業への内需拡大政策を図ることが必要となろう。この点に関して，すでに韓米間には，この方向へ向けての軌道が設定されている。外交通商部「韓・米FTA分野別最終合意結果」（ジェトロ・ソウルセンター仮訳）2007[14)]によれば，両国のFTA締結による「両国商品貿易関税譲許品目」は，両国譲許段階別主要品目を含めて，農業，繊維，自動車，医薬品・医療機器の分野において締結されている。この締結産業分野で，繊維，自動車産業は，韓国の対米比較優位部門であり，農業部門はアメリカの対韓比較優位部門である。つまり，韓・米FTAは，両国の比較生産費構造に即して締結されており，韓米の相互の比較優位産業に市場（＝需要）が開放されたことになる。これにより，韓米両国の「生産誘発依存度」の相対的不均衡はかなりの程度の解消の方向へと向かうであろうし，韓国の対米自立的経済が達成されようが，それでも短期間には，また完全な解消は不可能であ

12）　ここで一義的と述べたのは，「生産誘発依存度」の相対的不均衡の解消は，後述されるように，内需拡大以外の見解もあるからである。

13）　12）と同じ。

14）　http://www.jetro.go.jp/asia/kr/reports/05001395

ろうから，韓国の場合，従来の対米関係を維持しながら，東アジア諸国との相互依存関係および連携へと軸足をシフトしていくことが現実的であろうかと思われる。この韓・米 FTA の締結の成功は，東アジア諸国の FTA 締結へ向けてのモデルケースとして注目に値するであろう[15]。

②韓日：韓国は，本文第10章第3節で，日本に対して自立的同質経済に到達したことを指摘した。しかし，第6章と重複する箇所もあるが，［表6-4］日韓地域別生産依存度（2000年）[16]によれば，韓国の対日「生産誘発依存度」の高い産業部門は，繊維製品および皮革製品：6.35%，金属製品：4.58%，化学製品：4.18%，林産物：6.39%，水産業：8.23%，機械：4.33%となっており，若干の例外を除いては，これら諸産業は，本文第2章および第6章で提示したデータによれば，全般的に韓国の対日本比較優位産業部門＝主力輸出部門である。これに対して日本の対韓「生産誘発依存度」は，全体的に低率であり，日本の対韓比較優位産業である（c）紙・パルプ，（h）非鉄金属，（i）金属製品，（k）自動車の各産業の対韓国比較優位部門も同様に低率である。この相対的に不均衡な「生産誘発依存度」は，韓国の生産が日本の市場（＝需要）の変動を受けやすいことを意味している。韓国が日本との関係で相互に経済的連関性を深め，同時に自立的同質経済を達成するためには，この「生産誘発依存度」の相対的不均衡から脱却する必要があるであろう。このためには，韓国の最終需要に日本の生産が誘発されるような構造，つまり，一義的には，韓国の対日産業への内需拡大政策が一つの方向性であろう。それは，現在一向に進展していない日韓 FTA・EPA 成立への交渉の中で[17]，日本は韓国の比

15）　奥田聡『韓米 FTA—韓国対外政策の新たな展開』アジア経済研究所，IDA JETRO。

16）　韓日の場合も，2000年の「日韓地域別生産依存度」を2000年代の後半の現時点に引き伸ばしても多少の微妙な変動があったにしても基本的には大幅な変更がなかったと想定している。その論拠は，韓日国際産業連関表による1990年，1995年，2000年の「韓日地域別生産依存度」表から，韓国の対日地域別生産依存度のデータを取り上げ，各年度の順位相関係数を検定した結果，ケンドール：1990年・95年0.3203，1995・2000年0.3934*，1990・2000年0.4721**，スピアマン：1990年・95年0.4097，1995・2000年0.5090*，1990・2000年0.5937**，という結果にある。これによれば，中国の対米地域別生産依存度のパターンは，1990年−2000年において同型であったということであり，このパターンは2000年代の後半まで基本的には変更がなかったという仮説の論拠である。そして，このパターンは，2000年代の後半においてさらにその相互依存関係・生産依存度を深めていったものと思われる。

17）　鄭仁教・趙貞蘭「日韓 FTA 交渉は可能か」『日本貿易学会年報 JAFTAB』日本貿易学会，第46号，2009年3月，日本貿易学会，pp.19-27.

較優位産業にさらなる市場（＝需要）の拡大を図る方向を示し，韓国は，日本の比較優位産業に市場を開放することが望ましいであろう。国際貿易が相互互恵的で，両国の経済的厚生を促進することを目標とするのであれば，日韓両国の「生産誘発依存度」の相対的不均衡の解消が日韓両国の同質的自立経済の基礎的条件となるであろう。

3）①　中米：第 3 に，［終章表 2］中・米地域別生産依存度（2000 年）によれば，中米労働生産性の相対的成長率の視角から，中国の米国に対する競争力が強いとされている窯業，自動車，機械，食料品，石油・化学，電気機器の各産業の対米「生産誘発依存度」[18] は，窯業（非金属鉱物製品）: 4.19%，自動車（輸送機械）: 5.02%，機械（電気機器を含む）: 9.46%，食料品（食料・飲料およびタバコ）: 1.3%，石油・化学（化学製品）: 6.46%，石油精製および製品 : 5.61%，その他製造業 : 18.87% となっている。

以上から，中国の米国に対する競争力が強いとされている，すなわち相対的優位産業部門である窯業，自動車，機械，食料品，石油・化学，電気機器 の各産業の米国への「地域別生産誘発依存度」は食料品を例外[19] としてかなりの割合が示されている。この統計的事実は，中国の相対的優位産業がアメリカ市場（＝需要）に広く深く依存していることを意味し，中国のアメリカ市場（＝需要）への膨大な輸出超過の基礎的要因ともなっている。これに対して，同表によれば，米国の中国への「生産誘発依存度」は，全産業においても，対中相対的優位産業である鉄鋼，金属製品，繊維，非鉄金属の各産業においても，極端に低率であることが見て取れる。

このデータから，中米「生産誘発依存度」は極端な相対的不均衡状況にあることが判明する。しかも以上のデータは，2000 年版『国際産業連関表』に基づく計算値であり，2009・10 年の本書執筆時に最も近い未発行の 2005 年版『国際産業連関表』に基づく計算値では，中国の対米「生産誘発依存度」は，

18)　拙稿「中・米産業の相対的国際競争力の推移―アジア国際産業連関表に相対的労働生産性成長率数値を接続して（1990－2000 年）―」『経済科学研究』広島修道大学経済科学会，2011 年 3 月。

19)　2000 年代の後半では，中米の生産依存度はさらに深まり，したがって，食料品の生産依存度はかなり高いものと思われる。

[終章表2]　中・米地域別生産依存度（2000年）

		中国（自国）	米国（第2国）	ROW	米国（自国）	中国（第2国）	ROW
1	稲作	0.9211	0.0140	0.0649	0.0000	0.0000	0.0000
2	その他農業	0.8957	0.0172	0.0871	0.8381	0.0078	0.1542
3	畜産物	0.9287	0.0137	0.0576	0.9247	0.0016	0.0737
4	林産物	0.8192	0.0500	0.1308	0.8865	0.0028	0.1108
5	水産業	0.9422	0.0177	0.0402	0.4661	0.0115	0.5224
6	原油および天然ガス	0.7916	0.0536	0.1548	0.9152	0.0013	0.0835
7	その他鉱業	0.7681	0.0594	0.1725	0.8639	0.0033	0.1328
8	食料，飲料およびタバコ	0.9137	0.0130	0.0733	0.9378	0.0017	0.0605
9	繊維製品および皮革製品	0.5016	0.0880	0.4104	0.8217	0.0016	0.1767
10	製材および木製品	0.6406	0.1722	0.1872	0.9258	0.0012	0.0730
11	パルプ，紙製品および印刷	0.7797	0.0639	0.1564	0.8913	0.0031	0.1056
12	化学製品	0.7221	0.0646	0.2133	0.7646	0.0064	0.2291
13	石油精製および製品	0.7805	0.0561	0.1633	0.8966	0.0014	0.1020
14	ゴム製品	0.7221	0.0733	0.2045	0.8117	0.0032	0.1851
15	非金属鉱物製品	0.8752	0.0419	0.0829	0.8885	0.0033	0.1082
16	金属製品	0.7012	0.0914	0.2074	0.7986	0.0050	0.1964
17	機械	0.6913	0.0946	0.2141	0.7302	0.0087	0.2611
18	輸送機械	0.8228	0.0502	0.1270	0.8087	0.0026	0.1887
19	その他製造業	0.4447	0.1887	0.3666	0.7972	0.0041	0.1988
20	電気・ガス・水道	0.7909	0.0560	0.1530	0.9493	0.0010	0.0498
21	建設	0.9909	0.0021	0.0070	0.9928	0.0001	0.0071
22	商業・運輸業	0.7347	0.0816	0.1837	0.8949	0.0018	0.1034
23	サービス業	0.8928	0.0250	0.0822	0.9503	0.0005	0.0492
24	公務	0.9958	0.0000	0.0042	1.0000	0.0000	0.0000

（〈"*Asian International Input-Output Tables*"（アジア国際産業連関表）Institute of Developing Economies Japan External Trade Organization, Japan (2000)）〉をデータとする「中米国内生産誘発額」より作成）

さらに深まり高い数値を示しているものと推測する。

この中米「生産誘発依存度」の相対的な不均衡構造を背景に，中国は，対米輸出を増加して獲得した膨大な貿易黒字による外貨準備金をアメリカ国債の購入にあて，過度の対米「生産誘発依存」関係とコインの表裏のように問題点を累積していった[20)]。こうした中米関係は，アメリカの持続的経済成長を与件あるいは前提に形成されていったのであり，この与件あるいは前提がアメリカ発世界金融危機の発生によって崩れたときに，中米経済関係の問題点あるいは矛盾点が一挙に露呈した。すなわち，アメリカの市場（＝需要）の緊縮・縮小は，直接的に中国の基幹産業であり，主力輸出産業を直撃したのである。中国の経済の打撃は，計り知れないものがあろう。直ちに，中国の国民総生産の縮小，すなわち経済成長の低下を余儀なくされた。世界金融危機によるアメリカの実体経済の回復がなお不透明であるので，中国のこうした状況の解決あるいは克服は，まずは中米「生産誘発依存度」の相対的な不均衡構造の解消あるいは是正である。このためには，中国は，「比較生産費構造」に即して，自国の比較優位産業を輸出するとともに，アメリカの比較優位産業である鉄鋼，金属製品，繊維，非鉄金属の各産業の市場（＝需要）の拡大，すなわち内需を大幅に拡大することであるが，すでに中国は「内需拡大」政策[21)]を表明し，実行している通りである。さらに，従来，対米貿易収支の黒字による外貨準備金のアメリカ国債への購入政策から，世界金融危機のために，中国への直接投資が冷え込むなかで，これを補うためにも国内投資へと転換し，国内の諸問題，た

20）「日本国際経済学会第68回全国大会（於中央大学）2009年10月の「共通論題：世界金融・経済危機—岐路に立つグローバリズム—」で，本文の記述「対米輸出を増加して獲得した膨大な貿易黒字による外貨準備金をアメリカ国債の購入にあて」，2008年9月時点で5,850億ドルに達し，日本を抜いて世界第1位の米国債保有国となった中国とこの対彼に立つアメリカとの新たな関係をめぐって，本山美彦教授より「米中金融融合—パックス・サイノ・アメリカーナの幕開けか？—」という論題で報告があった。まさに，共通論題「世界金融・経済危機—岐路に立つグローバリズム—」に相応しい新たな時代の重要なテーマであった。

21）情報によれば，中国は，2008年11月に約4兆元を投入して内需拡大を図ろうとしていたが，これが効果を奏したのか，2010年1月21日中国国家統計局は2009年の国内総生産（GDP）成長率は8.7%であったと発表している。従来と比べて，一桁の経済成長ではあるが，これにより，中国の国内総生産（GDP）は，2010年度日本を追い抜き，世界第二位となると伝えられている。この報道によれば，中国はいち早く金融危機・世界同時不況から脱出・回復しつつあり，これを見て経済不況下にある世界各国は，アメリカに代わり，不況下の世界経済の牽引役としての地位を期待している。しかし，反面，中国の経済回復は，内需拡大等の経済刺激政策の短期的効果であるとの指摘もあり，輸出は回復しつつあるとはいえ，従来の輸出主導型の経済の行き詰まり，あるいはバブルやインフレ懸念も表明されている。今後，状況がどう動くか，予測の難しいところではあるが，中国自身も複雑な問題を抱えており，中国経済の停滞は，世界経済の停滞に繋がるだけに，動向が注目されるところではある。

とえば国内地域間の経済および所得格差の是正，農業への支援，医療・住宅・交通・環境の諸問題等への投資の拡大政策へと転じる時期であろう。

他方，中国は，過度の米国への「生産誘発依存度」の是正と解消のために，失うであろう中国の比較優位産業部門の市場（＝需要）の喪失をいかに補填するかという問題が生じる。そこで中国もまた従来の対米依存関係から，軸足を東アジアへとシフトする必要に迫られている。その際，日本との関係が重要となってくるであろう。

②　中日：そこで，次に，第8章のテーマと関連するところではあるが，[表8-4] 日中地域別生産依存度（2000年）表[22]によれば，中国の日本に対する競争力が強いとされる窯業，金属製品，食料品，石油・化学，電気機器の各産業の対日本「生産誘発依存度」は，窯業（非金属鉱物製品）：1.95%，金属製品：3.49%，食料品：3.41%，石油・化学（化学製品）：3.99%，電気機器（機械）：3.17%である。

以上のデータから，中国の対日国際競争力を有する諸産業は，それほど対日本「生産誘発依存度」が高くないようにみえる。

同表によれば，これに対して，日本の中国への「生産誘発依存度」は，日本の対中国比較優位産業である自動車：0.52%，機械類：2.48%，繊維・衣服：2.78%，鉄鋼：2.44%，ゴム（・皮革）：1.52%というそれほど高くない「生産誘発依存度」を示しているようにみえる。

しかし，これは2000年の時点でのデータであり，日中の場合は，2000年代の後半では相互の「生産誘発依存度」はかなり進んでいるものと思われる。それは次のデータによって推測される。すなわち2009年では，中国の主要輸出

22)　中日の場合も，日中国際産業連関表による1990年，1995年，2000年の「日中地域別生産依存度」表から，中国の対日地域別生産依存度のデータを取り上げ，各年度の順位相関係数を検定した結果，ケンドール：1990年・95年0.3684*，1995・2000年0.6140**，1990・2000年0.4971**，スピアマン：1990年・95年0.4965，1995・2000年0.8070**，1990・2000年0.6544**，という結果を示した。これによれば，中国の対日地域別生産依存度のパターンは，1990年－2000年において同型であったということであり，このパターンは2000年代の後半まで基本的には変更がなかったという仮説も成り立ち，2000年の「日中地域別生産依存度」を2000年代の後半の現時点に引き伸ばしても多少の微妙な変動があったにしても基本的には変更がなかったと想定することも可能であろう。しかし，日中の場合には，2000年の「地域別生産依存度」がさらに深化して，2000年代の後半では，両国の生産依存度率がかなり高まっているものと思われる。

相手国は，アメリカ，香港に次いで日本が第3位（およそ980億ドル）であり，輸入では日本が第1位（1,300億ドル）となっており，他方，2009年の財務省「貿易統計」によれば，日本の中国への輸出額は10兆2,391億円で，アメリカへの輸出額8兆7,446億円を上回り，日本の第1位の輸出相手国は中国へと転じたと報告されている。

そうすると，少なくとも，日中の場合は，2000年以降の産業連関表による「生産誘発依存度」の分析データが示されなければ，「生産誘発依存度の相対的な不均衡」問題が存在するのかどうか確たることはいえないものと思われる。とはいえ，中国が，アメリカ発国際金融危機によりアメリカ市場で失った市場（＝需要）を日本で補填することを必要とすることは確かであり，そのためには，日中両国の相互「生産誘発依存度」をさらに深めて，長期的には日中FTAの締結へ向けて尽力することが有効であると思われる。日中FTA交渉の過程のなかで，中国は，日本の対中比較優位産業への需要の拡大を，日本は，従来に増して中国の比較優位産業部門への需要拡大を実現する方向で関税譲許を図ることであろう。

こうした当面の日中両国の比較生産費構造に基づいて分業関係を展開する方向で，中国は，さらなる産業構造の高度化を指向しつつ，国際貿易の相互互恵的で，諸国の経済的厚生を促進することを目標とした東アジア経済圏の重要な構成国として，日・韓・台と同質の経済構造の達成が期待されるところである。

③　中台：[終章表3] 台中地域別生産依存度（2000年）によれば，台湾の対中国「生産誘発依存度」は，化学製品：18.11%，金属製品：14.72%，繊維製品：10.92%，機械類：9.27%，ゴム製品：9.51%，原油：10.09%と農林業を除く，軽工業，重化学工業の比率が満遍なく高いことが示されている。同じく同表によれば，中国の対台「生産誘発依存度」は，全産業について比率は微小である。

こうして，台・中間の「生産誘発依存度」は，台湾の中国への過度の生産依存関係，すなわち相対的に不均衡な「生産誘発依存度」構造を形成している。この状況のなかでの今回のアメリカ発世界金融危機は，対米関係では直接的に，対中関係では迂回的に台湾の経済に打撃を与えるであろう。にもかかわらず，台湾は，世界金融危機による世界の中国への直接投資が冷え込む状況で

[終章表 3]　台・中地域別生産依存度（2000年）

		台湾	中国	ROW	中国	台湾	ROW
1	稲作	0.9205	0.0052	0.0744	0.9248	0.0005	0.0748
2	その他農業	0.9528	0.0040	0.0433	0.9002	0.0008	0.0990
3	畜産物	0.9284	0.0080	0.0636	0.9323	0.0004	0.0673
4	林産物	0.8585	0.0574	0.0840	0.8366	0.0024	0.1610
5	水産業	0.9255	0.0036	0.0709	0.9516	0.0007	0.0477
6	原油および天然ガス	0.4989	0.1009	0.4002	0.8091	0.0025	0.1884
7	その他鉱業	0.7405	0.0597	0.1998	0.7836	0.0065	0.2100
8	食料，飲料およびタバコ	0.9217	0.0050	0.0732	0.9182	0.0006	0.0813
9	繊維製品および皮革製品	0.1883	0.1092	0.7026	0.5096	0.0017	0.4887
10	製材および木製品	0.5304	0.0395	0.4301	0.6643	0.0053	0.3304
11	パルプ，紙製品および印刷	0.7042	0.0609	0.2350	0.8006	0.0030	0.1964
12	化学製品	0.2779	0.1811	0.5410	0.7395	0.0027	0.2577
13	石油精製および製品	0.5668	0.0611	0.3721	0.7971	0.0026	0.2003
14	ゴム製品	0.3304	0.0951	0.5745	0.7482	0.0031	0.2487
15	非金属鉱物製品	0.7364	0.0575	0.2061	0.8953	0.0011	0.1036
16	金属製品	0.3378	0.1472	0.5150	0.7303	0.0055	0.2641
17	機械	0.3043	0.0927	0.6030	0.7146	0.0046	0.2808
18	輸送機械	0.6761	0.0225	0.3014	0.8402	0.0057	0.1541
19	その他製造業	0.2485	0.0765	0.6750	0.4737	0.0037	0.5226
20	電気・ガス・水道	0.7715	0.0399	0.1886	0.8078	0.0027	0.1895
21	建設	0.9456	0.0065	0.0479	0.9916	0.0001	0.0083
22	商業・運輸業	0.6535	0.0482	0.2983	0.7534	0.0030	0.2436
23	サービス業	0.8454	0.0175	0.1370	0.9005	0.0011	0.0985
24	公務	1.0000	0.0000	0.0000	0.9958	0.0000	0.0042

（〈"*Asian International Input-Output Tables*"（アジア国際産業連関表）Institute of Developing Economies Japan External Trade Organization, Japan（2000））〉をデータとする「台中国内生産誘発額」より作成）

も，膨大な対中国直接投資残高のゆえに，また複雑な政治および経済関係のゆえに，直ちに中国から生産を撤退もしくは縮小することは不可能に近く，このため，従来の「生産誘発依存度」関係を維持せざるを得ないであろう。今や中国と台湾の関係は，政治的対立はあるものの，経済的には一衣帯水の関係にある[23]。

4）　台日：他面では，台湾もまた，経済の維持および発展のためには，東アジアのなかでの相互依存関係を模索あるいは構築していかなければならないであろう。その場合，やはり，日本との関係が重要となる。第7章と重複する箇所もあるが，［表7-4］日台地域別生産依存度（2000年）[24]によれば，台湾の日本に対する比較優位産業である繊維製品，石油・化学，金属製品，機械，電気機器の各産業部門の対日本「生産誘発依存度」は，繊維製品（繊維製品および皮革製品）：2.6%，石油（石油精製および製品）：2.92%，化学（化学製品）：6.36%，鉄鋼（金属製品）：8.68%，電気機器（機械）：11.91%という数値を示している。日本の対台湾比較優位産業部門である食料品，ゴム，窯業，自動車の各産業の対台「生産誘発依存度」は，各産業部門において微小である。

このデータから推測すると，台湾の日本に対する「生産誘発依存度」が高く，そうすると，台湾は先述の対中のように，対日においてもいずれも相対的に不均衡な「生産誘発依存度」関係を形成していることになる。したがって，これを放置すれば，日中いずれの国の経済変動に著しく左右されるという構造の内在を維持し続けるものと思われる。この構造の克服あるいは改善のためには，比較優位構造に即した国際分業関係の形成が必要であり，実践的には，やはり日台間のFTA締結により，台湾の対日本比較優位産業の日本での市場（＝需要）拡大と日本の対台比較優位産業の台湾での市場（＝需要）拡大を図ることであろう。とりわけ，台湾は，「生産誘発依存度」関係の相対的不均衡の改善および解消のために，とりわけ，日本の自動車産業の市場（＝需要）の拡大が求められるであろう。本文第7章で，台湾の日本との自立的同質的経済の到達について述べたが，しかし，これを「生産誘発依存度」という別な側面

23）　FTA（自由貿易協定）／EPA（経済連携協定）の中台版といわれるECFA（両岸経済協力枠組協議）での協議が馬政権のもとで続行してはいるが，台湾国内での大企業と中小企業の思惑が異なり，これを中国側が配慮したことにより「中台接近小休止」状況にあることを報道は告げている。（朝日新聞，2009年12月23日）しかし，両岸経済の進行と深化，本文の用語を使うと「生産依存関係」の緊密化は，今後さらに展望されることにより，ECFAは時代に逆行することはないであろうと思われる。

24）「日・台地域別生産依存度」についても各年度の順位相関係数の検定は，有意の結果を得ている。

から検討すると，かならずしも完全な自立的同質的経済の形成に至っていない模様である。しかし，台湾に対しては，対日・対中の「生産誘発依存度」の相対的な不均衡構造を解消する方向で，実質的な自立的同質的経済の達成により，国際貿易の相互互恵的で，諸国の経済的厚生を促進することを目標とした東アジア経済圏の重要な構成国としての台湾の位置の確立を期待するところである。

以上，アメリカ発世界金融危機が，① 日本を含む東アジア諸国（韓国，台湾，中国）に，どのような影響を及ぼしてきたかを，対米「地域別生産依存度」をデータにして検討するとともに，さらに ② 各国相互間の「地域別生産依存度」を検討した結果，「地域別生産依存度の相対的な不均衡状況」があることが判明した。そこで，この「相対的な不均衡状況」を解消して貿易バランスを確保するための方策として，ひとまず，各国の内需拡大政策と FTA の必要性を述べた。しかし，これは一義的であって，本質的な解決策ではない。むしろ，「地域別生産誘発依存度の相対的な不均衡状況」がなぜ生じたのかという課題を解明しないかぎり，本質的な問題解決には至らないものと思われる。私見によれば，少なくとも日本と東アジア（韓国・台湾）に関しては，「地域別生産誘発依存度の相対的な不均衡状況」は，対外直接投資との関連性で生じているものと思われる。

そこで，「地域別生産誘発依存度の相対的な不均衡状況」の原因を，「対外直接投資論」との関連性で検討することにしたい。

［A のケース］まず，第 9 章第 3 節および第 4 節で分析したように，日本の対韓・対台直接投資は，「順貿易志向型直接投資」であった。すなわち，日本の比較劣位産業が台湾・韓国の比較優位産業に投資され，投資受け入れ国の当該産業の生産性を改善し，生産の成長とコスト削減を促進し，生産額を増大させてきた。そしてこの生産額増大と共に，当該産業の生産物のコスト低下により，日本の輸入＝需要の比率，すなわち対日本「生産誘発依存度」の上昇をもたらした。これはいわば，順貿易志向型直接投資理論の帰結であり，正の結果である。韓国・台湾の対日比較優位産業の「生産誘発依存度」が高いのはこの

理由による[25)]。

同時に，「順貿易志向型直接投資」は，理論的には，韓国・台湾の比較劣位産業部門が日本の比較優位産業部門へと向けられる側面をも有する。すなわち，韓国・台湾の比較劣位部門が，日本の比較優位部門に直接投資をされ，投資受け入れ国である日本の当該産業の生産性のさらなる改善を促して，次いで生産を活性化し，コスト削減を促し，韓国・台湾へ輸出されるであろう。このことは他面，韓国・台湾の輸入＝需要の比率を高め，すなわち日本の韓国・台湾への「生産誘発依存度」の上昇を期待することができるであろう。この場合，理論的には，産業部門間の水準だけでなく，産業部門内・企業内直接投資も対象内にある。しかし，現実は，日本の韓国・台湾への一方的対外直接投資であったのであり，韓国・台湾の日本への直接投資は，微小であった。これが，日本の対韓国・対台湾「生産誘発依存度」の微小に止まる所以である。

したがって，日本と韓国・台湾との「一方的順貿易志向型直接投資」が日本と韓国・台湾の「地域別生産誘発依存度」の相対的不均衡の原因であったものと思われる。

［Bのケース］　次に，日本の対米直接投資は，第9章第2節によれば「逆貿易志向型直接投資」であったことが検証されている。この「逆貿易志向型直接投資」の論理によれば，日本の比較優位産業がアメリカの比較劣位産業へと直接投資され，これにより，アメリカの比較劣位産業は若干の生産性の改善を達成し，さらに当該産業の活性化により生産額の増大⇒所得の増大となり，さらには日本への消費需要を促進した結果，日本の対米「地域別生産誘発依存度」を増大させ，日米「地域別生産誘発依存度の相対的不均衡」の原因となったものと推論されるかもしれない。しかし，短期的にはともかく，本来「逆貿易志向型直接投資」の論理は，「国際価値法則」あるいは「比較生産費構造」に逆行するものであり，長期的には，日米双方の貿易の縮小⇒生産の縮小⇒日米双方の「地域別生産誘発依存度」の縮小を招来することになるであろう[26)]。

25)　ところが，今回の世界金融危機による「対外直接投資の縮小あるいは冷え込み」は，こうした順貿易志向型直接投資の正の効果を減殺あるいは減少させるものであろう。

26)　柳田侃理論，小島理論の論理的帰結。事実，投資国である日本にとっては，生産の空洞化，生産性の低下となって相対的国際競争力の弱化となることは，第5章で述べた通りである。

したがって，上述の対米「逆貿易志向型直接投資」を肯定するような推論は誤っており，相対的に不均衡な日米の「地域別生産誘発依存度」の原因は，それとは次元の違うアメリカの高い消費性向の「市場力」にもよるものであろう。この「市場力」に支えられて日本への需要が伸びたのであり，これが日本の対米「地域別生産誘発依存度」に反映したものと思われる。したがって，今回アメリカの金融危機による景気後退による消費縮小により，日本は深刻な打撃を受けたという次第である。

そこで，もし，事態が［Aのケース］であれば，「地域別生産誘発依存度の相対的不均衡」は，解消の可能性がある。その場合，「一方的順貿易志向型直接投資」ではなく，「相互的順貿易志向型直接投資」の促進が基本条件である。その場合，同質的経済構造の進行が顕著である日韓台間では，産業部門間の水準での次元から，産業部門内水準で，さらには企業内水準での「相互的順貿易志向型直接投資」へと深化することも条件である。非現実的と思われるこの「相互的順貿易志向型直接投資」の方向性は，「地域間生産誘発依存度の相対的不均衡」を解消するための基本条件および必要条件であると思われる[27]。

27)　対外直接投資国として，日本はもとより，韓国，台湾，中国も十分の実績がある。北村かよ子編『アジアNIESの対外直接投資』アジア経済研究所（経済協力シリーズ）2002年3月。丸川知雄／中川涼司編著『中国発・多国籍企業』同友館，2008年。とりわけ，中国の金融危機発生後の展開の「<前略>特色は，技術や生産設備，経営ノウハウの吸収を目的とした自動車や小売関連産業への投資が積極的に行われていることである。これは，中国政府が年初に打ち出した産業の高度化と世界的競争力の強化を目的とする「10大産業振興政策」がその背景にあると思われる。とりわけ，高度な技術力を持たない自動車業界では，短期間で独自の技術力とブランド力を構築し確立するために，海外の優れた技術やノウハウを企業買収という形で獲得しようとする動きが活発である。中国企業は，今後も引き続き政府による支援を受けながら，海外での資源・エネルギー分野に加え，先進的な技術，生産設備，経営ノウハウの獲得のため，広範多岐にわたる投資活動を積極的に行っていくであろう。」（井上和子　中国経済センター主任研究員，バートル 中国経済センター研究員 三井物産戦略研究所『情報発信』「金融危機発生後の中国の対外投資」2009年9月10日）という記述がある。http://mitui.mgssi.com／issues.report／

事実，続々と以下のような報道がなされている。

「米フォードモーターは，23日傘下の高級車ブランド「ボルボ」（スウェーデン）を中国の民営自動車大手，浙江吉利控股集団に売却することで基本合意したと発表した。」（日経新聞，2009年12月24日）。

「中国航空大手の中国航空工業集団と仏航空エンジンのCFMインターナショナルは，中国が独自開発を進める中型民用旅客機「C919」向けエンジンの分野で合弁会社を設立することで合意した。欧米と並ぶ航空産業の育成を目指す中国に技術移転が進みそうだ」（日経新聞，2009年12月23日）。

東アジア諸国が「対外直接投資と国際貿易」による均衡のとれた国際分業を形成するためには，このような「対外直接投資の在り方」が問われることになるであろう。

もし，事態が［Bのケース］であれば，「地域別生産誘発依存度の相対的な不均衡」は，一方的「逆貿易志向型直接投資」によって解消の可能性はなく，また，日米相互的「逆貿易志向型直接投資」にいたっては経済学的にナンセンスであろう。このジレンマから脱出する方途は，日本は「比較生産費構造」に即した「内需拡大」を強化するとともに，一方的「対米逆貿易志向型直接投資」から日米相互的「順貿易志向型直接投資」へと転回することである。そして，アメリカの「市場力」に過度に依存する経済構造から脱却し，他方では，新たな「市場力」を求めて東アジアに軸足を転回し，［Aのケース］，すなわち，産業間・産業内・企業内「相互的順貿易志向型直接投資」の促進へと転回することである。

ここで，本章で指摘した問題点の解決の方向としてこれを要約すると，「対外直接投資」と「国際貿易」が，東アジア諸国の相互互恵的，経済的厚生を促進することを目標とするのであれば，① 日韓中台の「相互生産誘発依存度の相対的不均衡」，あるいは「貿易バランスの不均衡」「相互市場依存の相対的不均衡」に対して，各国の比較生産費構造に即した「相互的順貿易志向型直接投資」を促進することにより，解消あるいは改善をはかること，同時に ② 各国が内需拡大に努め，またアメリカへの過度の市場依存を解消し，市場（需要）の軸足を東アジアへ転回すること[28]，③ これにより相互貿易の発展を獲得す

「中国企業，日本買い」の見出しで「中国企業による日本企業の買収が目立ち始めています。中国は日本の技術やノウハウを取り込み，成長のテコにしたい考えで，国を挙げて買収を推進しています」「中国企業の攻勢の背景には中国の国策がある。06～10年の「第11次5カ年計画」では対外投資を積極化することが掲げられ，海外企業買収に対する政府審査の基準などが緩められた。多国籍企業を育て，海外の技術やノウハウを取り込んで自国産業の付加価値を高める戦略だ。」（朝日新聞，2010年3月1日）。

そこでの問題は，中国の対外直接投資がどのようなタイプあるいは方向性をとるかにある。

28）情報によれば，各国は，国際金融危機，世界同時不況対策として，内需拡大を提示しているが，とりわけ，中国は2010年までに，4兆元（約60兆円）を投入すると伝えられており，これにより，8％の成長を維持したい旨表示している。注21)を参照。

るためには，比較生産費構造に即した FTA の交渉と締結が[29] 求められていることを述べた。追加するならば，この 3 つの要因の実現によって，次節で述べられる小「東アジア共同体」[30] の経済的条件あるいは基盤が形成されること

29)　中断している日韓 FTA 交渉は早期に再開されることが望ましいが，現在のところ日中および日台 FTA 交渉については，その機運もなく，端緒にもついていない。しかし，本文の「① 日韓中台の相互生産誘発依存度の不均衡を，比較生産費構造に即して，解消あるいは改善をはかること」のためには，日韓中台の FTA が極めて有効であると思われる。これに対して，日中韓台の相互 FTA の締結よりも，むしろ各国は ASEAN との FTA の締結へ傾斜している。中国は，ASEAN との FTA を 2010 年 1 月 1 日発効し，加盟国 10 カ国の関税がゼロ，合わせておよそ 6 兆ドルの GDP と 4.5 兆ドルの貿易額に達する自由貿易圏を獲得した。韓国は 2009 年 6 月に ASEAN との首脳会議を開き，自由貿易協定に調印した。こうした動きの中で，日本は，日本・ASEAN 経済連携協定（2008 年 2 月）があるものの出遅れている感がある。こうした日中韓の対 ASEAN との FTA 締結の促進は重要ではあるが，それより以前に日韓中台の FTA 締結の方が小「東アジア共同体」形成のためには重要であると思われる。

30)　従来「東アジア共同体」に関しては，① そのメンバー国として，ASEAN＋3 が想定されている。そこでは，ASEAN と日中韓が対象であり，本書のように台湾を含んでいない。その意味で本書では，ASEAN に台湾を含む日中韓の ASEAN＋4 である。② また，アメリカの思惑をめぐって賛否両論があることも承知している。この点，アメリカを排除した小「東アジア共同体」ではなく，アメリカとの緊密な連関のもとでの小「東アジア共同体」であり，東アジア諸国が，産業連関分析において提示したように，アメリカと緊密な「生産誘発依存」関係を有している以上，これを無視することはできないであろう。① に関しては，本書では，日中韓台を分析対象としており，また，本書が提示する比較優位構造に即した均衡的な「生産誘発依存度」の形成のためには，「東アジア共同体」中，とりわけ日中韓台を中心とした経済的連携への展望を求めているのであり，これをここでは小「東アジア共同体」と呼んだ。また，小「東アジア共同体」と呼んだ第 2 の理由は以下にある。すなわち，「東アジア共同体」を本格的に展望するのであれば，ASEAN＋3 では，実現性は遠いものと思われる。欧州共同体（EU）が，嘗て西独・仏・伊およびベネルックス 3 国を中核として成立，展開していったように，「東アジア共同体」でも核となる諸国を必要とするであろう。その意味で，まず日中韓台を中核とした小「東アジア共同体」の形成が先であり，その後に大（あるいは拡大）「東アジア共同体」を展望する方が実現の可能性は高いと思われる。この点，アピシュット・タイ首相の「ASEAN が共同体構築の中心となるべきだ」との見解もある（朝日新聞，2009 年 10 月 23 日）が，ASEAN＋3 にしても，ASEAN＋4 にしても，あるいは本書のように日中韓台を中心とした小「東アジア共同体」にしても最終目的である「東アジア共同体」の実現のための方法は，複数あってもよいであろう。まずは実現できるところから実現すれば良いと思われる。ただ，そうした多様な見解があるなかで，台湾についていえば，中台の政治的関係の現状から，台湾が小「東アジア共同体」に加わることは，現実問題として相当に困難ではあろう。そうとはいえ，本文の「アジア国際産業連関分析」から「日中韓台の相互経済依存関係」が深まっている以上，小「東アジア共同体」に台湾を含めないで成立，成功するとは思われない。台湾自身も，自ら置かれた状況のなかで模索がなされている。李世輝（台湾中央大学客家政治経済研究所）「西向きか？南向きか？東アジアの地域統合発展と台湾の対応方針」日本国際経済学会第 68 回全国大会（於中央大学：2009 年 10 月）で，台湾の動向を報告している。② に関しては，日本の政権交代による新政権の「東アジア共同体」構想に呼応してアメリカのオバマ新政権が積極的に対応する動向が伝えられている（朝日新聞，2009 年 11 月 6 日，社説）。状況は，「東アジア共同体」構想に向けて刻々と変化している。

になるであろうし，そこでは，「対外直接投資」と「国際貿易」による相互互恵的で，諸国の経済的厚生を促進するという目標が追及されるであろう。

第 3 節　小「東アジア共同体」構想のなかの日本の地位と役割

まず，「各国が内需拡大に努め，またアメリカへの過度の市場依存を解消し，市場（需要）の軸足を東アジアへ転回する」ために，また「対外直接投資」と「国際貿易」による相互互恵的で，且つ諸国の経済的厚生を促進するために，小「東アジア共同体」構想[31)]を提言する。そしてそのなかで，東アジア諸国の韓国・台湾・中国に対して，日本がそのリーダーとして，産業の相対的競争力を持続的に維持するためには，諸産業の競争力の強化を必要とするが，そのための核心は日本の「諸産業の生産性向上」である。本書では，この視角から，1990 年代のアメリカおよび東アジア諸国の相対的労働生産性の成長と変化の実態に照準を合わせて分析し，論じてきた。分析の結果は，日本のアメリカおよび東アジア諸国に対する相対的競争優位の低下であった。ただし，それは相対的水準の競争力低下であって，絶対的水準では，依然として，競争力の優位性を保持していることも事実である。要は，日本がその競争力を維持しつつ，さらに回復し，東アジア諸国をリードし続けることができるかどうかにある。そのためには「諸産業の生産性向上」が「諸産業の競争力の強化」の基礎的条件である。

なお，「東アジア共同体」に関しては，先駆的に日本国際経済学会第 65 回全国大会（於名古屋大学；2006 年 10 月）の共通論題として，議論されている。2006 年までの「東アジア共同体」の経過，問題点，展望について，山澤逸平教授が「東アジア共同体の構築：異なる期待をいかに集約し，さまざまな障壁をいかに乗り越えるか」（日本国際学会編　国際経済「東アジア共同体」第 58 号『東アジア経済統合：課題と展望』日本国際経済学会研究年報，2007 年，世界経済研究協会）で基調報告されている。

さらになお，日本貿易学会第 50 回全国大会（於日本大学：2010 年 5 月 29 日，30 日）で，「東アジアをめぐる経済統合と新しい国際分業への展望」をテーマに＜記念シンポジウム＞が開催される予定である。基調講演として，深川由起子（早稲田大学教授），木村福成（慶応義塾大学教授），河合正弘（アジア開発銀行経済研究所所長）が予定されている。

31)　30)の意味での小「東アジア共同体」。

第4節　「物質代謝論的視角」の必要性

しかし，その場合，ここで強調しておきたいことは，「生産性向上」を一義的あるいは絶対的・無条件に肯定するのではなく，物質代謝論的視角から，「生産性向上」が齎す「負の要因」をも視野に入れて，多義的・総合的に把握する必要があるであろう。言い換えると生産性向上の哲学を必要とするということである。

そこで，労働過程論のなかで，マルクスは物質代謝について言及している。「労働過程は，根本的には，人間が自分と自然とのあいだの物質代謝を自分自身の行為によって媒介し，調整していく過程である。この過程において，人間はそれ自身，一つの自然力として自然素材に相対する。人間は，自然の身体に属する自然力を動かすことによって，自分の外にある自然に働きかけ，これを変化させると同時に，自分自身の自然を変化させる。人間は，自分の自然のうちに眠っている潜在能力を発展させ，その活動をみずから統御する。しかし，かような自然過程を，他の生物におけるそれと区別するものは，この過程が，つねに，人間自身の意識する一つの目的によって導かれているということである。」[32] こうした「目的定立」のもとに「労働過程は，＜労働＞，＜労働対象＞，＜労働手段＞という三つの契機によって」[33]「ほかならない人間の物質代謝過程—つまり自然に働きかけていく生き方—というもの」[34] を実現する。

この「物質代謝過程」は，人類社会の体制を超えた「歴史に貫通して行われる」[35]，すなわち「歴史貫通的」[36] ことがらである。

人類は，「目的定立」のもとに，労働過程の＜労働＞，＜労働対象＞，＜労働手段＞という三つの契機のうち，＜労働対象＞に働きかけ，有用な使用価値生産物を得るさいに，たえず＜労働手段＞を改善・改良し，一定の投入労働で

32）久留間鮫造・宇野弘蔵・岡崎次郎・大島清・杉本俊朗編集『資本論辞典』青木書店，1961年，pp.447-448。

33）同上書，p.448。

34）内田義彦『資本論の世界』岩波新書，1966年，p.86。

35）同上書，p.81。とはいえ，マルクスは，資本主義生産様式においての生産性向上は，相対的剰余価値を生み出す要因であることを指摘している。

36）同上書，p.81。

より一層多くの生産物を得ようと追及する。すなわち，不断の<労働手段>の改善・改良によって，生産効率＝(労働）生産性を追求することが物質代謝過程の重要な課題であり，人類の普遍的課題でもある。

この生産効率＝(労働）生産性を追求する物質代謝過程は，産業革命によって，飛躍的に促進した。すなわち，18 世紀－19 世紀にかけての産業革命による機械制大工業の物質代謝過程は，生産効率＝(労働）生産性こそ，人類の発展の基礎的条件であるとして確立した。

これと軌を同じくするリカードウ『経済学および課税の原理』(1817)[37] に示される「比較生産費の原理」は，まさしく（比較労働）生産性が貿易の利益と方向を決め，効率的国際分業を形成するという「物質代謝過程」の国際版として位置づけられるであろう。

さらに，この生産効率＝(労働）生産性を追求する物質代謝過程を社会発展の原動力として理論づけを与えたのが，J. A. シュンペーターであった。J. A. シュンペーターは，『経済発展の理論』[38] で，「経済発展は，「イノベーション(inovation)」（新結合)＝「技術革新」によって達成されるもの」[39] として体系的に提示している。シュンペーターによって理論化された「イノベーション(inovation)」（新結合)＝「技術革新」[40] は，その後工業の分野だけに止まらずに，工業の論理が農業の分野に波及して，全産業的，全地球的規模に拡大していくことになる[41]。

こうして，人類の物質代謝過程は，生産効率＝(労働）生産性を主軸として，今日もなお追及されているところである。

本書の 1980 年代後半から 1990 年代の東アジア諸国の産業の国際競争力の相

37）（訳文）リカードウ全集 I 『経済学および課税の原理』堀経夫訳，雄松堂，1972。

38） J. A. シュンペーター『経済発展の理論』原著 1926，塩野谷祐一・中山伊知郎・東畑精一訳，岩波文庫（上下）19 小島清，前掲書，p.158，1977 年。

39） 経済発展のなかに，生産効率＝(労働）生産性の概念が含まれるであろう。なお，J. A. シュンペーターによれば，「イノベーション」の担い手は，不断の創造的な活動をする企業家にあるとしている。

40） J. A. シュンペーターは，次の 5 類型のイノベーションを提示した。1. 新しい財貨の生産，2. 新しい生産方法の導入，3. 新しい販売先の開拓，4. 新しい仕入先の獲得，5. 新しい組織の実現（独占の形成やその打破。）ここでは，狭義の意味として，2. 新しい生産方法の導入を念頭においている。

41） 生産性向上のためのイノベーションの名のもとに，農業の分野では，農薬，化学肥料等の投入により自然の循環を破壊する一方，人間の健康を損なう産物が市場に出回っている。

対水準の分析に際しても，リカードウ貿易理論に基づいて，生産効率を追求する物質代謝過程としての「労働生産性の相対水準の変化」を主軸として分析をおこなってきた。いわば，物質代謝過程の正の側面である。しかし，この正の側面は，同時に負の側面をも伴う。

「生産性の向上」，すなわち「目的定立」のもとで，＜労働対象＞に働きかけ，たえざる＜労働手段＞の改善・改良を通じて，生産効率＝(労働) 生産性の向上を追求すること，これにより生産力が発展し，全体としての経済社会を発展させていくとして，この正の側面を無条件，無秩序に追及することから，今日的，かつ人類的負の課題である深刻な環境破壊，地球温暖化が発生するのである。

そうであるならば，日本の技術革新による新産業の創出および諸産業の競争力の増強は，生産効率＝(労働) 生産性の向上を追求する物質代謝過程の負の側面を解消する「技術革新」と，そのための「新産業の創出」が日本の役割として同時に求められているものと思われる[42)]。

第5節　「リカードウ貿易理論」の単独的立論から複合的立論へ，そして小「東アジア共同体」の「民主的共生社会・共生世界」構築へ向けて

この意味から，日本を含む東アジア諸国の持続的経済発展のためには，本書のような比較労働生産性を基軸とする「リカードウ貿易理論」[43)]の単独的立論ではなく，環境破壊，地球温暖化を含めた複合的立論あるいは発想を時代が必要としているものと思われる[44)]。まさに，体制を超えた人類の歴史貫通的な物質代謝過程における生産性向上は，人類の普遍的課題であるにもかかわらず，それゆえに，今日では，人類の存続そのものを脅かす問題を提起するまでに至っている。日韓中台による自立的同質的経済を基盤とする小「東アジア共

42）　循環型環境産業はその一例であろう。

43）　ただし，リカードウ貿易理論が誤りというのではなく，本書で検証したように，依然として現代国際経済に適用可能ではあるが，価格競争力の確保のための生産性向上を第1義とする一面的発想の再考慮を必要としているという意味である。

44）　このテーマに関しては，社会科学・自然科学の総合的立場から，真摯な取り組みがすでに始まっている。

同体」構想は，同時に日韓中台の「共生社会」[45]であり，さらには「共生世界」[46]でなければならない[47]。

そこではグローバリズム，今日の世界金融危機を齎したアメリカ的新自由主義，グローバル主義ではなく，「アジア的共生世界」という哲学を確立することが必要なのではなかろうか。

このことに関連して，ジョセフ・E・スティグリッツは，『世界に格差をバラ撒いたグローバリズムを正す』[48]の著書の中で，アメリカ主導のグローバリズムの問題点を指摘した後に，「グローバル化を本来あるべき姿に近づけるために，どう再創造していけばよいか」[49]を具体的に示し，「先進国の運営する国際経済機関における民主性の欠如」[50]について次のように論じている。「問題は，ここまでのグローバル化の営まれかたに民主性の欠如が認めれれることだ。ゲームのルール作りとグローバル経済の運営を託された国際機関（IMF，世界銀行，WTO）は，先進工業国の利益のために，もっと正確に言うなら先進工業国内の特定の利権（農業，石油大手など）のために動いている。過去二世紀のあいだに，民主主義は資本主義の暴走に歯止めをかけるすべを学び，市場の力の向きを調整したり，勝者を多く敗者を少なくするようはからったりしてきた。＜中略＞しかし，国際レベルでは，グローバル化をうまく機能させるの

45) 「共生社会」についいは，多種・多義の定義あるいは内容があり複雑である。たとえば，競争から共生へというアプローチもある。しかし，ここでは，「競争を前提とした共生」を念頭においている。

46) 「共生世界」とは，筆者による造語で「共生国家」の複合体を意味している。

47) これまで論じてきた「東アジア共同体」にしても，あるいは小「東アジア共同体」にしても，グローバルな，国際的な議論である。このグローバルな，国際的な構想と同時に，地域際的な構想の実現が求められている。こうした発想で，現在以下の構想の下に調査・研究を実行中である。

「テーマ：南九州大隅地域と台湾北部・中国沿岸地域との地域「経済共同体」—志布志港を媒介港として—」＜内容＞1. 南九州大隅地域における志布志港の意義，2. 志布志港の後背地経済の育成⇒大隅地域の開発と志布志港，3. 台湾・中国からの投資受け入れ⇒相互的順貿易志向直接投資，4. 志布志港と地域「経済共同体」間の貿易。

48) ジョセフ・E. スティグリッツ著（楡井浩一訳）『世界に格差をバラ撒いたグローバリズムを正す』徳間書店，2006 年「第 10 章　民主的なグローバリズムの道」p.393。

アメリカ主導の市場原理によるグローバリズムの問題点を指摘したスティグリッツの著書として，『世界を不幸にしたグローバリズムの正体』徳間書店，2002 年（鈴木主税訳）もある。

また，国際金融危機（2008 年 9 月）以降の新状況を問題とした新著として，『フリーフォール グローバル経済はどこまで落ちるか』楡井浩一＋峯村利哉訳，徳間書店，2010 年がある。

49) 同上書，p.393。

50) 同上書，p.393。

に必要な政治機関をつくることに失敗してきた。うまく機能させるというのは，グローバル市場経済の力で，富裕な国のもっとも富裕な層ばかりでなく，世界の大多数の人々の生活が改善されるよう仕向けるということだ。現行のグローバル化には民主性が欠如しているので，暴走に歯止めがかかっていない。」[51] と。

スティグリッツのこの指摘は，筆者には，小「東アジア共同体」構想には，極めて重要であると思われる。日中韓台の小「東アジア共同体」構想において，「共生社会」さらには「共生世界」を指向するのであれば，そこには，スティグリッツの述べる民主性が絶対的に必要である。すなわち，日中韓台の小「東アジア共同体」は，「民主的共生社会・共生世界」[52] の構築へ向けて目標を定めなければならないものと思われる。そこでは同時に，働く意思のある若者たちに未来への希望を与え[53]，額に汗して働く全ての人々が正当に報われる国際社会でもなければならない。

51）　同上書，p.401。

52）　スティグリッツの述べる「民主性」と「共生」とを結びつけた筆者の造語である。

53）　スーザン・ストレンジが，アメリカを主導とする異常なグローバリズムの問題点を指摘し，警告したのは，1986年のことであった。「1999年12月31日，新年の前日までに，我々は一つの世紀の終わりに到達する。もし，その時までに我々がいぜんとして核兵器による大虐殺に屈伏していなければ，それはそれで祝賀すべきことである。しかし，金融カジノの熱気を冷やし，コントロールするための前向きの実践的な措置がすぐ取られないならば，ただそれだけのことである。殆どの人々にとって命をかけて「双六」ゲームをおこなう結果は分かりすぎるほど分かっている。資本主義世界の都市中心にそびえたつ巨大なオフィス・ビル街では，いぜんとして生き残った金融ギャンブラーだけが祝杯を上げているであろう。残りの者には，アメリカの世紀の哀しみに沈んだ悲惨な終りがやって来る。」(Suzan Strange, Casino Capitalism, Blackwell, 1986.（スーザン・ストレンジ著＜小林襄治訳＞『カジノ資本主義』岩波書店，2007年，p.320）と。まさにスーザン・ストレンジの予見通り，2008年9月に起きたことが，世界を揺るがす国際金融危機であり，世界同時不況である。小「東アジア共同体」では，一握りの中心的「金融ギャンブラー」やそれに追随する投機家達の利益のためではなく，モノづくり＝生産の現場（工場や農場さらにはオフィス）で額に汗して働く労働が正当に報われ，「明日の希望」が与えられるような社会・経済システムが構築されなければならないであろう。こうした「明日の希望」に関して，本山美彦教授は，［シンポジウム］「世界金融危機は世界恐慌へ向かうのか？」（『世界経済評論』世界経済研究協会，2009.2）で次のように発言されている。「普通の生活をしている人間が，将来に夢を持って明るい顔で生きていけるために金融というものは使われるべきなのに，今は逆にモンスターのごとく金融が人々の生活を奪っています。」と前置きされた後に，今回の金融危機を分析され，最後に，「地方の再生を」というテーマで「一番考えなければならないのは，若者の雇用を守ることだ」と。この発言は，今回の金融危機の影響で就職難に喘ぐ地方の私大で教師を勤めている筆者にとって，共感するものがあり，感銘を受けた。海の向こうの一握りの「金融ギャンブラー」達の必然的失敗で，本山教授の言葉をかりると，「希望のない若者たち」を大量にうみだしたことは，まことに理不尽である。雇用の場所の喪失による就職難で「希望のない若者たち」は，日本だけではなく，韓国・中国等アジアの国々で大量に出現していることを情報が伝えている。もちろん，若者だけでなく，働く意欲のある多くの人々が失業状況にある。

あとがき

筆者が，リカードウ貿易理論に関心を持ったのは，町田実教授の『国際貿易論』[1]であった。1964年のことである。同書「はしがき」で，教授は，「私は現代の貿易問題の理解のためには，個々の貿易現象の理解も重要であるが，まず歴史的に，しかも経済理論の中で大局的に把握しておくことが重要であると考え，貿易に関する諸問題の歴史的発展の過程を総括的に叙述し，貿易および商業関係の学徒の参考に供しようとしたのである。このばあい，貿易現象を単なる流通過程の問題としてとらえるのではなく，その社会的経済的背景と，何よりも諸商品の生産関係に着目し，つとめて平盤的になることをさけた。」[2]と述べられている。同書は国際貿易問題をアカデミックな水準で，歴史的・理論的・学説史的に，しかも体系的に平易に叙述されており，他に類書のない名著である。筆者のリカードウ貿易理論との出会いは，同書に導かれて，「第3章 第4節 古典派貿易理論の形成，3. リカードの貿易理論」であった。その時以来，筆者は，「リカードの貿易理論」を実証水準において検証することを研究の主題とすることになった。その場合，必要な基礎的データは，労働生産性の国際比較の数値であった。しかし，当時このデータの入手および算定が極めて困難で，私の研究は停滞もしくは頓挫していた。そうしたおり，労働生産性の国際比較研究が行沢健三教授の研究室で行われているという情報を得た筆者は，町田実教授のご紹介で，京都大学経済研究所比較産業研究室に国内研修の機会を得ることになった。「リカードウの貿易理論」の実証研究を思いたってから，すでに数年後の1973年の秋からであった。以来，筆者を温かく迎えて下さった行沢健三教授のもとで労働生産性の国際比較作業のご指導を受け，思いがけない行沢健三教授のご不幸のあとは，行きがかり上，教授の研究の一部を引き継ぎ，これを発展させることを心掛け

1） 町田実『国際貿易論』前野書店，1961年。
2） 同上書，p.1。

てきた[3)]。

ところで，私のなかで，町田理論と行沢理論がスムーズに接続したのは，思い返せば，町田実教授と行沢健三教授は，同じ理論的系譜にあったからであろう。町田実教授が先述の引用文に，「貿易現象を単なる流通過程の問題としてとらえるのではなく，その社会的経済的背景と，何よりも諸商品の生産関係に着目」[4)]すると述べられているが，行沢健三教授も「貿易を単なる流通過程の現象としてではなく，物的生産との関連で捉えようとする見地」[5)]を指摘され，「貿易すなわち国際分業は，社会的生産の範囲が国際的な規模で行われることを意味し，その場合の社会的労働の投下と生産物たる商品との関係，および商品世界との関係を通じて結ばれる人間（労働）と人間（労働）との関係，を見定める理論的関連を把握しておくことが必要と思われる。」[6)]と述べておられ，貿易理論を扱うにあたって労働把握との関連を重視するという視角を強調された。見られるとおり，町田実教授と行沢健三教授は，理論的系譜を同じくし，同じ立脚点に立っておられる。

こうして，筆者は二人の素晴らしい恩師に出会い，理論的背景は町田実教授から学び，労働生産性の国際比較の算定方法は行沢健三教授から学ぶという幸運に恵まれたという次第である。

思えば，「リカードウ貿易理論の実証」と「東アジア諸国の国際競争力の変

3）「教授から私に与えられた課題は，第1に，行沢教授の労働生産性算定の対象国を日米以外の国々に拡大すること，第2に労働生産性の国際比較数値と貿易統計数値とを接続して，両者の間にいかなる関係が存在するかを検定すること，であった。私は，この第1の課題を果たすべく，1978年から79年にかけて西ヨーロッパに留学して，特に旧西独連邦統計局に滞在して西独労働生産性の算定に従事した。幸いに，一定の成果をあげることができ，「西ドイツ工業労働生産性の国際比較―行沢健三教授の日米労働生産性の国際比較研究に接続して―」（京都大学研究所 KIER7901）を報告することができた。そして，第2の課題に取り掛かろうとしていた矢先，先生は逝ってしまわれたのである。師を失った悲しみは深く，茫然自失で途方に暮れる思いであったが，気を取り直して，教授の研究を受け継ぐ資格も能力もない身であるから，せめて，何とか教授から与えられた課題だけでも，果たすことを決心したのである。」（拙著『『労働生産性の国際比較と商品貿易および海外直接投資―リカードウ貿易理論の実証研究―』文眞堂，1994年，「あとがき」）。

4）　町田実，前掲書，p.1。

5）　行沢健三「古典派貿易論の現代的意義」（森田桐郎編著『国際貿易の古典理論―リカードウ経済学・貿易理論研究入門―』同文舘，1987年，p.165）。

6）　同上書，p.165。

化と展望」をテーマとする本書は，町田実教授と行沢健三教授との出会いとご指導がなかったら，完成することはなかったであろう。その意味で，町田実教授と行沢健三教授の学恩に深い感謝の意を込めて，本書を恩師である益々御壮健な町田実先生と故行沢健三先生に捧げたい。

学恩は，町田実先生および行沢健三先生に直接負っているが，多くの他の先生方にも負っている。まず，柳田侃教授と小島清教授である。筆者と理論的系譜を同じくする柳田侃理論は，第9章以降の本書後半のテーマの理論的骨格をなすものである。筆者が，1994年に上梓した拙著『労働生産性の国際比較と商品貿易および海外直接投資―リカードウ貿易理論の実証研究―』（文眞堂），2002年の拙著『労働生産性の国際比較研究―リカードウ貿易理論と関連して―』（文眞堂）[7]をご送付した折，柳田侃教授はいずれも短くはあるが，柳田侃理論を「肯定的に採用して頂き感謝する」旨のコメントをお寄せ下さり，恐縮の至りであった。当方の柳田侃理論への誤読があるのかもしれないが，柳田侃教授のコメントは，筆者に勇気を与えて下さった。記して感謝申し上げたい。

小島理論は，周知の通り，我が国国際経済学会の最高峰の理論である。そのような教授の理論を，理論的系譜の違う弟子でもない一介の地方の私大の研究者の拙著の理論的骨格として据えることには，若干の躊躇を覚えた。ところが，前掲拙著をご送付した折，特に『労働生産性の国際比較研究―リカードウ貿易理論と関連して―』（文眞堂，2002年）について精読して頂き，私文書ではあるが，当方の理解および記述の誤りを指摘して下さり，そして丁寧なコメントをお寄せ下さった。さらに，小島清『雁行型経済発展論［第2巻］アジアと世界の新秩序』（文眞堂，2004年）「第4章　アジア地域の雁行型発展　V.海外投資（FDI）の効果」[8]では，筆者の『労働生産性の国際比較研究―リカードウ貿易理論と関連して―』（文眞堂，2002年）の第6章「日韓労働生産性成

7）　この2書においても，柳田侃理論および小島理論における「商品貿易と海外直接投資を統一的に捉える」という視角を根底に据えている。

8）　小島清『雁行型経済発展論［第2巻］アジアと世界の新秩序』文眞堂，2004年，「第4章アジア地域の雁行型発展V海外投資（FDI）の効果」，p.142。

長率較差縮小の諸要因」の日本の対韓国直接投資に関する要旨を1ページに亘り引用して下さったことは，真に光栄であった。率直のところ，もしかして筆者の主要な研究テーマである「リカードウ貿易理論の実証研究」は時代遅れなのではないのかという一抹の不安のなかで，「商品貿易と海外直接投資とを同じ比較生産費説によって統一的に基礎づけることは極めて重要である。」[9]という小島清教授のご指摘を拠りどころとして本書後半のテーマを展開してきた筆者にとって，日本国際経済学会の最高峰の小島先生の評価を頂いたことは，筆者に勇気を与えて下さった。また，2009年6月29日の第20回世界経済評論フォーラム[10]で，小島先生にご挨拶をした折，にこやかに握手して応えて下さった。「ただ今，執筆中の著書の中で，前著と同じく今回も小島理論を中軸に据えている」と感謝の意を申し述べた。ところが，この「あとがき」を含めて，本書の原稿をすべて書き上げていた2010年1月9日に小島先生の突然の訃報に接した。愕然とした思いで，急遽，この数行を追加して，先生のご冥福を心よりお祈りするものである。今回の出版もまた小島理論に深く負っているが，もはや小島先生のコメントを頂くことも叶わない。小島理論の誤読や解釈の誤りがあることを恐れているが，それは全て筆者の責任である。

本書は，中村愼一郎教授の『Excelで学ぶ産業連関分析』[11]に深く負っている。本書で採用している筆者の国際産業連関分析は，殆ど「にわか勉強」に等しい。本書の第5章，第6章，第7章，第8章で採用している「国際産業連関分析の諸手法」および「各国の相対的生産性成長率変化の価格効果」は，中村愼一郎教授の開示された計算式を入力している。そのさい，解釈と適用の方式が適切であったかどうか，気になるところではある。しかし，出力結果は，現実を正しく反映して，十分な説明力を有するものと判断はしているが，もし，誤りがあるならば，すべてそれは筆者の責任である。中村愼一郎教授にも記して感謝申し上げたい。

9）　小島清「順貿易志向型直接投資―小島理論の骨格」『世界経済評論』1986年1月，p.31。

10）　第20回世界経済評論フォーラム<『国際経済の新構図』出版記念シンポジウム>世界経済の新構図と日本の進路―雁行型経済発展論を超えて―2009年6月29日，如水会館。

11）　中村愼一郎『Excelで学ぶ産業連関分析』エコノミスト社，2003年。

本書はまた，得津一郎・高橋秀世著『SAS でらくらく統計学』[12] から，SAS 操作のプログラムと操作技術を学んだ。本書で多用している SAS による統計分析は，この文献に深く負っている。初学者から学べるが，かなり高度の内容を含む名著である。

筆者の貧しく，試行錯誤の研究の足跡は，後出「参考文献」の筆者のリストをご参照頂くことになるが，各年代の評価を少し述べると以下のようになる。

1980 年の業績：

1978 年から 1979 年にかけての西ドイツ（当時）への留学研究成果を纏めた『労働生産性の国際比較と輸出競争力―西ドイツの輸出競争力を中心として―』[13] を上梓したのは，1980 年のことであつた。この拙著を本山美彦教授にご送付したおり，先生から過分のご評価を頂き，有意義なコメントをお寄せ頂いた。ここに記して感謝申し上げたい[14]。

佐藤秀夫教授は，著書『国際分業＝外国貿易の基本論理』で，「物的生産性格差の計測はきわめて困難である。本格的な計測の試みは L.ロスタスに始まるといわれるが，その後の試みも数えるほどしかなく，日本では行沢健三や柳田義章らの研究を挙げることできる程度である。」[15] と行沢先生とともに評価を頂いた。

12）　得津一郎・高橋秀世著『SAS でらくらく統計学』有斐閣，1996 年。

13）『労働生産性の国際比較と輸出競争力―西ドイツの輸出競争力を中心として―』広島修道大学研究叢書第 7 号，広島修道大学総合研究所，1980 年。

14）　当時，本山先生から，ある出版社の「西ドイツ経済」に関する出版の企画に筆者を推薦して頂いたが，主として筆者の力量不足のため，実現するに至らなかった。本山先生および出版社の方に不義理をしてしまい，いまもなお心苦しく思っている。この機会に，心よりお詫びしたい。

15）　佐藤秀夫『国際分業＝外国貿易の基本論理』「第 6 章日米経済の国際価値モデル―1973 年と 1989 年―」創風社，1994 年，p.158。ここでの評価は，注 13）の拙著に対しである。佐藤教授は，斯界で余り関心が寄せられなかった労働生産性の国際比較研究に国際価値モデルの実証の視角から，深い関心と造詣をもたれた方である。

1990 年代の業績：

社会経済生産性本部・生産性研究所は，「労働生産性の国際比較」の分野で最も権威ある機関であり，多くの研究者にスタンダードな信頼のおける情報を提供している国際的機関である。まことに光栄なことに，拙著が同研究所の目にとまり，『労働生産性の国際比較』（1997 年版）の（付録）「測定方法およびデータソース」5. 生産性の国際比較の系譜と最近の動向 で，行沢健三教授とともに評価を頂いた。「日本における国際比較研究の先駆は京都大学教授であった故行沢健三氏の研究である。＜中略＞また，広島修道大学柳田義章教授は行沢方式と同一の方法で同一品目，同一年次について日独比較をおこなった。また，最近では柳田教授により，リカードウ・モデルを基礎とした労働生産性と国際競争力に関する研究として『労働生産性の国際比較と商品貿易および海外直接投資』（文眞堂，1994 年）がまとめられている。」[16] と。

2000 年代の業績：

これまで，あまり関心が寄せられなかった地味な研究であったが，2002 年に拙著『労働生産性の国際比較研究―リカードウ貿易理論と関連して―』（文眞堂）を出版して以来，近年，次第に研究者の方々，とりわけ，計量経済学・統計学の専門家の目に止まりつつあるようである。

泉弘志・梁炫玉・李潔共同論文「2000 年産業別生産性水準の日韓比較」[17] では，「1. 日韓生産性水準比較に関する先行研究」の箇所で，「柳田氏は行沢健三氏の『労働生産性の国際比較』（1976）の方法を受け継ぎ，日本，アメリ

16）『労働生産性の国際比較』（1997 年版）社会経済生産性本部 生産性研究所 1997 年 9 月。このような好意ある評価を頂きながら，拙著『労働生産性の国際比較研究―リカードウ貿易理論と関連して―』文眞堂，2002 年，の「あとがき」で，おそらく当方の思い違いから，不用意な，かつ不十分な記述があって，気になっていたところであるが，機会があれば該当箇所「生産性研究所が従来行ってきた付加価値生産性算定方式に基づく国別産業別労働生産性水準の算定方式の中止」云々を削除したいと思っている。筆者の不用意かつ不十分な記述にも関わらず，また，本書の物的労働生産性算定方式とは異なるものの，社会経済生産性本部生産性研究所の『労働生産性の国際比較』は，国際水準において日本を代表する第 1 級の総合的文献である。筆者も本書のデータ分析のためにしばしば数値を使わせて頂いた。ここに改めて謝意と敬意を表するものである。

17） 泉弘志・梁炫玉・李潔共同論文「2000 年産業別生産性水準の日韓比較」大阪経大論集，第 58 巻第 6 号，2008 年。

カ，ドイツ，韓国，台湾等の労働生産性の国際比較を長期にわたって遂行してこられた。柳田氏の研究は，明白な概念・指標算式に基づいて，非常に煩雑な作業を確実にやり遂げられた上で，いろいろな分析がなされている点で，文字通り高く評価すべき研究であり，われわれ後人が多くを学ぶべき重要な研究である。」[18)]と過分の評価を頂いた。泉弘志・梁炫玉・李潔諸先生方は，国際産業連関表に基づく日中韓の産業労働生産性の比較研究に関する最高水準の第一線の研究グループである。その研究グループから寄せられた思いがけない筆者の研究に関する評価は，これまでの長い試行錯誤と苦悩を忘れさせるに過分な評価であった。いま，研究を終えようとしている筆者にとって最高の贈る言葉として，感謝にたえず，心からお礼を申し上げたいと思う。そして，教授のグループの益々の研究の発展を祈念し，当方からも心からの敬意と敬服の念を表したい。

その他にも，拙著を講義，著書，論文の参考文献として，採用して下さった岩本武和教授[19)]，塩沢由典教授[20)]，藤川清史教授[21)]，にも感謝申し上げたい。また，筆者の研究に深い関心とご理解をお寄せ下さった安倍惇教授のご厚意にも深甚のお礼を申し上げたい。いずれの先生も，それぞれの分野の権威者であるだけに，拙著がお目に止まっただけでも有難いことであった。

当然のことながら，批判的な評価もある。高良倉成教授は，行沢健三教授の「リカードウ『比較生産費説』の原型理解と変型理解」[22)]に関する所説を検討

---

18)　同上，p.9。

19)　京都大学大学院経済学研究科「国際経済学（2007［H19］年度前期）の「多数財リカード・モデル」で，「日本語の実証研究として」拙著が紹介されている。

20)　「リカード貿易理論の新構成―国際価値論に寄せてⅡ―」『経済学雑誌』大阪市立大学，2006 年。国際貿易論，2008，後期 リカード・スラッファ型貿易理論（京都大学大学院経済学研究科・同経済学部・経営管理大学院の講義）第 12 回 国際貿易理論 理論と現実（2）経験的証拠（Empirical evidence）1 リカード・モデル 2-2. 日本での研究 で，行沢健三先生とともに柳田，西手をご紹介下さった。http://shiozawa.net/jugyo/kokusaibouekiron/kokusaibouekiron2008.html また，日本国際経済学会第 68 回全国大会（2009 年，於中央大学）での塩沢報告：「貿易理論／原理と証拠の乖離をどう理解するか」で，筆者のデータを使用して頂いた。感謝申し上げる。

21)　山本恒人　大阪経済大学『中国経済圏における社会経済の発展と日本政府・企業の果たす役割』所収「第 3 章　藤川清史・泉弘志・李潔「第 3 章　価格格差の中日比較―価格格差の要因分析」。

22)　行沢健三「リカードウ「比較生産費説」の原型理解と変型理解」（森田桐郎編著『国際貿易の古典理論―リカードウ経済学・貿易理論研究入門―』同文舘，1988 年，第 2 章）。

された上で,「問題は,その仮説が現実をどの程度照射するかであるが,まず参照されるべき先行研究として,商品別データに基づく数量生産性の測定にこだわった柳田義章の詳細な研究がある。」[23] として柳田の研究を紹介され,そこでの柳田の「結論的解釈は,比較生産性上昇率格差仮説が適合的であるというものであった。」[24] と述べられた後に,「ここでは異なったやり方で,同仮説が適合しないことを示そう」[25] と高倉教授独自のデータに基づき検証され,反論されている。本来ならば,この批判的検討に関して,誠実にお応えしなければならないところであったが,ついにその機会を逸してしまった。しかし,批判は批判として真摯に受け止めている。

アジア経済研究所開発研究センター桑森啓先生には,“*Asian International Input-Output Tables*”(アジア国際産業連関表) Institute of Developing Economies Japan External Trade Organization Japan (1990 1995 2000) について,解説およびご教示を頂いたことにもお礼を申し述べたい。先生からのご助言は,非常に参考になった。

筆者が所属する広島修道大学の同僚の豊田利久教授および張南教授にお礼を申し述べたい。本書第6章 日・韓産業の相対的国際競争力の推移―アジア国際産業連関表に相対的労働生産性数値を接続して(1990年－2000年)は,豊田利久教授および張南教授を代表とする本学学術交流センターの国際共同研究の成果[26] であった。このたび,上記論文を本書に収録するにあたり,快く許可を頂いた。豊田利久教授は,計量経済学の権威であり,本書で初歩的な統計分析を多用しているが,殆ど素人に近い筆者にとって,教授の専門である計量的分析の分野でともに研究に従事できたことは,啓発を受け,心強いものがあった。また,日本・中国をも含めて,さらに国際通貨基金統計部等で国際的に活躍されている張南教授は,第1級の統計学および国際金融の専門家であ

23) 高良倉成『現代世界経済の基層―ゆるやかな変容過程―』大学教育出版,2005年,p.135。
24) 同上書,p.135。
25) 同上書,p.135。
26) 豊田利久・張南編著『東アジアにおける貿易と金融に関する計量的研究』広島修道大学研究叢書,広島修道大学交流学術センター,2009年。

る。筆者の計量的・統計的知識不足の際には，専門家の立場からご教示を頂いた。信頼のおける良き同僚に恵まれたことは，本書の計量的・統計的分析の内容の充実にとって幸運であった。また，「広島修道大学学術交流センター」による学術選書出版に際して，査読の労をお取りいただいた。ここに深甚の感謝の意を表したい。

前早稲田大学副総長である江夏健一教授は，町田実教授の大学院ゼミナール第1期の門下生で，第2期の門下生である筆者の兄弟子にあたる。江夏健一教授には，院生時代から公私ともにお世話になったが，とりわけ，博士学位論文となった拙著『労働生産性の国際比較と商品貿易および海外直接投資―リカードウ貿易理論の実証研究―』（文眞堂，1994）の主査を務めて頂いた。学位を授与されたからには，筆者は指導教授の町田実先生および江夏健一教授の筆者への評価を裏切らないように，真摯に研究に精進を重ねてきた。今回の本書の上梓が，願わくば，両先生の評価に応えられていることを切望する。

早稲田大学大学院町田門下生の多くの友人達にも心から感謝している。一人一人名前を挙げることは差し控えるが，町田ゼミナールは，早稲田大学の建学の精神である「学の独立・自由討究」を地でいくように，町田先生の研究・教育方針と相俟って，自由・闊達な学風のなかで，それぞれがそれぞれの研究分野の課題で多大な成果・業績を挙げている。先述の江夏健一教授はもとより，すでに，学会で高名を得ている友人達が多数いる。筆者はこの友人達と比べ物にならないほど業績は少なく，小さいが，日頃，友人たちから学問的刺激と勇気をもらっている。本書の出版はそうした多くの友人たちの励ましにも支えられた。

文眞堂代表取締役社長前野弘氏，専務取締役前野隆氏ならびに営業部長前野眞司氏には，この種の学術書の出版の厳しき折，旧著2冊に引き続き，本書の出版をお引き受け頂き，心からお礼を申し述べる次第である。

お礼を申し述べる最後になったが，元広島修道大学学長・隅田哲司教授に深甚のお礼を申し述べたい。隅田教授のゼミナールでは，マックス・ウェーバーの『プロテスタンティズムの倫理と資本主義の精神』や大塚久雄『欧州経済史序説』の勉強会で難解ではあったが，学問の道筋を示して下さった。広島修道大学での研究職を与えて下さったのも隅田哲司先生である。町田実先生とともに，筆者の人生を決定した恩人である。

また同じく元広島修道大学教授・中川輝男先生からは，経済学について手ほどきをうけた。その後の筆者の学問探求過程において，少なからず影響があった。また広島修道大学在職中には，公的および私的にご指導を頂いて，心から感謝している。

以上，お世話になった恩師，研究の先人の諸先生，評価を頂いた諸先生，ご教示を頂いた先生，同僚，先輩，友人達そして文眞堂様に深甚の感謝の意を述べた。私事で恐縮であるが，本書が出版される 2010 年時点では，筆者は勤務校である広島修道大学を 71 歳で定年退職の年度を迎える。思えば，1964 年に早稲田大学大学院町田門下生となり，そこで町田先生のご指導のもと，リカードウ貿易理論の研究の啓発を受け，1973 年に京都大学経済研究所行沢健三先生のもとで労働生産性の国際比較の研究のご指導を受けて，以来，36 年以上を「リカードウ貿易理論の実証研究とその現実的適用」を研究テーマとして取り組んできた。1964 年の研究の開始から数えると 45 年以上となる。長い年月であったが，瞬間的でもあったような気もする。この間，殆ど，統計データにどっぷりと浸かったような研究生活であった。もともと数字が嫌いでなかったという事情もあるが，数学の 1 分野である統計学と関連しての研究は，さして苦痛ではなかった。むしろ，複雑な統計データの中から，数学的・統計学的手法で何らかの法則性を発見できたときの学問的喜びあるいは興奮は至上のものがあった。研究開始時点では，計算の手段・用具は，電卓であったが，その後のコンピュータ統計ソフトの発展も，筆者の研究を後押しした。時代も支援してくれたのかもしれない。そうした研究も，定年を迎えて，一応の区切りをつけなければならない時期に至った。若干残された研究テーマもあるので[27]，

27）「南九州大隅地域と台湾北部・中国沿岸地域との地域「経済共同体」―志布志港を媒介港として―」。

これからも細々と単発の論文を発表する機会はあろうが，昨今の厳しい学術書出版の事情では，今回のように，これまでの研究を一冊の書物にまとめて出版するという機会は，筆者にとって，本書で最後であろうかと思われる。その意味で，広島修道大学学術交流センターの学術選書刊行助成には，心から感謝している。研究は「日暮れて道遠し」の感が深いが，しかし，幸いなことに西手満昭君[28]という若き優れた後継者が育った。彼に後を全て託して，今は満足して，本書を以て，広島修道大学での研究にピリオドを打ち，ひとまずペンを置きたいと思う。

最後に，また私事で恐縮であるが，戦前は台湾総督府に勤務し，戦後，台湾からの引き揚げ者として，地方公務員を誠実に勤め，また戦後の貧しく慎ましい生活のなかで大学院まで行かせてくれ教育熱心であった今は亡き父と母（柳田稲雄・ワキ），いつも暖かく見守ってくれていた今は亡き義母（浅川たみ），厚意を寄せてくれた亡き叔母（村野光枝），人生の最も苦しいときに励ましてくれた母とも慕う高森絹子さん[29]に感謝する。そして，これまでの筆者の研究を支えてくれたのは，妻のり子，3人の息子達（義継[30]・義貴[31]・志学[32]）である。

2010年　暮春の頃　広島にて

28)　広島修道大学大学院経済科学研究科柳田ゼミナール出身。博士（経済学）。

29)　本稿がすでに完成していた2010年1月30日に永眠された。本書の出版が間に合わなかった。筆者の大事な方々が逝ってしまわれることに心が痛む。ご冥福を祈る。

30)　筆者のパソコン操作の技術は，経営情報学を専門とする義継（横浜商科大学准教授（博士・経営学））に負っている。http://www.yanagida－lab.com/

31)　義貴は専門の物理学・数学（東大院理学修士）の視角から，原稿に細かく目を通して統計データ分析を検討した。もちろん，誤りがあればそれは全て筆者の責任である。

32)　志学（早大大学院社会科学研究科博士後期課程在籍）は．専門の国際経営学のミクロ的視角から，コメントを寄せてくれた。老いて息子達から教わるという幸せを体験した。

主要参考文献

［リカードウ経済学・リカードウ・モデル］

（原文）The Works and Correspondence of DAVID RICARDO edited PIERO SRAFFA with the collaboration M. H. DOBB VOLUME I *"On the Principles of Political Economy and Taxation"*, Cambridge at the University Press for the Royal Economic Society, 1953, Chapter Ⅶ On Foreign Trade.

（訳文）リカードウ全集Ⅰ『経済学および課税の原理』堀経夫訳，雄松堂，1972 年。
第 7 章外国貿易について

町田実『国際貿易論』前野書店，1961 年。
第 4 節　古典派貿易理論の形成，3，リカードの貿易理論
『国際貿易総論』自由書房，昭和 47 年（1972 年）。
第 4 章　国際貿易および為替の理論　第 2 節　古典派貿易理論の体系

森田桐郎編著『国際貿易の古典理論―リカードウ経済学・貿易理論研究入門―』同文舘，1988 年。
第 2 部　リカードウ貿易理論の核心と意義
第 1 章　リカードウ「原理」第 7 章「外国貿易論」の分析
―いわゆる比較生産費説を中心として―
第 2 章　リカードウ「比較生産費説」の原型理解と変型理解
第 4 章　古典派貿易理論の現代的意義
第 5 章　生産性成長率較差による収支不均衡の諸様相

クルーグマン・オブストフェルド（監訳：吉田和男）『国際経済学』エコノミスト社，2001 年。
第 2 章　比較生産性と比較優位：リカードモデル

P. R. クルグマン／M. オブズフェルド（石井菜穂子・浦田秀次郎・竹中平蔵・千田亮吉・松井均共訳）『国際経済 理論と政策　Ⅰ　国際貿易』新世社）1990 年。
Ⅰ　国際貿易論　2　労働生産性と比較優位：リカード・モデル

J. R. マークセン／J. R. メルヴィン／W. H. ケンプファー／K. E. マスカス（松村敦子訳）『国際貿易―理論と実証―』（上・下）多賀出版，2000 年。第 14 章　比較優位モデルの実証研究。

リチャード E. ケイブス・ジェフリー A. フランケル・ロナルド W. ジョーンズ（監訳：伊藤隆敏・訳：田中勇人）『国際経済学入門』。① 国際貿易編　第 5 章　技術と生産性：リカード貿易モデル。

D. MacDougal, "British and American Exports. A Study Suggested by the Theory of Comparative Costs", *Economic Journal*, Dec.1951.

B. Balasa, "An Empical Demonstration of Classical Comparative Cost Theory", *The Review of Economics and Statistics*, Aug. 1963.

Robert M. Stern, "British and American Productivity and Comparative Costs in International Trade", *Oxford Economic Papers*, Volume 14.1962.

丹下敏子『国際競争力の変化―日本・アメリカ・東アジア諸国を中心として―』文眞堂，1998 年。
第 2 章　貿易と国際分業

山澤逸平『国際経済学』東洋経済新報社，1998 年，貿易の仕組み　2－3 労働生産性理論の現実説明力。

小島清・島野卓爾・渡部福太郎『経済成長と貿易構造』勁草書房，1968 年，第 3 章，第 4 章。

［基本統計資料］

Census of manufactures, U. S. Department Commerce, 1958, 1963, 1967, 1972, 1977, 1982, 1987, 1992, 1997.

Annual Statistical Report., American Iron and Institute, 各年版。

Statistical Abstract of the United State U. S. Census Bureau 各年版。

通商産業大臣官房調査部編『工業統計表』産業編・品目編，各年版。

『機械統計年報』各年版。

『紙・パルプ統計年報』各年版。

労働省統計調査部編『労働生産性の実態』労働法令協会，各年版。

『毎月勤労統計要覧』労働法令協会，各年版。

日本自動車工業会『自動車統計年報』各年版。

『主要国自動車統計』各年版。

日本自動車会議所・日刊自動車新聞社共著『自動車年鑑』日刊自動車新聞社，各年版。

大蔵省編『日本貿易月表』日本関税協会，各年版。

『財政金融統計月報』対外民間投資特集号。

通商産業省『通商白書』大蔵省印刷局，総論・各論，各年版。

『日米国際産業連関表』経済産業省，1990 年，1995 年，2000 年。

大蔵省『財政金融統計月報―対内外民間投資特集』各年版。

『中国統計年鑑』各年版　国家統計局編。

中国研究所編『中国年鑑』創土社。

通商産業省編『通商白書』各年版（総論・各論）大蔵省印刷局発行。

各年版『ジェトロ投資白書』日本貿易振興会。

経済企画庁編『平成 11 年版　経済白書―経済再生への挑戦―』大蔵省印刷局。

『2008 年Ⅱ世界経済の潮流―世界金融危機と今後の世界経済』内閣府政策統括官室（経済財政分析担当）平成 21 年 1 月。

各年版『日本経済を中心とする国際比較統計』日本銀行国際局。

各年版『アジア動向年報』IDE-JETRO アジア経済研究所編。

Report on Mining and Manufacturing Survey（鉱工業統計調査報告書）National Statistical Office, Republic of Korea（統計庁），［Whole Country］（全国編），［Regional］（地域編）。

Industrial Production Statistics Monthly（『工業生産統計月報』）Taiwan Area, Republic of China, Department of Statistics,Ministry of Economic Affairs（中華民国・台湾地区経済部統計処編印）の 1982 年, 1987 年, 1992 年, 1997 年の各版。

Handbook of U. S. Labor Statistics, Employment, Earning, Prices, Productivity, and other Labor Data, Seven Edition 2004 Edited by Eva E Jacobs Beman Press.

Industrie und Handwerk, および *Produzirendes Gewerbe*, Fachserie 4. Statistisches Bundesamt. 各年版。

Zensus im Produzierenden Gewerbe. 1962, 1967. Statistisches Bundesamt.

Tatsachen und Zahlen aus der Kraftverkehrswirtschaft, Verbant der Autmoubilindustrie e.V.

Statistishes Jahrbuch fur die Bundesrepublik Deutschland, Statistisches Bundesamt，各年版。

Report on Mining and Manufacturing Survey, Economic Planning Board, Republic of Korea. 各年版。

A World Bank Country Study, *Korea, Managing the Industrial Transition*, The World Bank,

Washington. D.C. U.S.A.

U.S. Commodity Exports and Imports as Related to Output, U.S. Department of Commerce, 各年版。

United States Exports of Domestic and Foreign Merchandise, U.S. Department of Commerce. 各年版。

国際連合統計局編『世界統計年鑑』（翻訳監修・後藤正夫）原書房（*Statistical Yearbook*, Department International Economic and Social affairs, Statistical Office, United Nations.），各年版。

国際連合統計局編『貿易統計年鑑』（翻訳監修・後藤正夫）原書房（*Yearbook of International Trade Statistics*, United Nations），各年版。

中嶋誠一編著『中国経済統計：改革・開放以降』日本貿易振興機構，2005 年。

［労働生産性の国際比較（英語・著書論文）］

L. Rostas, *Comparative Productivity in British and American Industry*, Cambridge University Press, 1948.

Productivity Prices and Distribution in Selected British Industries, Cambridge University Press, 1948.

ILO. *Method of Labour Productivity Statistics*, Geneva, Swizerland, 1949.

O.E.E.C. *Measurement of Productivity Method used by the Bureau of Labor Statistics in the U.S.A.* Technical Assistant Missions Nos. 7-10-11.1952.

Marvin Frankel, "British and American Manufacturing Productivity, A Comparison and Interpretation", *University Illinois Bulletin* No.81. 1957.

D.Paige and G.Bombach, *A Comparison of National Output and Productivity of the United Kingdom and the United State*, Joint Study by the OEEC and the Department of Applied Economics,University of Cambridge OEEC, Paris, 1959.

Aubrey Silberston, *Problems Involved in International Comparison of Labour Productivity in the Automobile Industry*, Dunlop and Diatchenko (ed), Labor Productivity, London, 1964.

Aubrey Silberston, "The Motor Industry 1955－1964", *Bulletin of the Oxford Univ.* Inst. of Economics And Statistics, Vol.27. 1965.

Cliff Pratten and Aubrey Siberston, "International Comparisons of Labor Productivity in the Automobil Industry, 1950－1965", *Bulletin of the Oxford Univ. Inst. of Economics and Statistics*, Vol.29, 1967.

State Statistical Office of Czechoslovakia (SSU), National Institute of Statistics and Economic Studies.

France, *Bilateral Study on the Comparison of Levels of Labour Productivity in Industry in Czechoslovakia and France*, 1968.

Austrian Central Statistics Office－Hungarian Statistics Office, *Comparison of Industrial Production and Productivity between Austria and Hungary*, Conf. Eur. Stat/WG 21/8, 1969.

ILO, *Measuring Labor Productivity*, International Labor Office, Geneva,1969.

Jarovslav Kux et Jacqes Mairesse, "La Productivite du travail dans les industris tchcoslovaquces et Francaises", *Ecomomie et statistique*, Sept.1973.

J. Kendrick, *Postwar Productivity Trend in the U.S. 1948－69*. New York : National Bureau of Economic Research, 1973.

International Comparison of Productivity and Causes of the Slowdown, American Enterprise Institute for Public Policy Research and Balligger, 1984.

B. Kravis, "A Survey of International Comparisons of Productivity", *The Economic Journal*, March 1976.

A. D. Smith, D. M. W. N. Hickens, S. W. Davies, *International Industrial Productivity. A Comparison of Britain, American and Germany*, National Institute of Economic and Social Research, Occasional Paper. Cambridge University Press, 1982.

Gundorf Hecker, *Die Produktivitat in der Bundesrepublik, Japan und den USA im Vergleich*, in : Wirtschaftdienst, 1982.

S. J. Prais, *Productivity and Industrial Structure*, National Institute of Economic and Social Research, Cambridge University Press.

Productivity in Asia : Economic Growth and Competitiveness, Edited by Dale JORGENSON, KURODA Masahiro, MOTOHASHI Kazuyuki, EDWARD ELGAR PUBLISHING, November 2007.

[国際産業連関関係]

Asian International Input-Output Tables（アジア国際産業連関表）Institute of Developing Economies Japan External Trade Organization Japan（1990 1995 2000).

和文学会誌「産業連関―イノベーション&I－Oテクニーク―」 環太平洋産業連関分析学会　和文学会誌編集委員会。

朴炳日『韓国経済と産業連関分析』アジア経済研究所，1964年。

宮沢健一『産業連関分析』（日経文庫），日本経済新聞社，1975年。

井出眞弘『Excel による産業連関分析入門』産業能率大学出版部刊，平成15年（1994年）。

藤川清史『グローバル経済の産業連関分析』創文社，1999年。

玉村千治・内田陽子・岡本信広「アジア諸国の生産・需要構造と貿易自由化―アジア国際産業連関分析―」『アジア経済』Vol.44，No.5／6（2003-06），日本貿易振興会アジア経済研究所。

長谷部勇一「東アジアにおける貿易と経済成長：1985-90-95年アジア国際産業連関表による相互依存関係の分析」"Trade and Economic Growth in Eastern Asia : An Analysis for Economic Interdependency Using 1985-90-95 Asian International Input-Output Tables"『横浜国際社会科学研究』Vol.7，No.3，横浜国立大学。

中川江理子・豊島裕治「1995年日米国際産業連関表（速報）による構造分析」産業連関 Vol.9，No.3（2000／6）環太平洋産業連関分析学会。

滕鑑『中国経済の産業連関』渓水社，2001年。

滕鑑「中日経済の国際産業連関分析：相互依存関係，外国投資と産業構造との関係を中心として」良永康平著『ドイツ産業連関分析』関西大学出版部，平成13年（2001年）。

中村愼一郎『Excel で学ぶ産業連関分析』エコノミスト社，2003年。

野田容助編 改訂版『世界貿易マトリクス―国際産業連関表24部門分類にもとづいて』アジア経済研究所，2003年。

市村真一・王慧炯編『中国経済の地域間産業連関分析』創文社，2004年。

藤川清史『産業連関分析入門―Excel と VBA でらくらく10分析―』日本評論社，2005年。

金継紅・JIN Jihong「韓日産業の相互依存関係：1985-90-95年韓日接続国際産業連関表による分析」"Economic Interdependency in Korea-Japan : Analysis by 1985-90-95 Linked International Input-Output Tables"（北京師範大学経済与資源管理研究所），エコノミア Economia，Vol.56，No.2，横浜国立大学。

下田充・渡邉隆俊「韓日産業の相互依存関係：1985-90-95年韓日接続国際産業連関表による分析」"Economic Interdependency in Korea-Japan : Analysis by 1985-90-95 Linked International Input-Output Tables"『産業連関』Vol.13, No.2（2005／6），環太平洋産業連関分析学会。
山田光男『東アジア経済の連関構造の計量分析』勁草書房，2007年
泉弘志・梁炫玉・李潔共同論文「2000年産業別生産性水準の日韓比較」『大阪経大論集』・第58巻第6号，2008年。

［労働生産性の国際比較］
日本生産性本部『労働生産性の国際比較』生産性研究所，各年版。
増田米治『労働生産性の諸問題』労働法令協会，1954年。
　　　『生産性の知識』日本経済新聞社，1963年。
日本生産性本部編『生産性測定の手引き』日本生産性本部，1967年。
黒沢一清『生産性の基本問題』金原出版社，1960年。
松田和久『労働生産性測定論』有斐閣，1967年。
里村春高『生産性の測定』東洋経済新報社，1971年。
楠田丘『改定・生産性と賃金』日本生産性本部，1975年。
労働省編『労働白書―労働生産性の国際比較と女子雇用問題―』日本労働協会，1981年。
日本生産性本部『労働生産性の国際比較に関する調査研究』産業研究所，1982年。
アメリカ経済開発委員会（経済同友会訳）『プロダクティビティ・ポリシー』日本生産性本部，1984年。
村上元彦『改定・生産性とは何か』日本生産性本部，1986年。
吉田靖彦『ソ連，東欧諸国の経済発展と生産性の趨勢』風間書房，1990年。
『わが国製造業の生産性と国際競争力―1995年アンケート調査報告書―』社会経済生産性本部　生産性研究所，1996年。
"*International comparison of labor productivity 2006*", Asian Productivity Organization, 2007
西手満昭『日韓主要産業の推移とFTA―日・韓物的工業労働生産性の国際比較のデータに基づく統計分析』渓水社，2007年。
「アジア経済危機後の韓国主要産業の推移と経済復興―日・韓労働生産性の国際比較のデータに基づく若干の統計分析（〔日本貿易学会〕東部・西部 部会報告）日本貿易学会年報No.42（2005/3），文眞堂。
アジア経済危機後における韓国産業構造の不均等発展の実証研究：日韓物的工業労働生産性の国際比較の視角から＜SAS・JMPによる順位相関分析＞経済科学研究，Vol.8, No.1，広島修道大学。

［基本文献］
町田実『教養の経済学』青春出版社，1960年。
　　　『国際貿易論』前野書店，1961年。
　　　『世界市場論序説』多磨書店，1964年。
　　　『社会経済学の基礎理論』前野書店，1964年。
　　　『最新国際貿易総論』自由書房，1972年。
　　　『転換期の国際経済論』自由書房，1977年。
　　　『国際貿易の史的構造』前野書店，1978年。
　　　『現代の国際貿易』中央経済社，1979年。
　　　『新編国際貿易総論』自由書房，1981年。
　　　監修：町田実　講座・国際経済
　　　『国際経済の展望』中央経済社，1982年。

『国際経済の政策』中央経済社，1982 年。
『国際経済の理論』中央経済社，1982 年。
『世界経済危機の省察：覇権国アメリカの未来と日本の企業』文眞堂，1988 年。
S. ストレンジ編著，町田実監訳『国際貿易の透視図―国際政治経済学への道』文眞堂，1987 年。
著書，論文，翻訳多数。
行沢健三『国際経済学序説』ミネルヴァ書房，1964 年。
『国際経済学要論』ミネルヴァ書房，1967 年。
『労働生産性の国際比較―日米工業を中心として―』創文社，1976 年。
「日本とアメリカの労働の物的生産性の比較―1958～59―」『世界経済評論』，1966 年 6 月。
「労働の物的生産性の国際比較について」『国際経済』18 号，日本評論社，1967 年。
「鉄鋼業の労働生産性の国際比較―国連 ECE の作業をめぐって―」『経済研究』Vol.18. No.4, 1967 年。
「日本の自動車産業の労働生産性―国際比較の視角から―」『季刊理論経済学』第 20 巻第 2 号，1969 年。
「日米工業の労働生産性の物的生産性比較細目―その I．一般方式とその詳述」KIER7214，京都大学経済研究所，1972 年。
「日米間の生産性較差とドル危機」小野・行沢・吉信編『世界経済と帝国主義』有斐閣，1973 年。
「1972 年工業センサスによる日米労働の生産性比較の結果と細目」KIER7902，京都大学経済研究所，1979 年。
"A Comparison of Labour Productivity in Japanese and American Mnaufacturing Industry", *The Kyoto University Economic Review*, 1968.
"Japanese and American Manufacturing Productivity : An International Comparison of Physical Output per Head". *Discussion Paper*, No.087. 1975.
"Comparative Productivity in the Iron and Steel Industry ; the United State and Japan. 1958～1972", *Discussion Paper*, No.092. 1976.
"Comparative Productivity in the Automobile Industry ; the United State and Japan. 1958～1972", *Discussion Paper*, No.105. 1977.
Relative Productivity of Labour in American and Japanese Industry and Market Size, 1958～1972, Institute of Economic Research, *Discussion Paper*, Kyoto University, 1977.
Relative Productivity of Labour in American and Japanese Industry and Its Change. 1958～1972, Kyoto Institute of Economic Research, *Discussion Paper*, July, 1977.
産業構造研究班「日本とアメリカの産業細分類（4 桁）照合暫定表」KIER6601，京都大学経済研究所，1966 年。
行沢健三・前田昇三「日本 VS アメリカ産業品目分類照合表―製造業の部―」KIER6711，京都大学経済研究所，1967 年。
小島清『日本の海外直接投資』文眞堂，1985 年。
『海外直接投資のマクロ分析』文眞堂，1989 年。
「貿易志向型海外直接投資―小島理論の骨格―」『世界経済評論』1987 年 6 月号。
『雁行型経済発展論』（第 1 巻）文眞堂，2003 年。
『雁行型経済発展論』（第 2 巻）『アジアと世界の新秩序』文眞堂，2004 年。
『雁行型経済発展論』（第 3 巻）『国際経済と金融機構』文眞堂，2006 年。

「世界経済の雁行型発展―21 世紀世界経済新秩序・序説―」『世界経済評論』2002 年 3 月。
「相対的競争貿易原理」『駿河台経済論集』第 12 巻第 1 号。
「東アジア地域貿易の雁行型発展―実証研究サーベイ―」『世界経済評論』2003 年 4 月。
「同質化国際経済の雁行型再構築」中央大学『経済論纂』第 43 巻第 5・6 号　2003 年。
Trade, investment and pacific economic integration : selected essays of Kiyoshi Kojima/ Kiyoshi Kojima Tokyo : Bunshindo, 1996.
"Asian Economic Integration for the 21 st Century", *East Asian Economic Perspective* Vol.13 2002.
池間誠編著『国際経済の新構図―雁行型経済発展の視点から』文眞堂，2009 年 6 月。
柳田侃『資本輸出論と南北問題』日本評論社，1976 年。
『世界経済―グローバル化と自立―』ミネルヴァ書房，1989 年。
「資本輸出論の方法と課題」（奥村茂次・村岡俊三編『マルクス経済学と世界経済』有斐閣，1983 年）。
柳田侃・野村昭夫編著『国際経済論―世界システムと国民経済―』ミネルヴァ書房，1987 年。
江夏健一『多国籍企業要論』文眞堂，1984 年。
『多国籍企業の現代的意義に関する研究』早稲田大学提出博士学位論文。
『新版　理論とケースで学ぶ国際ビジネス』（共著書）同文舘，2006 年。
シリーズ　国際ビジネス（全 5 巻）
江夏健一・大田正孝・藤井健編『国際ビジネス入門』中央経済社。
江夏健一・長谷川信次・長谷川礼編『国際ビジネス理論』中央経済社。
江夏健一・高井透・土井一生・菅原秀幸編『グローバル企業の市場創造』中央経済社。
江夏健一・大東和武司・藤沢武史編『サービス産業の国際展開』中央経済社（2008 年）。
江夏健一・桑名義春・岸本寿生編『国際ビジネス研究の新潮流』中央経済社。
その他，編著書　訳書多数。
柳田義章『労働生産性の国際比較と輸出競争力―西ドイツの輸出競争力を中心として―』広島修道大学研究叢書第 7 号，広島修道大学総合研究所，1980 年。
『労働生産性の国際比較と商品貿易および海外直接投資―リカードウ貿易理論の実証研究―』文眞堂，1994 年。（早稲田大学提出博士学位論文）
『労働生産性の国際比較研究―リカードウ貿易理論と関連して―』文眞堂，2002 年。
「日米機械器具製造業の労働生産性の推移と輸出競争力について」KIER7502，京都大学経済研究所，1975 年。
「西ドイツ工業労働生産性の国際比較―行沢健三教授の日米工業労働生産性の国際比較研究に接続して」KIER7902，都大学経済研究所，1979 年。
「比較生産性と輸出実績―バラッサ方式による検証―」『修道商学』第 21 巻 1 号，広島修道大学商経学会，1980 年。
「西ドイツ工業労働生産性の国際比較と輸出競争力について―日米工業との対比において―」『世界経済評論』，1980 年 11 月号，世界経済研究協会。
「生産性成長率と輸出増加率との相関関係の検証―日・米・西独の工業労働生産性の国際比較数値をデータとして―」『修道商学』第 21 巻 2 号，広島修道大学商経学会，1980 年。
「イギリス工業労働生産性の国際比較（作業細目）―日・米・西独工業労働生産性との対比において―」『修道商学』第 21 巻 3 号，広島修道大学商経学会，1981 年。
「労働生産性成長率と輸出増加率との相関関係の検証―比較生産性と輸出実績に関する研究に接続して―」『日本貿易学会 JAFT』第 19 号，日本貿易学会，1982 年。

「1970 年代後半における日・米・西独輸出競争力の相対水準について—日・米・西独物的工業労働生産性の相対水準と関連して—」『修道商学』第 24 巻 1 号，広島修道大学商経学会，1983 年.

「日・米・西独鉄鋼業および自動車産業の労働生産性の国際比較（1958－1977）」『修道商学』第 24 巻 2 号，広島修道大学商経学会，1983 年。

「日米・日欧貿易摩擦の基礎的要因—日・米・西独物的工業労働生産性の国際比較の見地から—」『日本貿易学会 JAFT』第 21 号，日本貿易学会，1984 年。

「日・韓国労働生産性の国際比較と貿易構造について（1977 年から 1982 年まで）」『修道商学』第 26 巻 1 号，広島修道大学商経学会，1985 年。

「日・米・西独自動車産業の労働生産性の国際比較－Silberston－Pratten，行沢健三教授の研究に即して」『修道商学』第 26 巻 2 号，広島修道大学商経学会，1986 年。

「日・米工業労働生産性の国際比較のための算定対象品目とコード照合について—昭和 56 年版『労働白書』労働省編との比較を通じて」『修道商学』第 27 巻 2 号，広島修道大学商経学会，1987 年。

「日・米工業労働生産性の国際比較—1977 年年および 1982 年—」『修道商学』第 28 巻 1 号，広島修道大学商経学会，1988 年。

「日・西独工業労働生産性の国際比較—1977 年年および 1982 年—」『修道商学』第 28 巻 2 号，広島修道大学商経学会，1988 年。

「日韓商品貿易と対韓直接投資について—日韓労働生産性の国際比較の視角から—」『修道商学』第 29 巻 2 号，広島修道大学商経学会，1989 年。

「日・韓労働生産性の国際比較－商品輸出・海外直接投資の基礎データとして」『日本貿易学会 JAFT』第 26 号，日本貿易学会，1989 年。

「日本の対米貿易構造および対米直接投資について—日・米労働生産性の国際比較の視角から—」『日本貿易学会 JAFT』第 26 号，日本貿易学会，1989 年。

「韓国・日本鉄鋼業の労働生産性の国際比較（1977－1985）」『修道商学』第 30 巻 2 号，広島修道大学商経学会，1990 年。

「韓・日物的工業労働生産性の国際比較作業細目—1977 年，1982 年および 1985 年—」『修道商学』第 31 巻 2 号，広島修道大学商経学会，1991 年。

「台・日物的工業労働生産性の国際比較作業細目—1982 年，1985 年および 1987 年—」『修道商学』第 32 巻 2 号，広島修道大学商経学会，1991 年。

「日・米労働生産性の国際比較（拡充）—1977 年，1982 年および 1987 年—」『修道商学』第 33 巻 2 号，広島修道大学商経学会，1993 年。

「商品貿易と海外直接投資—労働生産性の国際比較の視角から—」『修道商学』第 34 巻第 1 号，広島修道大学商経学会，1993 年。

「韓・日・米・旧西独の労働生産性の国際比較」『修道商学』第 34 巻第 2 号，広島修道大学商経学会，1994 年。

「日米労働生産性の国際比較と均衡為替レート」『修道商学』第 37 巻第 2 号，広島修道大学商経学会，1997 年。

「独・日物的工業労働生産性の国際比較（1992）」『経済科学研究』第 1 巻第 2 号，広島修道大学経済科学会，1998 年。

「日・米・旧西独比較生産性と相対輸出（1963－1972）：SAS による回帰分析」『経済科学研究』第 3 巻第 1 号，広島修道大学経済科学会，1999 年。

「日・米・旧西独労働生産性成長率と輸出増加率（1963－1967，1967－1972）：SAS による回帰分析」『経済科学研究』第 3 巻第 2 号，広島修道大学経済科学会，2000 年。

「日韓物的工業労働生産性の国際比較作業の拡充（1992～1997）：SASによる若干の統計分析」『経済科学研究』第4巻第1号，広島修道大学経済科学会，2000年。

「日米製造業の比較生産性と相対輸出（1977年－1997年）：SASによる相関・回帰分析」『経済科学研究』第5巻第1号，広島修道大学経済科学会，2001年。

「リカードウ・モデルの実証研究：B. Balassa方式による検証」『経済科学研究』第7巻第1号，広島修道大学経済科学会，2003年。

"Relative Changes of International Competitiveness Using Input-output Tables for Japan－U.S., 1990－2000—Statistical Analysis Based on the Relative Productivity in the U.S. and Japanese Industry" (*Quantitative Analysis on Contemporary Economic Issues* edited by Toshihisa Toyoda and Tadashi Inoue, Kyushu University Press, 2009.)

"An Empirical Demonstration of the Ricardo Model-Using B. Ballasa's Method" (*Quantitative Economic Analysis, International Trade and Finance*), Edited Tsutomu Tokimasa and Yoshiaki Yanagida, Kyushu University Press, 2004.

日本国際経済学会編『IT時代と国際経済システム—日本国際経済学会の成果を踏まえて』有斐閣2002年。

日本国際経済学会編『国際経済』各年度，世界経済研究協会。

日本貿易学会『年報JAFTAB』各年度。

［世界経済全般］

佐藤秀夫『国際分業＝外国貿易の基本論理』創風社，1994年。

高良倉成『現代世界経済の基層－ゆるやかな変容過程』大学教育出版，2005年。

NHK　取材班著『マネー資本主義 暴走から崩壊への真相』NHK出版，2009年。

ポール・クルーグマン（三上義一訳）『世界大不況からの脱出—なぜ強硬型経済は広がったのか』早川書房，2009年

ジョセフ・E. スティグリッツ『世界を不幸にしたグローバリズムの正体』徳間書店，2002年（鈴木主税訳）。

『世界に格差をバラ撒いたグローバリズムを正す』徳間書店，2006年（楡井浩一訳）。

『フリーフォール　グローバル経済はどこまで落ちるのか』2010年，徳間書店（楡井浩一＋峯村利哉訳）。

［アメリカ経済］

マイケル・L. ダートウゾス，リチャード・K. レスター，ロバート・M. ソロー著（依田直也訳）『Made in America アメリカ再生のための米日欧産業比較』草思社，1990年。

根井雅弘『現代アメリカ経済学：その栄光と苦悩』岩波書店，1992年。

春田素夫編著『現代アメリカ経済論：衰退と再生への模索』ミネルヴァ書房，1994年。

平井規之他『概説アメリカ経済』有斐閣，1994年。

石山嘉英『現代アメリカ経済の見方：超大国は甦るか』筑摩書房，1995年。

藤原秀夫・同志社大学アメリカ研究所編著『現代アメリカ経済研究』晃洋書房，1995年。

佐瀬隆夫『現代のアメリカ経済：その光と影』千倉書房，1996年。

塩田長英『現代アメリカ経済論：1960－2000』多賀出版，1997年。

経済企画庁編『平成11年版　世界経済白書—アメリカ経済の長期拡大と問題点—』大蔵省印刷局。

週間エコノミスト臨時増刊『99米国経済白書　アメリカ経済　強さの分析』毎日新聞社，1999年5月。

神谷直子「90 年代の米国景気拡大局面における情報関連投資の影響」（第一勧業銀行総合研究所編集『調査レポート』第一勧業銀行発行，1999 年 10 月 19 日発行 No.20）。

高松直太「産業構造にみる米国経済の強さと課題」（第一勧業銀行総合研究所編集『調査レポート』第一勧業銀行発行，1999 年 5 月 6 日発行 No.11）。

佐藤祐一・永井靖敏『アメリカ経済の繁栄は続くか』東洋経済新報社，1999 年。

篠崎彰彦『情報革命の構図 日米経済に何が起こっているか』東洋経済新報社，1999 年。

増淵勝彦『「成長」のアメリカ経済』日本貿易振興会，1999 年。

佐藤祐一・永井靖敏編著『アメリカ経済の繁栄は続くか』東洋経済新報社，1999 年。

リチャード・K・レスター著（田辺孝ニ・西村隆夫・藤末健三訳）『競争力』（原題 “The Productive Edge”）生産性出版，2000 年。

田口芳弘・澁谷昭彦『アメリカ経済発展の数量史的分析 上・下』晃洋書房，2000 年。

河村哲二『現代アメリカ経済』有斐閣，2003 年。

村上裕三・地主敏樹編著『アメリカ経済論』ミネルヴァ書房，2004 年。

萩原伸次郎・中本悟編『現代アメリカ経済：アメリカン・グローバリゼーションの構造』日本評論社，2005 年。

チャールズ・R. モリス（山岡洋一訳）『なぜ，アメリカ経済は崩壊に向かうのか：信用バブルという怪物』日本経済新聞出版社，2008 年。

ロバート・ポーリン（佐藤良一・芳賀健一訳）『失墜するアメリカ経済：ネオリベラル政策とその代替策』日本経済評論社，2008 年。

菅幹雄・宮川幸三『アメリカ経済センサス研究』慶応義塾大学出版会，2008 年。

井上博・磯谷玲編著『アメリカ経済の新展開：アフター・ニュー・エコノミー』同文舘出版，2008 年。

［韓国経済］

小牧輝夫編『国際化時代の韓国経済』アジア経済研究所，1990 年。

姜英之『東アジアの再編と韓国経済』評論社，1991 年。

沈晩燮『韓国経済発展の展望と課題』明石書店，1994 年。

司空壱（渡辺利夫 監訳；宇山博 訳）『韓国経済新時代の構図』東洋経済新報社，1994 年。

李海珠『東アジア時代の韓国経済発展論』税務経理協会，1996 年。

渡辺利夫・金昌男『韓国経済発展論』勁草書房，1996 年。

保坂直達『アジア通貨危機と韓国経済：分析と提言』神戸商科大学経済研究所，1998 年。

崔宗煥『韓国経済のマクロ・パフォーマンス：マクロ計量モデルによる実証分析』税務経理協会，1998 年。

松本厚治・服部民夫編著『韓国経済の解剖：先進国移行論は正しかったのか』文眞堂，2001。

李海珠『新東アジア時代の韓国経済発展論』税務経理協会，2001 年。

姜英之編著『韓国経済挫折と再挑戦：漢江の奇跡は二度起こるか』社会評論社，2001 年。

朴一編『変貌する韓国経済』世界思想社，2004 年。

谷浦孝雄編『21 世紀の韓国経済—課題と展望—』アジア経済研究所，2000 年。

井上歳久『韓国経済発展論：産業連関論的アプローチ』東京図書出版会，2004 年。

趙淳（深川博史監訳 ；藤川昇悟訳）『韓国経済発展のダイナミズム』法政大学出版局，2005 年。

環日本海経済研究所『現代韓国経済—進化するパラダイム—』日本評論社，2005 年。

奥田聡・安倍誠編『韓国主要産業の競争力』IDE-JETRO アジア経済研究所編，2008 年。

各年版『韓国経済・産業データハンドブック』アジア産業研究所。

[中国経済]
河地重蔵・藤本昭・上野秀夫『変貌する中国経済』世界思想社，1987 年。
山内一男編集責任『中国経済の転換』岩波書店，1989 年。
山内一男・菊池道樹編『中国経済の新局面：改革の軌跡と展望』法政大学出版局，1990 年。
河地重蔵・藤本昭・上野秀夫『アジアの中の中国経済』世界思想社，1991 年。
石原享一編『中国経済の多重構造』アジア経済研究所，1991 年。
厳善平『中国経済の成長と構造』勁草書房，1992 年。
古沢賢治『中国経済の歴史的展開：原蓄路線から改革・開放路線へ』ミネルヴァ書房，1993 年。
本橋渥『現代中国経済論：過渡期経済と文革期経済批判』新評論，1993 年。
佐々木信彰『中国経済の市場化構造』世界思想社，1993 年。
アジア産業研究所『中国経済・産業データハンドブック』アジア産業研究所，1994 年。
長野暹編著『現代中国経済の構造分析』九州大学出版会，1996 年。
佐々木信彰編『現代中国経済の分析』世界思想社，1997 年。
石原享一編『中国経済の国際化と東アジア』アジア経済研究所，1997 年。
関志雄編著『最新中国経済入門』東洋経済新報社，1998 年。
河地重蔵・藤本昭・上野秀夫『中国経済と東アジア圏』世界思想社，1998 年。
大橋英夫『米中経済摩擦—中国経済の国際展開』勁草書房，1998 年。
中兼和津次『中国経済発展論』有斐閣，1999 年。
孫尚清著（今村弘子・筒井紀美・今井健一訳；隅谷三喜男・李廷江監修）『中国経済の改革と発展』御茶の水書房，1999 年。
佐々木信彰編『中国経済の展望』世界思想社，2000 年。
李瑞雪・史念・袁小航共著『中国経済ハンドブック』全日出版，2001 年。
大橋英夫『現代中国経済論』岩波書店，2005 年。
Zang Shijun『日中の貿易構造と経済関係』日本評論社，2005 年。
広島修道大学東アジア経済研究会編著『中国経済の持続的発展』広島修道大学総合研究所，2005 年。
関志雄『中国経済のジレンマ：資本主義への道』筑摩書房，2005 年。
岩田勝雄・陳建編著『グローバル化と中国経済政策』晃洋書房，2005 年。
南亮進，牧野文夫編『中国経済入門：世界の工場から世界の市場へ』日本評論社，2005 年。
張南『国際資金循環分析の理論と展開』ミネルヴァ書房，2005 年。
　　『資金循環分析の理論と応用：日本と中国を中心とする実証研究』ミネルヴァ書房，1996 年。
深尾光洋編『中国経済のマクロ分析：高成長は持続可能か』日本経済新聞社，2006 年。
波多野淳彦『中国経済の基礎知識』ジェトロ（日本貿易振興機構），2006 年。
岡本信広・桑森啓・猪俣哲史編『中国経済の勃興とアジアの産業再編』アジア経済研究所，2007 年。
周牧之『中国経済論：高度成長のメカニズムと課題』日本経済評論社，2007 年。
小島麗逸・堀井伸浩編『巨大化する中国経済と世界』アジア経済経済研究所，2007 年。
王也『現代中国の産業国際競争力の一研究—RCA（顕示的比較優位指数）に基づく統計分析—』ブイツーソリューション，2008 年。
丸川知雄・中川涼司編著『中国発・多国籍企業』同友館，2008 年。

[台湾経済]
小林伸夫『台湾経済入門：21 世紀への飛翔』日本評論社，1995 年。
朝元照雄『現代台湾経済分析：開発経済学からのアプローチ』勁草書房，1996 年。
施昭雄・朝元照雄編著『台湾経済論：経済発展と構造転換』勁草書房，1999 年。
杉岡碩夫『新台湾の奇跡』緑風出版，2001 年。

呉春宣・楊合義・中村勝範・浅野和生『馬英九政権の台湾とアジア』早稲田出版，2008 年。
劉進慶・朝元照雄編著『台湾の産業政策』勁草書房，2003 年。
朝元照雄『開発経済学と台湾の経験』勁草書房，2004 年。
園田哲男『戦後台湾経済の実証的研究：台湾中小企業の役割と課題』八千代出版，2005 年。
渡辺利夫・朝元照雄編著『台湾経済入門』勁草書房，2007 年。

［東アジア経済］
国宗浩三編『アジア通貨危機—その原因と対応の問題点—』アジア経済研究所，2000 年。
篠原三代平 研究代表『東アジア経済の成長持続性と日本の役割：制約要因の克服に向けて　最終報告』統計研究会，2000 年。
安忠栄『現代東アジア経済論』岩波書店，2000 年。
平川均・石川幸一編著『新・東アジア経済論：グローバル化と模索する東アジア』ミネルヴァ書房，2001 年。
野副伸一・朴英哲編『東アジア経済協力の現状と可能性』慶応義塾大学出版会，2001 年。
木村福成・丸屋豊二郎・石川幸一編著『東アジア国際分業と中国』ジェトロ（JETRO），2002 年。
安場保吉『東南アジアの経済発展—経済学者の証言—』ミネルヴァ書房，2002 年。
S. ユスフ／S. J. イバネット（関本勘次／近藤正規／国際協力研究グループ）『東アジアの競争力—グローバルなマーケットに向けたイノベーション—』シュプリンガー・フェアラーク東京株式会社，2003 年。
渡辺利夫編；日本総合研究所調査部環太平洋研究センター著『東アジア経済連携の時代』東洋経済新報社，2004 年。
渡辺利夫編『東アジア市場統合への道：FTA への課題と挑戦』勁草書房，2004 年。
向山英彦『東アジア経済統合への途』日本評論社，2005 年。
伊藤修・奥山忠信・箕輪徳二編『通貨・金融危機と東アジア経済』社会評論社，2005 年。
浦田秀次郎・日本経済研究センター編『日本の FTA 戦略—新たな開国が競争力を生む—』日本経済新聞社，2005 年。
山田光男・木下宗七編著『東アジア経済発展のマクロ計量分析』中京大学経済学部付属経済研究所，2006 年。
玉村千治『東アジア FTA と日中貿易』アジア経済経済研究所，2007 年。
日本国際経済学会編『東アジア経済統合：課題と展望』日本国際経済学会，2007 年。
中藤康俊『北東アジア経済圏の課題』原書房，2007 年。
山田光男『東アジア経済の連関構造の計量分析』中京大学経済学部，勁草書房 2007 年。

［計量・統計データ分析］
Douglas Downing, Jeffrery Clark, *Statistics*, Barron's Educational Series. Inc.
Levine, Stepahn, Krehbiel, Brenson, *Statistics for Managers Using Microsoft Excel*, Prentice Hall, 2007.
豊田利久・岩田暁一『計量経済学』有斐閣，1982 年。
豊田利久編・その他著者（大谷一博，小川一夫，長谷川光，谷崎久志）『基本統計学』東洋経済新報社，2002 年。
豊田利久『経済の数量分析』六甲出版販売，2004 年
豊田利久「日独経済の計量的比較分析」國民經濟雜誌，神戸大学 Vol.146, No.5，1982 年。
和合肇・金美『TSP による経済データの分析』東京大学出版会，1988 年。
田中克明『経済・経営分析のための SAS 入門』有斐閣，1994 年。

石村貞夫『SPSS による統計処理の手順』東京図書，1995 年。
竹内啓監修 芳賀敏郎・野澤昌弘・岸本淳司『SAS による回帰分析』東京大学出版会，1996 年。
新城明久『PC SAS による基礎統計学入門』東海大学出版会，1995 年。
小林道正・小林厚子『Mathematica による多変量解析』現代数学社，1996 年。
得津一郎・高橋英世『SAS でらくらく統計学　経済・経営のためのデータ解析入門』有斐閣，1996 年。
縄田和満『TSP による計量経済学入門』朝倉書店，1997 年。
宮脇典彦・坂井和男『SAS によるデータ解析の基礎』培風館，1997 年。
David Freedman, Robert Pisani, Roger Purves, *Statistics*, Norton, 1998.
竹内啓監修市川伸一・大橋靖雄・岸本淳司・浜田知久馬著『SAS によるデータ解析入門』東京大学出版会，1998 年。
宮本定明『クラスター分析入門 ファジィクラスタリングの理論と応用』森北出版株式会社，1999 年。
張南『統計学の基礎と応用』中央経済社，平成 11 年（1999 年）。
水野欣司『多変量データ解析講義』朝倉書店，2000 年。
David S. Moore, Goerge P. MacCabe, William M.Duckworth, Stanley L. Scloveb, *The Practice of Business Statistics Using Data for Decisions*, W. H. Freeman and Company, New York, 2002.
内田治・松木秀明・上野真由美『すぐわかる JMP による多変量分析』東京図書，2002 年。
廣野元久・林俊克『JMP による多変量データ活用術』海文堂，2004 年。
松浦克己／コリン・マッケンジー『EViews による計量経済学入門』東洋経済新報社，2005 年。
縄田和満『EViews による計量経済分析入門』朝倉書店，2009 年。
北岡孝義・高橋青天・矢野順二編著『EViews で学ぶ実証分析入門』応用編，日本評論社，2009 年。
（主要参考文献は出版年度順，一部 GeNii その他から検索・転載）

索　引

欧文

ア行

カ行

サ行

タ行

ナ行

ハ行

マ行

ヤ行

ラ行

著者略歴

柳田義章（やなぎだ・よしあき）

1939 年　台湾台北市に生まれる
1970 年　早稲田大学大学院商学研究科博士課程単位取得
1978 年　8 月より 1979 年 2 月までウィーン国際比較経済研究所留学
1995 年　博士（商学）・早稲田大学
2001 年－2005 年　日本貿易学会理事
現　在　広島修道大学経済科学部教授
　　　　広島修道大学大学院経済科学研究科教授
専　攻　国際貿易論・国際経済学
共　著　『世界貿易の新秩序原理―南北包括交渉（G・N）と世界貿易』晃洋書房, 1982 年
著　書　『労働生産性の国際比較と輸出競争力―西ドイツの輸出競争力を中心として―』広島修道大学研究叢書第 7 号, 広島修道大学総合研究所, 1980 年
　　　　『労働生産性の国際比較と商品貿易および海外直接投資―リカードウ貿易理論の実証研究―』文眞堂, 1994 年（博士学位論文）
　　　　『労働生産性の国際比較研究―リカードウ貿易理論と関連して―』文眞堂, 2002 年
訳　書　S. ストレンジ編著, 町田実監訳『国際貿易の透視図―国際政治経済学への道』文眞堂, 1987 年, の第 7 章 国際貿易の政治学（L. ランガラジャン）を担当
所属学会　日本貿易学会, 日本国際経済学会, 日本統計学会, 日本 EU 学会, 国際開発学会

〔広島修道大学学術選書48〕
東アジア諸国の産業の国際競争力
―その変化と展望の統計分析―

2010年 9 月 15 日　第 1 版第 1 刷発行　　検印省略

著　者　柳　田　義　章
発行者　前　野　　弘
東京都新宿区早稲田鶴巻町 533
発行所　株式会社　文　眞　堂
電　話　03（3202）8480
FAX　03（3203）2638
http://www.bunshin-do.co.jp
郵便番号（162-0041）振替00120-2-96437

印刷・モリモト印刷株式会社／製本・有限会社イマキ製本所

定価はケース裏に表示してあります
ISBN978-4-8309-4685-1　C3033